クルーグマン教授の経済入門

ポール・クルーグマン
山形浩生 訳

筑摩書房

クルーグマン教授の経済入門／目次

クルーグマン教授の経済入門

凡例

●原注は＊の記号を付して巻末に記し、訳注と合わせて通し番号を付けた。●訳注は✣の記号を付して巻末に記した。訳者の判断により一部、本文中（　）内に記したものもある。●「補足」は著者のテキストである。訳者らの文責による解説にはそのむね明記した。●本文中図表には通し番号を付したが、「補足」および「番外編」の図は例外とする。

刊行によせて

今日、経済関連の書き物はかつてない高い水準になっています。でも、今はなんといっても数が多すぎる——しかもお互いに目的が交錯しあって、意見も対立していますし。ですから、みなさんのような知的で志の高い読者は、どれを読むか、かつてないお手上げ状態。さてどうしたものか。

ここで必要なのは、優秀なガイドですな。試練をくぐりぬけて能力を実証してみせた研究家が書いたもので、強調すべき要点をきちんと選び出して、それを筋が通るようにまとめてくれて、しかも読んだ人に自信と理解をつけさせるような本。こいつはなかなかぜいたくな注文だ。でも、それを受けてたったのが経済学者ポール・クルーグマン。わたしの見たてでは、この人はなかなかあっぱれな仕事ぶりを見せてくれました。

わたしは自分の世代の政策経済学者たちを大いに誇りに思っていますよ。名前はお聞きでしょう。ウォルター・ヘラー、ミルトン・フリードマン、ジョン・ケネス・ガルブレイス、アーサー・オークン、ハーバート・スタイン、ピーター・ドラッカーなどなど。でも、だれのせりふでしたか、科学ってやつは葬式ごとに進歩するものなんです。先人を葬り去りつつ進むわけですね。ポール・クルーグマンは20世紀から21世紀の上昇株でして、今や世界中が殺到してこの人の前に行列を作っていますよ。専門は国際ファイナンスですが、でもこの人の場合、それもいろいろある草鞋の一つでしかない。世界銀行、IMF、日銀、ボストンの連邦準備銀行——もうみなさん、こぞってこの兄さんの知恵とアイデアの泉を拝借しようとしているんですから。

この『クルーグマン教授の経済入門』は文句なしの力作ですよ。経済学者もそうでない人たちも含め、本書を海図に使って、インフレや不況の謎、サプライサイド経済や生産性、変動為替相場や大荒れの株式市場の海に船出しようとするみなさんに、わたしからの一言——よいご航海を!

ポール・A・サミュエルソン
90年5月

序

経済関連の書き物には3種類ある。ギリシャ文字式、ジェットコースター式、空港式の3つ。

ギリシャ文字式——おかたく、理論的で、数学多用——は教授たちの意思疎通方法だ。学問の世界はどこもそうだけれど、経済学にもそれなりに使えない連中やイカサマ師どもがいて、こいつらは自分のアイデアのくだらなさをごまかそうとして、小難しい言い回しを使ってみせる。一方で重要な思考家たちもいて、かれらがこの分野の専門用語を使うのは、深い洞察を効率よく伝達するためだ。

でも大学院で経済学を専攻していなければ、ギリシャ文字式書き物はどんなに優れたものでも、まるでちんぷんかんぷんだろう（ニューヨークの情報紙『ビレッジボイス』の書評家は、ぼくのギリシャ文字作品に出くわしてしまい、「のけぞるほど奇々怪々の数式だの表だのグラフ……中世スコラ哲学ですらわかりやすくて楽しく思えるほどの文章」と評していた。いやはやご愁傷さま）。

ジェットコースター式経済学は、新聞のビジネス欄や、テレビなんかで出くわす代物。こいつは最新のニュースや数字にばかり気をとられているので、ジェットコースター式と呼ばせていただこう。「最新の統計では、住宅着工は上昇しており、これは経済の予想外の強さを示すものです。これを受けて債券市場は大割れ云々……」。

この種の経済学は、絶望的なまでに退屈だというのが世の評判で、これはまあそのとおりだな。上手にやる方法はある——何事にも禅というかコツはあるのだ——これは経済の短期予測においても真なり。でも、経済学者はすべてジェットコースター式経済をやるもんだと思っている人がほとんどなのは、とても残念だと思う。

最後に、空港式経済学は、経済関連のベストセラーの物言い。この手の本は、空港の本屋で見かけることが多くて、買うのもフライトが遅れて退屈したビジネス客が多い。たいがいは、大惨事を予言している。またもや大恐慌が、日本の多国籍企業がアメリカ経済を骨抜きに、ドルの大崩壊などなど。なかには、無限の明るさをもって逆の予言をするのもある。新たなテクノロジーだの、サプライサイド経済だのが、かつてない経済発展の時代にわれわれを導いてくれるのじゃ！　という感じ。暗いのも明るいのも、空港式経済学はだいたいが楽しく読めるけれど、ほとんど中身がなくて、とうていまともな代物じゃあない。

でも、中身のあるものがほしくても、経済の博士号を取る気はない知的な読者が読めるものはあるか？　残念ながら、これがあまりないのだ。

89年に『ワシントンポスト』から連絡があって、学問的な水準を保ちつつ、しかも専門家以外の一般読者にもわかるような、アメリカ経済についての短い本を書かないかと言われた。先方はこれを皮切りに、専門家と知的な一般読者とがおたがいに理解できることばを使わなくなってしまった国防や環境みたいな分野について、概説書のシリーズを出したいとのこと。

そしてできたのがこの本だ。

本書の題名とテーマは、空港式経済学がどこでまちがえるのかを見極めようとしていて思いついた。思ったんだが、ああいう本のいちばん困った点は、大惨事と至福の中間ってものがないことじゃあなかろうか。経済は、崩壊するかあるいは万々歳かどっちかになってしまう——そして経済はそうそう崩壊したりしないので、陰々滅々ムードでない人は、アメリカは問題ないんだと結論しがちになる。でも、ピンチはなんとか切り抜けてますというのと、万事上々というのとでは、いささか話がちがう。

はっきり言って、アメリカ経済は不調なのだ[✣1]。過去のあらゆる期待から見ても文句なしに不調。60年代後半には、ほとんどだれもが第二次世界大戦後の大好況が続くものと期待していた。たとえば『フォーチュン』誌は67年に、2000年までに実質賃金は150%上昇すると予言していた。でも現実の賃金は、今もその記事の時代からぜんぜん上がっていない。一部のアメリカ人は、かつてない大金持ちとなった。でもアメリカの貧困層は、ますます拡大したし、貧困の度合いもひどくなった。

いつになったらこんな不調ぶりが解決されるのかって？　いやぁ、へたすりゃいつまでたっても解決されないかもしれないんだよ。だからこそ空港式経済学は誤解を招く。発展なしに安定はできるし、そこそこの経済成長でも不況は避けられるんだから。過去一世代のアメリカはまさにそういう状態だったし、今後しばらくはそのままだろう。

アメリカの経済問題は別の形で解決されるのでは、と期待するむきもおいでだろう。つまり、政治的なプロセスによって。一世代前のほとんど万人の期待を裏切って、アメリカ経済はひどい成績しかあげてこなかった。だったらもちろん、大規模な政治的反発を期待したってよさそうなものだからね。でも、たまに人民主義が燃え上がることはあっても、そんな反発は一度も起きなかった。今日のアメリカでいちばんすごい事実というのは、こんな根本的に暗澹たる経済の実績に対して、だれも文句を言っていないことだとぼくは思う。アメリカ人があっさりと期待を実績の水準にまで引き下げて、おかげで政治的観点からは、アメリカの経済の扱いは大成功となっているというのは、まったく驚くべきことだ。これを政治的な強さのしるしと見るか、弱さのしるしと見るかはさておき。

というわけで、これがぼくのテーマだ。ぼくらは「期待しない時代」に住んでいるのだ。経済は大したものを与えてくれていないけれど、それをどうにかしろという政治的圧力もない時代。本書では、アメリカの経済的な失敗とともに成功も描こう。もっと重要なことだが、ぼくは本書で、なぜぼくらがこのがっかりするような経済を改善する努力をしていないのか、という点を説明したい。それは要するに、それを本気でなんとかするには、すごく苦痛を伴う荒療治が必要となるから、という話なのだ。そして現在の方針をこのまま続けた場合、いずれどんな結果が訪れるのかも、示してみようではないの。

その道すがら、本書はプロの経済学者なら知っているのに一般大衆が知らないことも、いろいろ説明しようとしている。インフレを我慢するのには、一般に思われているほどはコストがかからず、インフレを止めようとすると高くつく。その理由を理解するのはとっても大事なのだ。あるいは保護貿易が、悪いことにはちがいないけれど、不況の原因とはならないことも理解してほしい。住宅金融の大混乱が、自由市場というレトリックのはきちがえが原因だったということも。こういうのをはじめとするいろいろな問題で、単純きわまりない真実が、えらくショッキングな邪説と思われていることも思い知らされたけど。

いずれアメリカがそのまどろみから目をさまし、問題を先送りにせず、ちゃんと取り組んでほしい。ぼくはそう願っている。でも行動の前には、まず問題の理解がこなきゃ。本書は政治的な文書じゃないし、武装蜂起のよびかけでもない。もっと珍しいものだ。物事の状況を説明して、なぜそうなのか解説しようとしてるのだから。

はじめに

経済について本当に希望が持てるというのがどんなものか、最近ではなかなか想像しにくい。一世代前のアメリカ人のほとんどはそれを確信していた。世の中よくなる一方だと信じられて、みんな自分の所得が着々と上昇するものとまちがいなく期待できて、親は子供たちが世界の中での地位を高めていけると何の不安もなく確信できるというのは、どんな気分だったんだろう。

その後のアメリカ人が、経済の面でペシミストになったといったらウソになる。失業や、企業のリストラなんかで、たまに不安が噴出することはある。でもまあ、たいがいの人にとってはそこそこ我慢できる経済状況だし、将来の見通しも許せるくらいのものだろう。でも高かった希望は、今やよく言っても「まあいいか」という感じの現状追認になっちゃってる。

一つ重要な面で、アメリカ経済はかなりよくやってきた。職に就きたい人のほとんどには、仕事があるという面。90年代初期には仕事不足が長引いたりもしたけれど、でも最悪の92年夏でさえ、失業率はたったの7・7％――前の不況の82年に樹立した10・7％の記録よりはずっとましだった。96年夏には失業率は5・3％にまで回復して、過去20年で最低に近い水準だ。そして経済回復のおかげで、1000万以上の雇用も生まれた。

仕事をつくったのはバカにできない成果ではあるのだけれど、でもこれは、揺るがぬ繁栄をもたらすのとは話がちがう。92年から96年みたいな経済の拡張期でも、アメリカ経済は今じゃもう、文句なしの経済発展はもたらさなくなっている。過去の世代では、それがあたりまえだったのに。

とんでもなく金持ちになった人はいるし、人口の一部はかつてない豊かさを実現した。でも、アメリカの典型的な家族や労働者の稼ぎは、20年前からほとんど増えていない。アメリカ労働者のメジアン（訳注❖稼ぎ順に横一列に並べて、どまん中にいる人たち）にとっては、リチャード・ニクソンの大統領就任以来、家に持って帰る実質の給料は、ぜんぜん増えていない。そして所得分布の一番下の5分の1に属するアメリカ人にとって、80年以来の時代というのは悪夢の一歩手前ってところ。実質収入は下がるし、貧困層も拡大しているし、ホームレスも急増。

もちろん、明るい面だってある。第一に、経済は仕事をつくるのには成功した。ベビーブームを吸収したし、女性が賃金労働に大量に流れ込んでくるのも吸収して、しかもそれで失業が激増したりはしなかった。インフレは、70年代には手がつけられない感じだったのに、そこそこ快適な水準にまで落ち着いた。巨額の貿易赤字は、80年代半ばにいろんな識者たちを心配させたし、今でも消えてはいない。でも、輸出が着実にのびたこともあって、経済全体から見た貿易赤字はなんとか対応できる規模におさえられている。それに、かつては国が傾いてる象徴だった自動車みたいな分野でも、アメリカのメーカーが市場のシェアを回復してきたし。

でも、全体として見れば、過去一世代を通じてのアメリカ経済は、あらゆる予想をずっと下回るものだった。ぼくらは経済の進歩が疑わしくなった時代に突入したわけだ。アメリカ人の多くは、自分の生活が両親よりひどくなったと感じているし、もっと多くの人が、子供たちはもっとひどい生活を送るんじゃないかと心配している。

この本の初版で、ぼくはこの新しい時代に名前をつけてみた。原題の「期待しない時代」。この名前はそれなりにうけて、ぼくの本を読まなかった人まで使うようになっている。

どこかしくじったという点は、今じゃみんな公然と認めるようになった。でも、何が問題なのかという点については、まだみんな混乱しきっている。これは社会の動きに注目している人たちでもそうだ。識者の多くは、ぼくらの問題が何より財政上のものだと考えていて、財政赤字をなんとかしないと身動きとれないぞ、と言う。ある人は、問題は日本や第三世界との国際競争だと断言する。くたばり損ないのサプライサイド屋[2]まで残っていて、ジョージ・ブッシュがもっとロナルド・レーガンみたいだったら、82年から89年までの大好況が永遠に続いたはずだ、なんて言ってる。

賢い一般市民になれそうな人でも、新聞やテレビにやたらと出てくるいろんな政策問題が、どうからみあうかはわかっていないようだ。92年の大統領選キャンペーンで、ロス・ペローは「ボンネットを開けて作業」してアメリカ経済をなおすと公約したんだけれど、でも車の仕組みがわかってない自動車修理屋にエンジンをつつきまわされたら、たまったもんじゃない。財政赤字と医療費は、アメリカ製造業の国際的な競争力とどう関係しているのか？ その競争力は、実質賃金や所得分配とどう関わっているのか？ こう聞かれて、まともに答えられる人はあんまりいないし、答えられると思っている人だって多くはまちがっている。

だから、アメリカ経済についてのほとんどの本とはちがって、本書は何かを主張しようって本じゃない。むしろ、経済の風景のガイドブックってところだ。あるいは前に出てきたロス・ペローのたとえ話がお好きなら、ぎくしゃくしたアメリカの経済エンジンの使用説明書とでも言うかな。もうできるだけかんたんな英語で、いろんなものがどう組み合わさっているのかを説明しようとしてみた。アメリカ経済の問題について、何か特定の解決策を後押しすることもない。でも、話をすすめるうちに、いろいろ提案されている解決策のどれがダメで、どれが期待できそうか（そしてどの問題が、そうそう簡単には解決できそうもないか）という点はおのずと見えてくると思う。

この本は、5つの部分に分かれている。第1部は、経済の風景全体を見渡す。アメリカ人の多くの暮らしに最大の影響を持っているトレンドを見てみようってわけだ。経済がうまくいってるかどうか知りたいなら、こういうトレンドについてはっきりした見通しを持っておくことがすごく肝心。でも、そのトレンドは今のところ、政策上の課題にはなってない。真剣に議論されている政策変更は、どれもこういうトレンドに大して影響しないからだ。

第2部は、一般に広く問題として認識されている経済の側面に目を向ける。これは、政府が本気で解決したければ解決できる。その問題とは、貿易赤字とインフレ。でも、政府は貿易赤字の縮小についてもインフレ抑制についても、びびってこれといった手段には出ようとしていないことも、だんだんわかってもらえると思う——そして今は期待しない時代だから、何か危機でも起きない限り、何もしないというのは一般に十分受け入れられるってことも証明されちゃったってこと。

第3部は、もっと個別の政策課題を取りあげる。どれも関連しあっている。扱うのは、財政赤字、ヘルスケア（医療）、金融政策、ドル（為替相場）、保護貿易、日米関係。これらの問題はすべて、貿易とインフレについての不安をひきずり、それに彩られている。

90年代のアメリカ経済を語るなら、金融ファイナンス市場でのいろんなすさまじい事件に触れずにはすまされないだろう。だから本書の第4部では「砂上の楼閣ファイナンス」を3つ取りあげる。セービングス&ローンの崩壊、狼藉トレーダーの蛮行、そして国際金融の謎だ（訳注✣この訳では、前の版にあった企業ファイナンスの章も復活させてぶちこんだ）。最後には、アメリカの将来見通しについて論じる。アメリカ経済の何がコケそう（ある

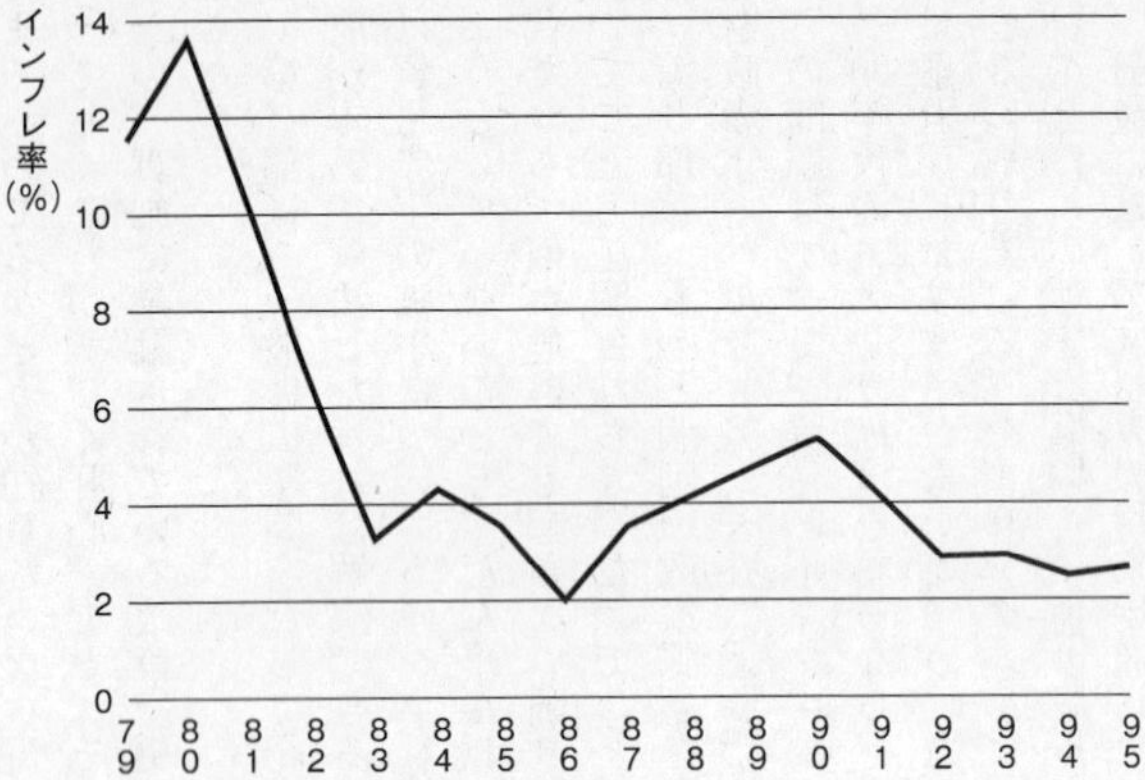

図1　インフレは80年以降は落ち着いたし……

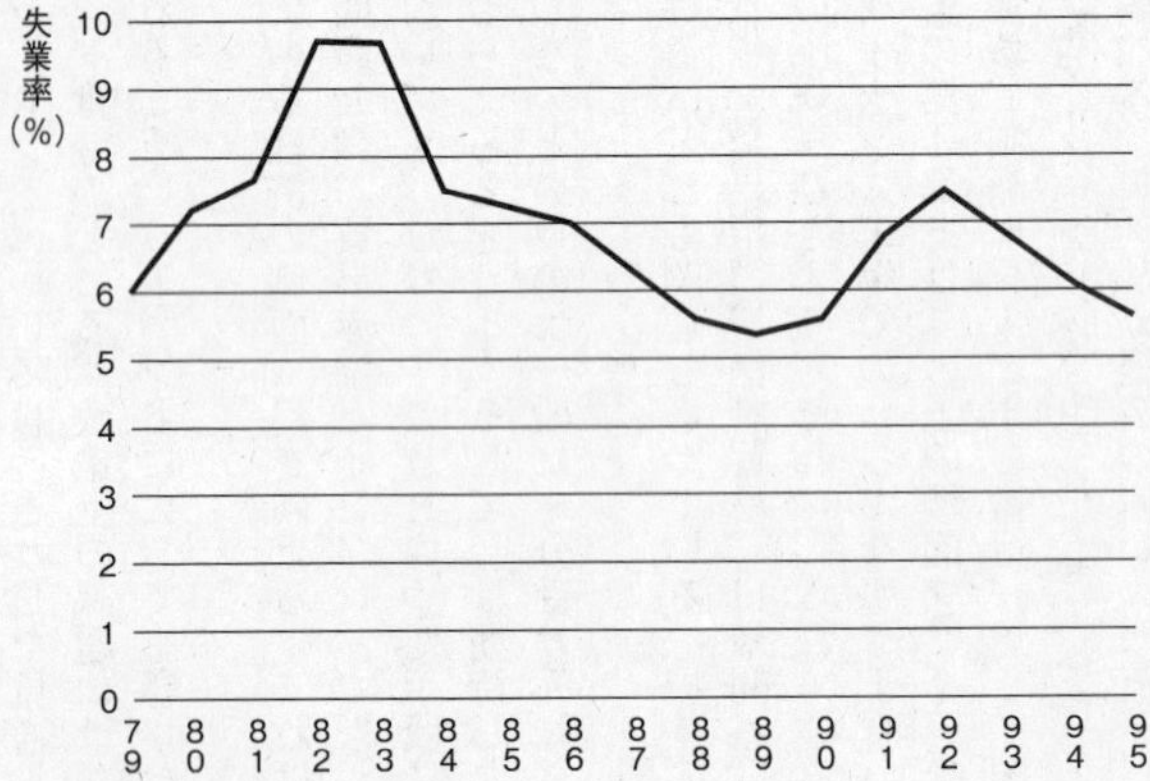

図2　……失業も、82年のピーク以降は低水準にとどまった。

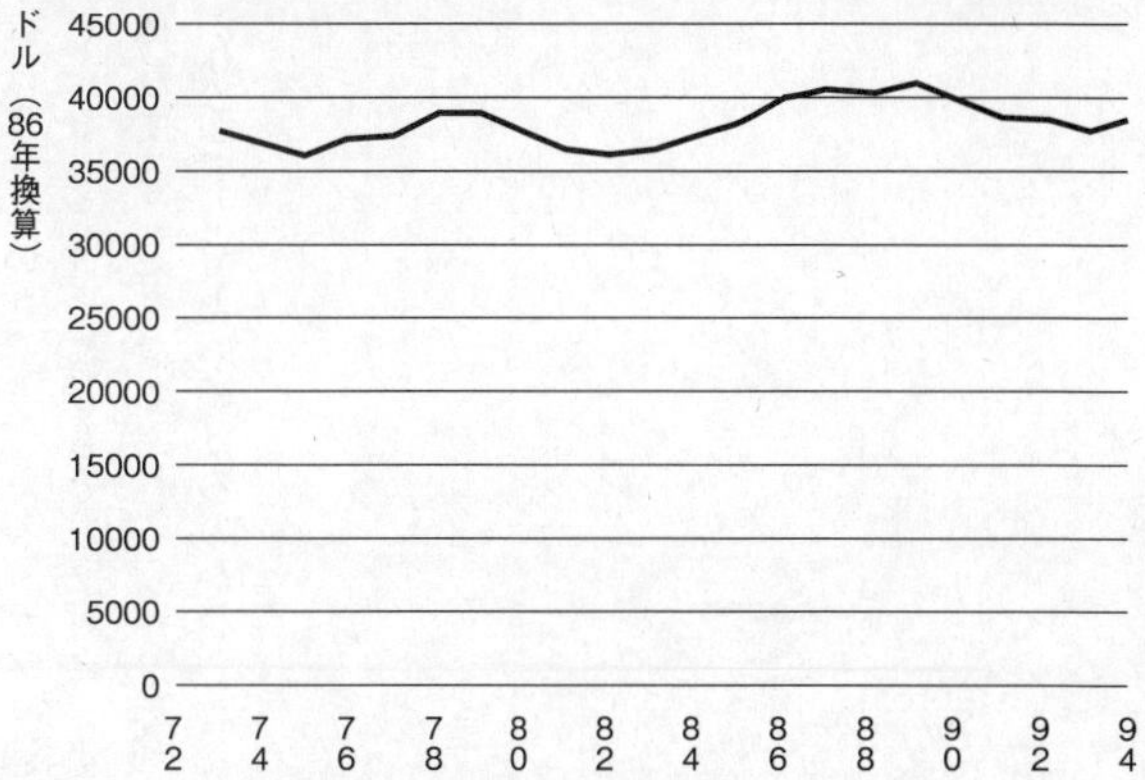

図3　でも平均的な家族の実質収入は横這いで……

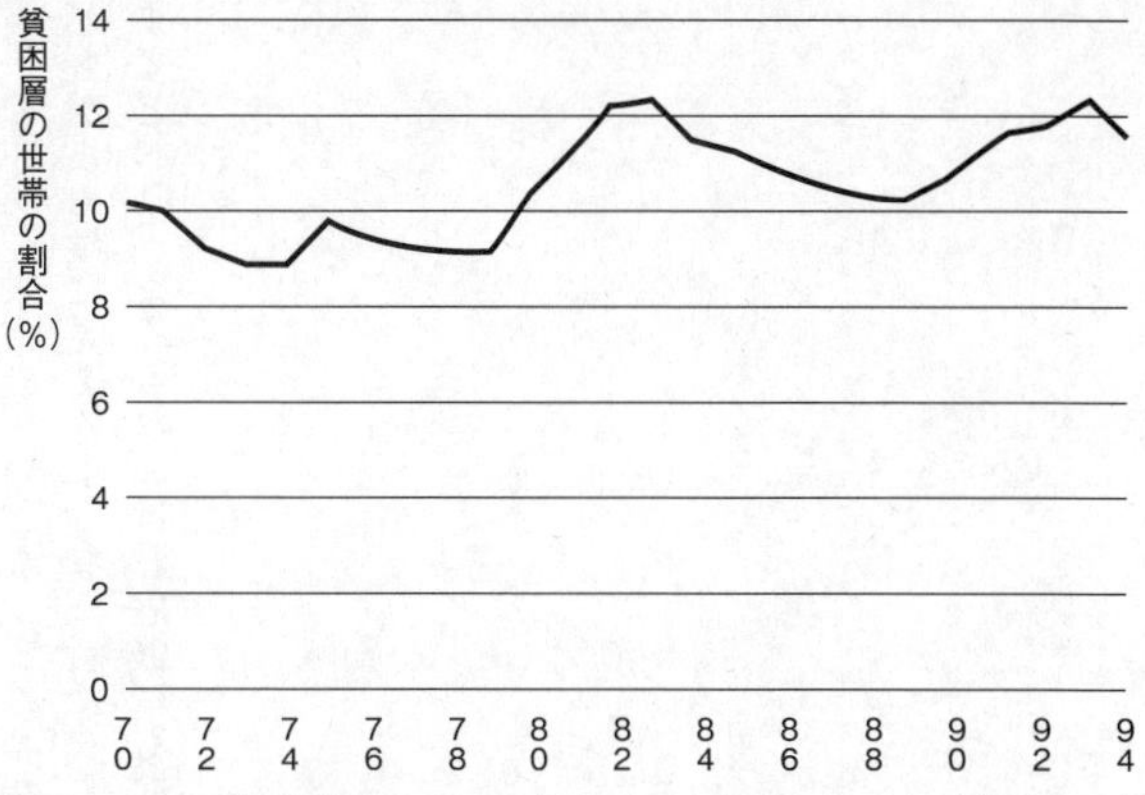

図4　……90年代前半には、70年代よりも貧乏人がずっと増えた。

いはうまくいきそう）だろうか？　過去の政策上の罪が、未来の報いとなってはねかえってくるか？　それともその反対に、悲観論者どもがまぬけに見えるような、新たな繁栄を体験することになるんだろうか。それとも今までどおり、よくもないけど危機にもならない状態でただよい続けるのかな？

第1部

経済のよしあしの根っこんとこ

経済のよしあしとずいぶん似ている。ぼくが幸せかどうかを決めるのは、仕事とか、愛とか、健康とかごく少数の本当に大切なことだけで、それ以外の話なんか実はくよくよするまでもない……んだけれど、でも人はふつうは、自分の人生の基本的な構造なんか変えられないし、変えたくもない。だから、つまらない話でいろいろくよくよしてみるわけだ。地下室を片づけなきゃ、とかね。

で、経済にとって大事なことというのは——つまりたくさんの人の生活水準を左右するものは——3つしかない。生産性、所得分配、失業、これだけ。これがちゃんとしていれば、ほかのことはまあどうにでもなる。これがダメなら、ほかの話も全滅。それなのに、ビジネスとか経済政策は、こういう大きなトレンドとはほとんど関係がない。

みなさんの多くは、これじゃちょっと少なすぎるんじゃないかと思うだろう。インフレはどうした！ 国際競争力は！ 資本市場の状況とか、財政赤字とかはどうなんだ！ うんそれはだね、その種の話は次元がちがっていて、国の状態のよしあしには間接的にしか影響しないんだ。

たとえばインフレは（少なくともこれまでアメリカが経験してきたような10％にも満たない率だと）、直接的な害はほとんどない。インフレについて心配しなきゃならない唯一の理由は——そしてそれだってえらくあやふやな話なんだけれど——それが間接的に生産性の成長を引き下げるからだ。同じく財政赤字は、それ自体は問題ではない。何が心配かというと、それが国の貯蓄を下げる結果になり、それが究極的には生産性成長の足を引っ張るんじゃないかということだ。

だから、アメリカ経済のツアーを始めるにあたっては、しっかりした視点を持つ必要がある。つまりは、3つの大問題だけを本当に問題にする、ということだ。そしてアメリカ経済が、この3つのうち2つについて、あまりよい成績をあげていないことも理解しておくこと。

残念ながら、これからこういう大問題の状況を見ていく中で、だれもたぶんそれについて手を打とうとはしないだろう、ということも見えてきてしまうと思う。

1 生産性成長

生産性がすべて、とまでは言わない。でも、長期的にはそれがほとんどすべてだと言ってもいいくらい。ある国が長期的に見て、生活水準をどれだけ上げられるか決めるのは、ほとんどすべて、その国が労働者1人あたりの産出をどれだけ増やせるかなんだ。

第二次世界大戦の兵隊さんたちが帰ってきてから、アメリカ経済の生産性は25年で2倍になった。その結果として、この兵隊たちが気がついてみると、両親の想像もできなかったような生活水準を達成していたわけ。ベトナム戦争の兵隊が帰ってきたら、アメリカ経済は15年かけて生産性を10%も上げきれなくなってた。その結果として、この兵隊たちは両親たちの時代からちっとも向上しない――多くの場合はかえってひどくなった――生活を送るはめになっちゃったわけだ。

生産性の圧倒的な重要性は、説明するまでもないくらいはっきりしているはずなんだけれど、でもそれがわかってない人も多い――もっとひどいのが、わかってるつもりでいながらその理由がぜんぜんまちがっている人たち。たとえば、国際競争力をつけるために生産性が大事なんだ、とか思ってる人たちのことね。だから、ちょっと時間をかけてこの問題を考えてみるのもいいだろう。

まずは手始めに、アメリカがほかの国といっさい貿易をしなかった場合を考えてみるといいかな。その場合、生産性と生活水準は、どういう関係になるだろうか。貿易を考えないというのはとんでもない手落ちだと思うかもしれないね。多くの人は、生産性が大事なのはまさに、世界市場での競争力をつけるためなんだと思ってることでもあるし。でも、この議論はまちがってるんだ――貿易なしの経済を考えてみると、それがよくわかる。

とゆーわけで、まずはアメリカ経済が外国と貿易をしないと考えよう。すると、ぼくらが消費するものはすべて、アメリカ国内でつくんなきゃならないわけだ（ちなみに、これは現実からそれほどかけ離れた仮定ではないんだよ。96年の世界経済は、かつてないほど統合されてるけど、それでもアメリカで消費される財やサービスの87%は国内で生産されてるんだから）。[3] 生活水準（つまり人口1人あたりの消費額）を上げるにはどうしたらいいだろう。これは単純な算数の問題で、選択肢は3つしかない。

イ　生産性を上げて、各労働者がもっと財やサービスを生産できるようにする。
ロ　総人口の中で、働く人の割合をもっともっと増やす。
ハ　産出の中で、将来に向けての投資用にとっておく部分を減らして、今すぐ消費するための財やサービスをつくるほうに生産能力をふりむける。[4]

ハでは、長期的に消費量を増やせないのは見えてる。いま投資する分を減らせば、それは将来に消費できる量を確実に犠牲にするわけだから。

ロの方法は、失業してる人の割合が多ければ、しばらくは続けられるだろう。あるいは社会的な変化で、新しいグループが労働市場に参入する場合にも。だから、アメリカが大恐慌から脱出するにつれて、総人口の中で職に就いている人の割合は急増したし（訳注✣つまり大恐慌で生まれた大量の失業者が、続々と雇われていったわけ）、あるいは70年代に、女性が大量に労働市場に参加したときにもそうなった。

でも長期的には、これは明らかに限界がある。仕事に就いている人の割合を57%から62%にすることはできる。70年代から80年代にかけて、アメリカはまさにこれをやったわけ。でも、これを105%まで上げるのはどうやったって無理だ。

すると長期的に生活水準の向上を維持するには、生産性を上げるしかないってことだ。アメリカの今日の1人あたりの消費額は、20世紀の頭の4倍。そして生産性も4倍になってる。

じゃあ、ここで貿易を入れて考えてみよう。アメリカ経済は貿易経済なので、その産出の一部を外国に送り出し（輸出）、国民が消費するものの一部を輸入する。輸出を増やさないで輸入を増やせれば、消費量も増やせることになる。だったらつまり、1人あたり消費量を増やす方法が2つ増えたわけだ。

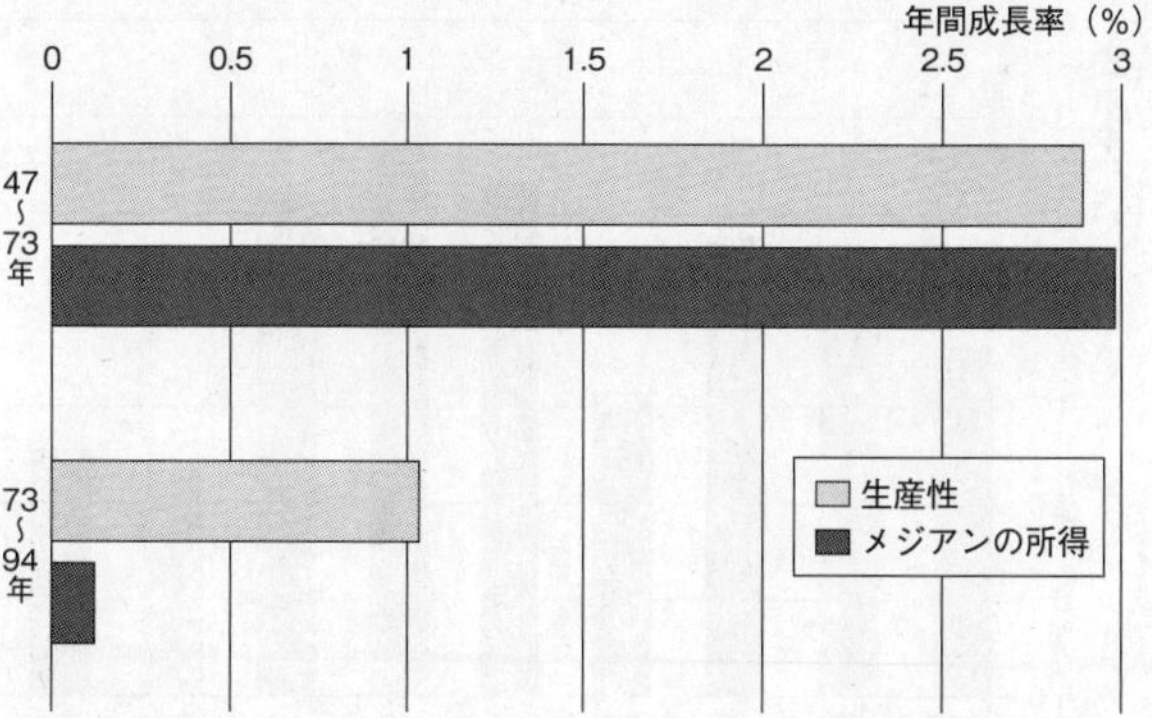

図5●生産性とメジアンの所得　70年代と80年代の実質世帯収入が横這いだったのは、それ以前の収入が激増したのと同じで、生産性成長のトレンドのおかげ。第二次世界大戦から73年までの生産性の倍増は、実質収入も倍増させた。それ以降の生産性停滞は、世帯収入も停滞させたわけだ。

ニ　外国に売る量を増やさずに、もっと輸入すればいい——ということはつまり、増えた輸入の代金を支払うために借金をするか、あるいは手持ちの資産を売るしかないってことだ。

ホ　輸出品をもっと高く買ってもらえるようにして、借金しなくても輸入を増やして支払えるようにする。

ニがハと同じく短期でしか使えない手なのは見え見えだね。いずれ借金は返さなきゃならないんだから。で、ホはといえば、問題は外国の人たちに、どうやって輸出品を高く買うよう説得するかってことだ。あてにできる唯一の方法といえば、ぼくらの製品をもっといいものにするしかない——これはつまり、生産性の向上というのを言い換えただけだね。

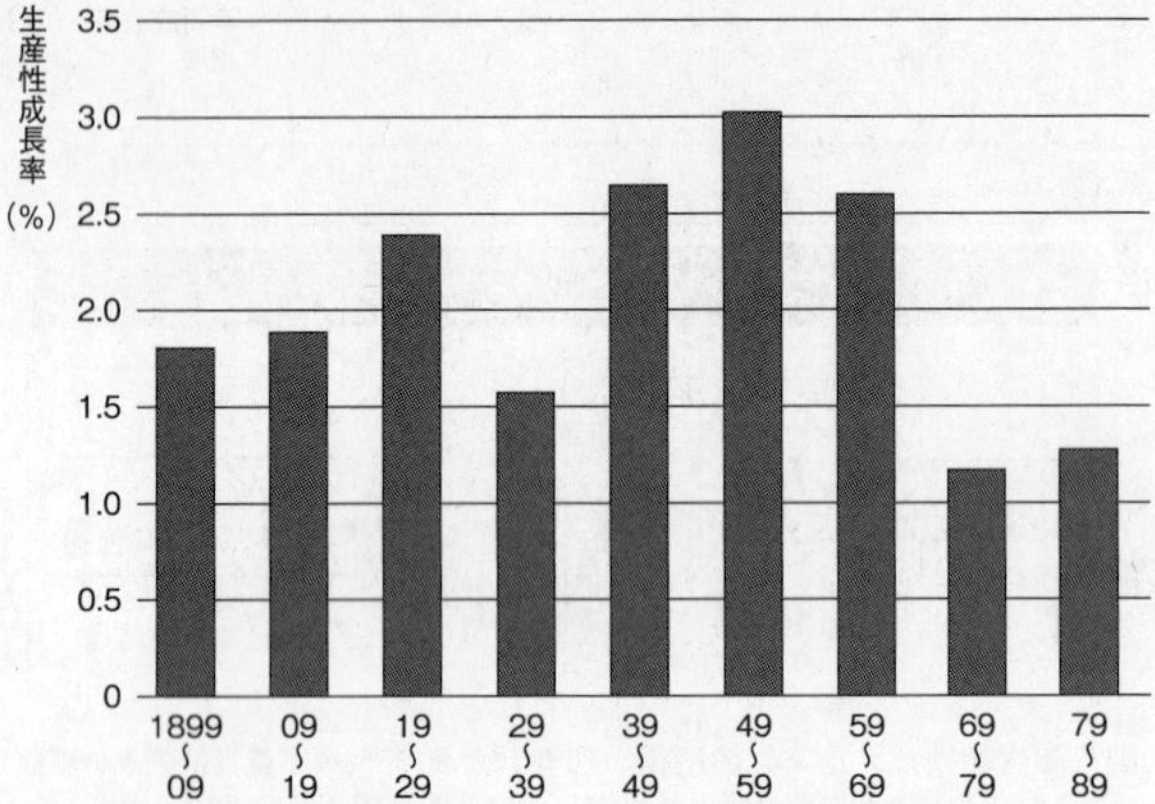

図6●**アメリカの生産性成長**　70年以降の20年間は、生産性成長の成績が20世紀最低だった。

だから本質的な算数が物語るのはつまり、長期的な生活水準の向上――たとえば第二次世界大戦後のアメリカの生活水準倍増や、日本で50年代以降に見られた生活水準の10倍増なんか――はほとんど完全に、生産性の向上に依存しているってことだ。

国の生産性成長で決まってくるのは、生活水準だけじゃない。その国の国力の推移も、生産性で圧倒的に決まっちゃう。第二次世界大戦以降、イギリスの生産性成長は、年率平均1・5％。日本だとこれが7％。だからイギリスは戦争には勝ったけど、でも三流の力しかない国になって、逆に日本は一流の力を持った国になろうとしてる。

こうして見ると、70年代以来のアメリカの生産性成長の停滞は、アメリカ経済におけるいちばん重要な事実だってことがわかる。20世紀最初の70年間で、アメリカの労働者1人あたりの生産は、平均で年2・3%ののびを見せた。50年代と60年代ではそれが2・8%。でも70年代以来、アメリカ経済は年率1%くらいの生産性成長しかしてない。もし過去25年の生産性が、70年までと同じ率でのびていたら、ぼくたちの生活水準は今より少なくとも25%は高かったはずなんだ。

生産性成長の遅さにくらべれば、ほかの長期的な経済問題——外国との競争、産業空洞化、技術面での遅れ、インフラの劣化とか——なんかメじゃない。というか、そういうのが問題になるのは、生産性成長の足を引っ張る限りにおいてでしかない。

だったら、生産性ってのはもちろん、政策上の大問題なんだよね？　そうでしょ？　ブーッ。残念でした。経済学者や経営者なんかは、ときどきそれを問題にしようとするけど、まあたいがいは黙殺される。

そしてこれは、国民が無知だからって話じゃない。シンクタンクのインテリや大学の経済学者みたいな専門家たちの間でさえ、アメリカの生産性停滞の話はあんましファッショナブルじゃない。この話を考えてみた人なら、だれでもそれが大事だってことには賛成してくれる。はいはい、もちろんそりゃ大事だってことはわかってますよ。でも、だからって手のうちようがないんですよねー、だから騒いでもしゃあないでしょ、というわけ。

この専門家たちのやる気のなさをわかってあげるには、アメリカの生産性停滞の核心に迫る質問を2つしてみるといい。なぜ停滞したの？　どうすれば回復するの？　答えはど

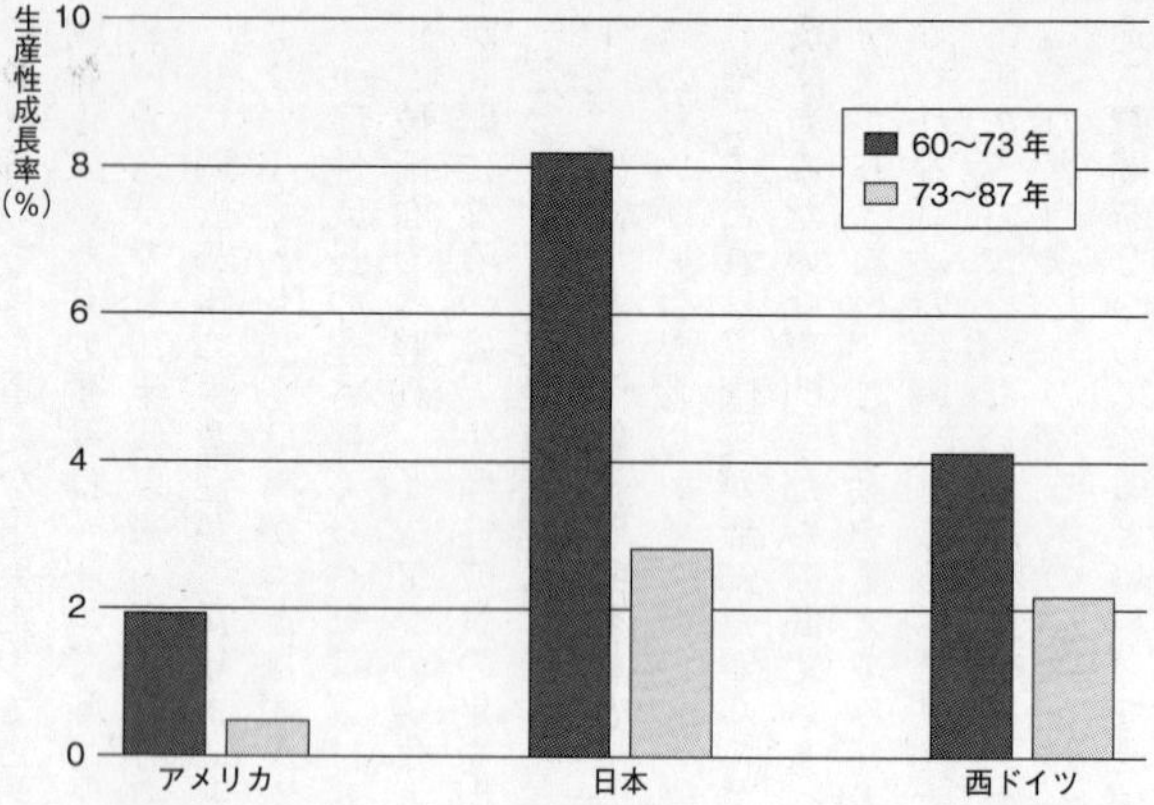

図7 ● **生産性成長率の比較**　生産性成長は、70年代初期には世界中で下がった。

っちも同じで、「わかりませーん」なのだ。

最初のからいってみようか。50年代と60年代には絶好調だった生産性成長は、それ以降なぜ失速して横這いになっちゃったんですか？

生産性の停滞がまだ目新しかった頃、多くの人がそれをオイルショックのせいにすればいいと考えた。タイミングはばっちり。最初に生産性停滞が見えてきたのは、73年のオイルショックに続く5年間でのことだった。アメリカだけでなく、世界中どこでも生産性は停滞したので、この説はさらに強くなった。確かに、西ドイツと日本（訳注❖どっちも大量の石油輸入国）では、落ち込みはアメリカよりもっとひどかったし（でもその前後の成長は、どっちもアメリカより高かったんだけどね）。

経済学者の多くは、生産性停滞のオイルショック説があんましお気に召さなかった。それにはいろいろと技術的・手法的な理由があったんだけれど、でもそんな技術論争なんか、今はもうどうでもよくなった。80年代になると、石油の値段は暴落——実質ベースでは、ほとんど73年の水準にまで落ちちゃったんだ。もし70年代のオイルショックが生産性停滞を招いたのなら、80年代のオイル逆ショックというかエネルギー「天国」は、それ相応の生産性大躍進を招くはずだろ。でもそうはならなかった。[5]

てなわけで、それ以外に経済学者の手元に残された生産性停滞の説明はといえば、どれも宴会の雑談に毛がはえたような代物ばっか。保守派の経済学者たちは、まあ予想どおり、政府の規制が増えたのが悪いと主張——でも生産性成長は、規制だらけの西ヨーロッパ経済のほうがアメリカより高かったし、80年代にアメリカは規制緩和に走ったけど、成長の再加速という成果はまったく出てない。

ほかの経済学者は、60年代の学生運動やヒッピー運動なんかの社会騒乱が、社会慣行や動機、教育の質を変えて、それが長期的に影響を云々という話をする——いわゆる「ベビーブーム理論」とでも言おうかな——でもこんなのは、まともな経済分析なんて呼べる代物じゃないよね。MITの経済学者ロバート・ソローも言ってるけど、生産性パフォーマンスの低さに関する議論のほとんどは、結局は「しろうと社会学の爆発」になっちゃうのがオチだ。

そういうわけで、なぜ生産性成長がほとんど足踏み状態にまで減速したのか、実はだれにもよくわかんないのだ。こうなると、次の質問に答えるのもむずかしくなってくる。生産性を加速するにはどうしたらいいんでしょうか？

経済学者はこの質問には、定番の答えを用意してある。でも残念ながら、あんまし楽しい答えではない。経済学者さん曰く、えーと産出を増やしたいんならですねえ、投入を増やすことですな。労働者にもっと作業用の資本（訳注❖機械とか設備とか快適なオフィスとかまともな社員食堂とかのことね）を与えて、教育水準を高くして、そうしたらみんな生産性が上がるでしょ、というわけ。じゃあ、どうやってそれを実現すればいいんですか？ 簡単。ひたすら耐えるのです！ いま消費する分を減らして、投資にまわす資源を増やすんです。子供をもっともっと学校にやって、そのための追加の教室や先生たちの分のお金を出しなさい！ これだけやれば、今はつらいけど、いずれ見返りがきて、生活水準が上がります。今から10年くらいしたら——それとも20年後かな？——生産性は十分に上がって、今の犠牲も十分に報われるでせう。

これは熱狂的な政治的支持を巻き起こすような答えじゃないよねー。特に生産性の成長鈍化は、工場や設備や教育への投資の低下とははっきり相関してないってことを考えると、なおさらそうだ。

実をいうと、アメリカ経済は50年代、60年代とくらべても、70年代、80年代にだって同じくらいの割合で投資はしてたし、教育投資なんかむしろ増えてるんだな、これが。でも、その投資がむかしほど役にたってない。

だから、生産性成長を上げるオーソドックスな処方箋は、これまで見たこともないすごい努力をしろって話になる。そうなると短期的には生活水準は下がるし、しかもそれで治そうっていう病気は、実は診断もまともに出てない。こんな陰鬱なアドバイスを出すから、経済学は「陰気な科学」なんて言われちゃうわけ。

おい経済学者さん、もうチト明るいものを提案できねーの？　というわけで、70年代後半、まだ生産性停滞が目新しかった頃、成長をどうやって回復させようかという問題で、みんないろんな方式を熱っぽく推奨した。いちばん主流のガマの油2つは、おおむね右派と左派にきれいに分かれた。左派には、「産業政策」支持者たち。政府が市場でもっと積極的な役割を担ったら、生産性成長は加速するよ、と主張するロバート・ライシュやレスター・サローみたいな連中。右派はサプライサイド屋で、アーサー・ラッファーやジュード・ワニスキーやなんか。こいつらは、政府を市場から追い出せば、民間部門のダイナミズムが解き放たれると信じていた。いずれも経済学の学問的な主流からははずれてて、サローやラッファーみたいな経済学の異端か、あるいは経済学者じゃない連中（ライシュは弁護士でワニスキーはジャーナリスト）。そしていずれも、経済学本流が説く、落ち込んじゃうような美徳に対し、政治的なシステムの代替案を提供した。つまりはうまい話を差し出したってことね——何の苦労もせずに経済を再活性化させる機会を。

ロナルド・レーガンが大統領になったとき、サプライサイド屋たちは自分のアイデアを実地に試せるようになった。で、見事に失敗。経済が荒廃しきるような、絶望的な失敗じゃあなかった——80年代のアメリカ経済は、ほとんどの有権者を満足させる程度のできだったのは確かだ。一部の経済学者は、レーガン時代はアメリカの将来にとって大惨事の種を播いたと考えてるけど、この手の破滅の予言は政治的にはあまり相手にされない。でも、サプライサイド経済が政権をとって実際にもたらしたものは、約束とくらべるとあまりにセコくて、運動自体が一気に冷え込んじゃったわけ。

だから88年の選挙でも共和党は勝ったけど、サプライサイド屋は勝利チームには入ってなかった。ブッシュの経済チームは、イギリス人が「トーリー党軟派」と称するものだったのね。どっちかってと自由市場支持の保守派なんだけれど、それ以上経済の大手術をするのはためらっていて、環境や金融市場なんかの分野では、規制を再強化したがったりさえする連中。

産業政策の使徒たちは、ビル・クリントン大統領のもとで、もうチト限られた形とはいえ権勢を与えられた。ロバート・ライシュは労働長官になった。大統領は、レスター・サローの愛読者として有名だ。でも、かつて総合産業政策の旗振り役だった連中は、提案のスケールをぐっと縮小してしまった。93年の初めに、新政権は鳴り物入りでいくつかの補助金や技術的なイニシアチブをうちあげた。これはまあ産業政策と呼んでもいいようなものだけれど、でもその金額ってのが年にたった40億ドル。アメリカの経済規模って7兆ドルなのよ。それに比べたら、ほんの小銭ってところだ。政治システムは明らかに、産業政策で本当に大がかりな実験なんかする気はないんだね。

じゃあ、アメリカにおける生産性成長について、ぼくらは何をするのか？　なーんにも。いや、今のはちょっと言いすぎ。大きな政治上のリスクをおわずに、政府が生産性成長を加速できそうな手はいくつかある。たとえば教育水準の向上を奨励したり、産業研究コンソーシアムを支援したり。いくつかは試されるだろうし、なかにはちょっとうまくいくヤツだってあるだろう。でも基本的な政治上のコンセンサスでは、低い生産性成長はなんとか我慢できなくもないってことになってる。そのうち何かが起こって、生産性成長が勝手に加速してくれるのを祈りましょう、というわけ。第15章で見るけれど、この祈りがかなえられたような兆候だって、ないわけじゃない。でも、ぼくたちがやるのは、せいぜいが祈るくらいなんだな。

つまりこれが最初の大問題。生産性成長は、アメリカの経済的なよしあしを左右する唯一最大の要因である。でもそれについてぼくたちは何をするつもりもない以上、それは政策課題にはならない。

補足

生産性と競争力

生産性の成長がアメリカ経済にとって大事なのは、世界経済の中での競争力を高めてくれるからだと思っている人は多い。これはかんちがい。国際貿易に対して開かれた国の場合でも、鎖国した経済の場合でも、生産性の成長は同じくらい大事なの。

なぜかって？　ちょっと思考実験を。まず、アメリカを含めて世界のあらゆる国の生産性が、年に1％ずつ向上すると考えよう。ぼくらの生活水準はどうなるだろう。あらゆる国で、年率1％上がるよね。これにはみんな、すぐ賛成してくれると思う。

じゃあ、ほかの国がすべて生産性を3％上げて、アメリカだけが1％だったら？　アメリカ人の生活水準はどうなるでしょう。多くの人はすぐに、生活水準が停滞するか、へたすると下がると答える。競合できなくなるからって。ブーッ、残念でした。

正解は、アメリカの実質収入はあいかわらず年率1％で上昇する。だってさ、外国の生産性成長なんか、なんで気にしなきゃなんないわけ？　唯一問題になるのは、こちらの輸出品の一定量に対して受け取れる輸入品の量に影響が出てくるときだけでしょ？　つまりこちらの輸出品の価格が、輸入品の価格から見て高いか低いかって話（交易条件ってヤツよ）。そして外国の生産性成長は、こっちの交易条件を悪くするとは限らない——よくしてくれる場合だって十分にあるんだよ。

これにはいろいろ見方があるんだけど、まず一つには、外国の成長はアメリカ製品に対する競合を増やすけど、一方でアメリカ製品の市場を拡大してくれることにもなる点を考えてよ。

それと、アメリカ製品と競合する製品を作ってる国があって、そこの生産性が上がるでしょ。すると、アメリカの輸入業者の生産性もたぶん上がるよね。

あるいは、競合製品を作ってる産業の生産性が上がると、ふつうはいっしょにそこの賃金も上がるのね。それが価格に反映されて、だから価格差もすぐに埋まっちゃう（今の3つはどれも同じ話を言い換えただけなんだけどね）。

つまり理屈から言えば、アメリカの生産性成長が外国より低くても、それ自体は問題ではないってこと。

じゃあ実際はどうかな？　実際のアメリカの交易条件は（変な動き方をする石油と農産物は除外すると）、70年から80年にかけて15％低下し、そこから91年にかけてさらに2％低下した。これは大した数字じゃない。石油以外の輸入品は、GDPの7％にすぎないので、それが15％落ちてもどうってことない。計算すると、これがアメリカの生活水準に与えた影響は、70年代には15％×7％で年間1％ほど、そして80年以降は2％×7％で5分の1％以下でしかない。

つまり実際問題としても、アメリカの生活水準のトレンドは、自分のとこの生産性成長で決まってるわけだ。そんだけ。国際競争なんか、何の関係もありゃしない。

でもそんなら、みんなが「アメリカの競争力」とか言ってるのは、ありゃいったい何のことかって？

答えはだねえ、残念ながら要するにそいつら、たいがいは自分が何言ってんだか、まるっきりわかっちゃいないってことよ。

2 所得分配

典型的なアメリカ家族にとって、過去20年（70~80年代）ってのはよくも悪くもならなかった、めざましいほどに何も変わらなかった期間ってのが一番の印象だろう。メジアンの世帯収入は、少なくともふつうの統計で見れば、73年も55年もまったく同じ。でも、典型的でない家族にとっては、状況はまるっきりちがっていた。典型的でないってのは、金持ちと貧乏人ってこと。金持ちは、ずっと金持ちになった一方で、貧乏人はとてつもなく貧乏になっちゃったのだ。[6]

ここでぜひとも認識してほしいのは、この不平等の拡大がすんごく派手だったということだけじゃなくて、これが動きとしてもそれ以前とはぜんぜんちがう代物だってこと。この2つの点をまとめて示すには、図8（45ページ参照）みたいなものを描いてみようか。

こいつは所得分布の「百分順位」ごとに、世帯の実質収入の成長率を示してる（百分順位の20番目にいる世帯は、全世帯の下から20%よりは収入が高いけど、上から80%よりは低いわけだ。40番目の世帯は、全世帯の下から40%よりは収入が高いけど、上から60%よりは低い。おわかり?)。

もとのデータは国勢調査。期間を2つとって、成長率をくらべてみた。「よかった時代」(戦後の47年から73年にかけて)と、それに続く、73年から94年(これを書いている時点で手に入った最新データ)までの、問題ありの時期だ。

戦後期の数字は、柵みたいな感じでしょ。どの棒もほとんど同じ高さ。こいつを見てわかるのは、この経済が繁栄していたと同時に、その繁栄が広く分配されてたってことだ。所得分布全体を通じて、収入は毎年2・5%ずつ上昇していた——つまりほとんどあらゆる階層の人間は、この期間に所得がほぼ2倍になったたってわけね。

でもそれに続く時期のグラフは、ずいぶんちがった形をしてる。柵というより階段みたいだよね。しかもその段の一部なんか、ゼロより下にはみだしてる。こいつを見てわかるのは、この経済が全体としてずっとのろのろ成長してたってことと、ただでさえがっかりするようなその成長を、すごくばらついた形で分配していたってことだ。裕福な連中の所得は着々とのばしてあげてるのに、ほかは横這いか、底のほうでは減っちゃってるくらい。

この数字でさえ、実際に起こった話を十分には伝えきれてない。いちばん極端な連中の話が見えてこないから。かなり確実な証拠があるんだけれど、トップ1%の世帯では、この時期に収入が2倍以上になってるらしい。

つまりだね、平均的な世帯の収入は、73年を境にのびがすごく下がった。でも、その一方で、すっごく裕福な世帯では、のびは逆に加速したってことだ。そして所得分布のいち

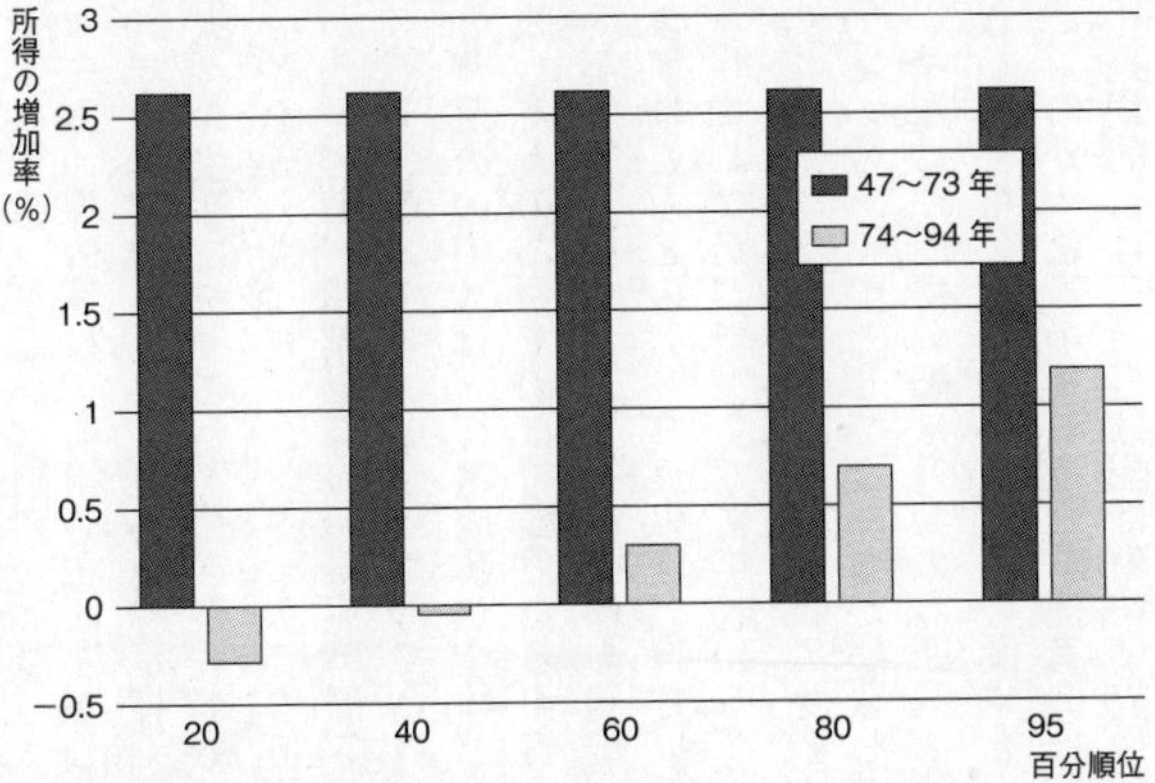

図 8 ● **実質所得の変化率**　80 年代には、貧乏人はもっと貧乏に、金持ちはもっと金持ちになった。

ばんてっぺんは、さらにそれ以上のばしてる――たとえば、大企業の重役の収入は、実質ベースで4倍以上になってるんだぜ。

一方でアメリカの悲惨の総量は、公式の貧困率ののびなんかよりずっと急速に増えてるんだ。ホームレスとドラッグ中毒がどんどん拡大したもんね。

所得分布の長期的な比較は、いろいろ問題があってむずかしいんだけど、それを承知で、単純計算をもとに話をしてみよう。73年より後にはアメリカで不平等が急増したもんで、30年代から40年代に起こった平等化への動き――経済史家のクローディア・ゴールディンが「大圧縮」って呼んだもの――は完全に逆転しちゃったってことだ。90年代半ばには、アメリカは20年代の『華麗なるギャツビー』に出てくるような不平等な社会に舞い戻ってたと言っていいだろう。

一部の保守派は、所得分布なんか公共が口出しすべき問題じゃないと考えてる。[7] でも、70年代半ば以降の分配具合の変化は、政府の意図的な活動なんかどうでもいいくらい、人々の生活にすっごいインパクトがあったのね。だって、どんなにすさまじい政策上のヘマやらかしたって、アメリカ人5000万人の実質所得が、そんな1割も下がったりするか？　でも、73年以降の所得最下層5分の1は、まさにそういう目にあったわけだ。

不平等がどんどん広がったっていいじゃん、という人もいる。でも、この10年の金持ちと貧乏人の増大は、経済成長が全体として下がったせいじゃなくて、所得分配の変化を反映したものだってのは、厳然たる事実なんだ。

不平等が広がると、社会全体の状況がひどくなるといえる理由は、少なくとも2つある。まずほとんどのアメリカ人は、自分以外の人の幸せだってちょっとくらいは心配してあげたりするのだ。で、すでに年収10万ドル単位で稼いでるヤツは収入が1000ドル増えたってどってことないけど、貧乏な家族なら同じ1000ドルの収入増がすごく意味を持つってのは、結論としてなかなか反駁しがたいわな。

第二に、所得分配は社会の雰囲気を変えちゃうんだ。あまり極端な金持ちも貧乏人もいない社会は、金持ちと貧乏人の間にとんでもない深くて広い溝のあるような社会とはずいぶんちがったものだろうし、前者のほうがずっと魅力的なのはまちがいない。

長期的には、所得分配は生産性成長ほどには経済のよしあしを左右しない。でも、過去一世代の間にアメリカ人のトップ1割の生活水準が上がったのは、生産性が上がったからなんかじゃなくて、主に所得分配の不平等が増したからなんだ。それに30年代以来、生活水準がマジで低下して苦しんだアメリカ人がたくさん出たのは、この80年代が初めてなんだよ。

なのに所得分配は生産性成長と同じで、検討の俎上にのってる政策課題じゃあない。これは一つには、なんで不平等が拡大したのか、だれもちゃんとわかってないこともある。でも基本は、このトレンドをひっくり返す手段ってのが、どれも政治的に手の出ないものばっかだという点にある。

収入の不平等をおさえようという行動がアメリカでむずかしいのは、不平等の増大がなかなかややこしい話だからだ。ガチガチ左翼は(もう絶滅してたりして)、話をすごく単純にしたがる——金持ちは、貧乏人を搾取することで金持ちになったのだ! というわけ。でも、これはどう考えても、90年代のアメリカにあてはまる姿じゃない。

まずそもそもだね、アメリカの最貧困層って、働かないのよ。だからそれを搾取するのは、けっこうむずかしかったりすんの。それと、貧乏人ってそもそも何も持ってなかったわけ。だから貧乏人が失った金額なんて、金持ちの収入増にくらべたら、雀の涙ほどなんよ(インフレを考えなければ、上位1割の世帯収入の増え方は、どん底の1割の収入が減った分の12倍以上になってる)。

所得分配がどうなったのかを語るには、もっと複雑な絵を描いてみなきゃ。アメリカ社会がえらく不平等になるにあたっては、少なくとも3つのぜんぜん別のトレンドが組み合わさってる。

まずは社会のいちばんどん底で、いわゆる「最下層」がうじゃうじゃ増えて、しかもますます劣悪な状態になっていった。そしてそれとは（少なくとも今のところだれが見ても）まったく関係なく、超金持ちの収入が激増。そしてその真ん中で、働いて生計をたててる連中では、非熟練労働者の稼ぎは減って、高度技能者の稼ぎは増えている。

じゃあまず、最下層からいってみようか。最下層って、一般に認められた統計的な定義はないけれど、みんな「あれか」ってわかるよね。主に非白人で構成された、貧困と社会崩壊の悪循環にとらわれちゃったどうしようもない人々。アーバン・インスティテュートのイザベル・ソーヒルなんかは、最下層の規模をはかろうとしてるんだけれど、60年代に増大を始めて、それ以来加速しつつ拡大してるみたいだって言ってるね。

60年代と70年代にはみんな、こういうしつこい貧困は社会福祉プログラムで解消できるって思ってた。80年代には、福祉が間接的に貧困の原因になってる！　と糾弾された。結局今から見るとだね、社会が貧乏人に対する支出を増やすと、かれらの手持ちの金は増える。[✣8]支出を減らせば、貧乏人の手持ちも減る。それ以外には、ぜんぜん何も変わんないんだよ。つまり、気前よくしてみても、ケチケチしてみても、最下層の拡大には大して影響がないみたいなのね。

保守派は、福祉システムが働く気を失わせて、最下層の増大を招いたのだ！　と言う。

これに対してリベラル派は、レーガンが社会福祉費をカットしたから、最下層は貧困から脱出できなくなって、それで増えたんだとやり返す。どっちもあるんだろうね。でも、最下層の拡大のいちばん大きな理由ってのは、生産性成長の原因と同じで、経済学よりはむしろ社会学の領域になっちゃうんだ。

この最下層の増大にくらべたら、金持ちや最裕福層の収入増は、あんまり不思議じゃない。高収入を実現する方法はいろいろあるけれど、ほかを蹴倒す大収入源が一つ——ファイナンスだ。80年代は、ファイナンスの切った張ったの大ばくちの黄金時代だった。金融操作での収益が激増して、すごい金持ち連中の懐もふくれあがったわけ。ここでの金持ちって、年に何十万ドル、何百万ドルって稼ぐ連中のことだよ。

ほとんどのアメリカ人は、そんな成層圏とどん底の中間に住んでいて、この層での不平等の増大は、これまた別のお話。まずあったのがヤッピー現象。ダブルインカムのカップルは、年収5万ドル以上の世帯数を増やした。第二に、職業間での賃金格差が拡大した。ブルーカラー労働者の実質賃金は、過去15年にわたってかなりコンスタントに低下してきた。一方で、高度教育を受けた労働者の賃金は、急速に上がっている（大卒の稼ぎと高卒の稼ぎとの比率は、70年代には1・5から1・3に下がったけれど、それが80年代には1・8に上がった）。

でも、ここでよくわからないのは、なぜこうした現象がこの時期に起こんなきゃなんなかったのか、ということ。ダブルインカム専門職カップルが増えたのは、女性運動が遅れて効いてきてるのと、ベビーブーム世代の高齢化が影響してるせいだな。賃金の格差が開いたのと、あと金融市場操作のほうはいささかわからん。

政治のせいもあるかもしれない。レーガン時代は、労働者をガンガン絞ってもかまわないという風潮をつくったし、金融面での大ばくちも大目に見られるようになっていたから。アメリカ製造業の衰退とか、それにともなうアメリカ経済の構造転換とかも、ちょっとは効いてたかもね。

理由は何であれ、不平等は拡大したわけだ。じゃあ、政策的にはどうすればいいの？特に、過去10年で生まれた金持ちと貧乏人の極端な部分って、どうにかなんないの？貧困をどうにかしようという話で困るのは、一般大衆がいい加減この話にうんざりしちゃってるってことだ。アメリカは、60年に貧困に対して宣戦布告。60年代は、所得が向上してたし、政府の活動に対してみんな大いに期待してた時代だった。この「戦争」は、社会改良であって、ただの慈善事業じゃあないってことになってた。単に貧乏人の生活水準を上げるだけじゃなくて、貧乏人が仕事によって貧困から脱出する手助けをするはずだった。

なのに貧困は減らなかった。60年代後半と70年代半ばには、貧乏人援助金はすごく増えたんだけれど、貧困はあいかわらず減りゃしなかったし、貧乏の一番の象徴である最下層では、貧乏がこわいくらいひどくなっていったんだ。

60年代には、貧乏人がもっと生産性を上げるにあたって、政府が大いに手助けできると思ってる人がたくさんいた。今じゃそれは比較的少数派になっちゃってる。政府は大した手助けはできないし、かろうじてできるのは、もっとお金をあげて生活水準を上げてやることみたいだ（そしてチャールズ・マレイ『足場喪失』みたいな影響力の高い本なんかは、それすら否定してる）。

でも、もし貧乏人への援助がただの慈善なら、その政治的根拠は、社会一般の気前のよさでしかない。財政赤字で、平均的国民の生活水準も足踏み状態だと、そうそうみんな気前よくなんかなってられないよね。

議会は、働いていて貧しい人たちには、多少のお目こぼしを投げてやるくらいは喜んでする。勤労所得税控除（Earned Income Tax Credit）という、いわばマイナスの所得税みたいなもので、賃金に補助を出してあげたりして。あるいは最低賃金を引き上げたりもする。でも、働かない貧乏人は、もう今じゃまったく同情してもらえない。児童扶養家庭への補助金（訳注✣これは主に、乳幼児をかかえていて仕事に就けないシングルマザーなんかにあげられることが多い）――みんなが「福祉」と聞いて真っ先に思い浮かべるのはこれだ――は96年に大幅に削られちゃった。

で、金持ちのほうはといえば、連中の収入源をカットするような政策はいくつかあるだろう。たとえば、金融市場の規制をもっときつくすれば、何千万ドルも収入があるヤツらは減るかもしれない。そして金融市場が落ち着けば、間接的には会社の重役の給料も多少制限されるかもしれないね。

でもだいたいにおいて、金持ちの稼ぎを減らす唯一の方法は、税金をかけることだ。そして実際に93年にクリントン政権は増税したんだけれど、これは主に年収10万ドル以上の世帯に影響するものだった。この増税は、高所得者どもがロナルド・レーガンからもらった減税を、部分的に相殺するものだった。それでも部分的にすぎなかったんだけど。

とはいえ、前にも見たとおり、80年代の不平等の拡大は、ほとんどが課税前の収入が原因で、課税後の収入の話じゃない。だからレーガンが金持ちを甘やかしたのをちょっと引き締めたって、トレンドには少ししか影響してない。

だから所得分配は、生産性成長と同じで、まじめな政治行動の対象になりにくい政策課題だってこと。金持ちと貧乏人のギャップ拡大は、たぶんアメリカの経済生活のなかでいちばん中心的な事実だとさえ言っていいかもしれない。でも、いま検討されてる政策は、どれもこのギャップを縮める見込みはなさそうなんだ。

3 雇用と失業

96年、全労働力のなかで失業してるのは、たった5・3%だった。[9] これは78年の6・0%よりはちょっと低くて、70年の4・8%よりは少々高い。何をおっしゃいますか。こいつはすんげえ「大したことないじゃんって思うかもしんないけど、アメリカの労働市場にはものすごい数の労働者が参入してきた。ベビーブームの連中とか、女性とか、移民とかさ。アメリカ経済は、そのほとんど全員に職をみつけてやったってことなんだぜ。

この点でのアメリカのすごさは、他の国とくらべてみると歴然としてる。特にヨーロッパでは70年代はじめから、新しい職はほぼまったく生み出されていない。だから、ヨーロッパでは総労働者数はアメリカよりもずっとゆっくりしか増えなかったのに、失業は5倍にもはねあがったんだ。

失業がなぜ悪いのかって？　一部はまず、失業率が高いと、生産能力を持った労働者が活用されなくて、経済の産出能力もめいっぱい使われないからもったいないって話がある。

もう一部では、失業率が高いと、慢性的な貧困の温床になるってことがある。

でもそんなこと以上に、職のあるなしは、ぼくたちの社会のなりたちにとって、すっごくかんじんかなめの役割を果たしてるんだ。若者が学校を出てからちゃんと仕事があるな、と思える社会、大人になってからの人生で、多少の波乱はさておき、だれもがだいたいにおいて有意義な職が持てるな、と思える社会ってのは、仕事が特権になっちゃっててほとんどの人に職がないような社会とは、すごくちがってくる——これはヨーロッパの多くみたいに、福祉国家で失業者がすごく優遇されてる場合だって同じだ。まあ、他が同じなら仕事のある社会のほうがいい社会だってのは、価値観の問題ではあるんだけどね。でもアメリカ人の多くは、この価値観にぜったい賛成するよ。

失業がそんなろくでもないしろものなら、なぜアメリカは5％以上もある失業率なんかで満足してるわけ？　もっと低い水準——たとえば3％くらいを目指せないの？　これだとつまり、あと200万くらい職をつくんなきゃなんないわけだ。

答えは、ご想像とはぜーんぜんちがう。失業してる人たちの仕事に対する需要がないんだと思ったでしょう。そうじゃないのよ。アメリカ経済にとって、職をつくるのなんて、おおむね何の苦労もない。連邦準備銀行の理事会は、電話一本で好きなだけ需要をつくれちゃう。

ただ問題は、インフレを起こさずにそれをやるにはどうしようってことなんだ。失業を減らす一番の障害ってのは、あんまり失業率を下げると、インフレになっちゃうのを連邦

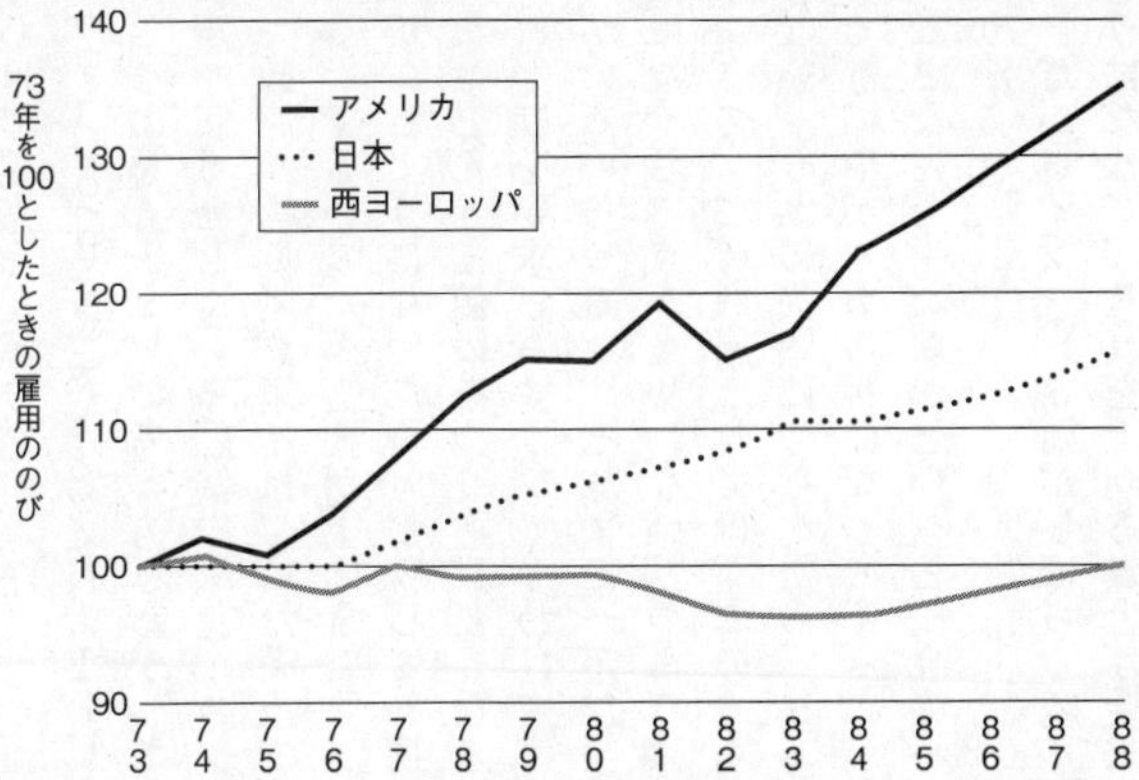

図9●雇用ののび　アメリカの雇用は70年代以降、急速にのびた。これは他のところの経験とは好対照。特にヨーロッパの惨状とはくらべものにならない。

準備理事会が心配してるからなの。60年代後半に、ミルトン・フリードマンみたいな経済学者たちがこの考えをもちだして以来、経済学者のほとんどは、インフレ率を一定にしておくには、いつも一定の失業率がいるんだ、という考え方には賛成している。その水準以下に失業率をおさえようとして、政府が無理に需要を生み出そうとすれば、インフレが加速するというツケがまわってくる。政府がインフレをおさえようとすれば、それは需要をおさえることになって、結局はその水準以上に失業率を上げるしかない。

この境目の失業率を、フリードマンは「自然失業率」と名付けた。ほかの経済学者は、この名前が気に入らなかった。仕事がないのどこが自然だ！　というわけで提案した呼び名が「インフレ無加速失業率[10]（Non-Accelerating Inflation Rate of Unemployment）」、略してＮＡＩＲＵだ。

このＮＡＩＲＵの考え方をわかってもらうために、政府が需要を増やして完全雇用を実現しようとしている経済を考えてみようか。

政府が需要刺激策をはじめた時点で、この経済では物価がそこそこ安定していたとしよう。でもいったん需要が上向きだして、工場はどこもフル稼働して、ほとんどみんなに職があるようになったら、どうしても物価が上がりたがってくる。そんな経済の中では、企業はどんどん値段をつりあげたくなるし、労働者だって、そりゃもう生産性成長を上回る賃上げを要求しちゃう。てなわけで、失業をたとえば６％から３％に下げようとして政府がいろいろやると、それまで一定だった物価が、まあそうだな、年間５％ずつ上がるようになっちゃうかもしれない。つまりは５％のインフレってわけ。

さて、この政府としては、このくらいのトレード・オフなら我慢しようと思うかもしれない。６％の失業にくらべたら、５％のインフレなんてぜんぜんオッケーって感じでね。でも、やがてあらわになってくるのが、このトレード・オフがこれだけじゃすまないってことなんだ。なぜかというと、今のインフレ水準ってのはみんなの期待に織り込まれちゃうから。

だからインフレ５％がしばらく続くと、労働者はこのインフレが続くものと期待するようになって、それを上回る賃上げ要求をするようになる。企業も、来年の価格改定までにいろんなコストや競争相手の価格も5%上がるだろうってことで、それを含めた値段をつけるようになる。

そんなわけで、政府はやがて、失業を3%におさえておくにはインフレが5%ではすまなくなって、インフレ10%を我慢しなきゃならないってことに気がつくわけね。で、政府がこれでもまだ我慢できると思っても、数年たったらインフレ率は15%になっちゃうわけだ。これが延々続く。結局、失業を低くおさえておくには、インフレが加速するのを我慢するしかないってこと。で、5%や10%のインフレなら我慢もできましょうが、これが100%とか100万%となるとちょっとねー。

そういうわけで、インフレが加速し続けるのを避けたいなら、政府は一定以上の失業率を保って、労働者が自分の生産性成長を上回る実質賃上げ要求をしないようにしなきゃならない。同じく、企業がコスト上昇以上に値上げしないように失業を保たなきゃなんない。そして、インフレをおさえられる最低の失業率が、NAIRUだというわけ。

NAIRUは、経済において不可侵なもんじゃないし、不変のもんでもない。長期的な政策の変化や、経済構造の変化によって、上がったり下がったりする。たとえば、政府が規制をかけて、企業にとっての新規雇用のコストを上げれば(訳注❖たとえば最低賃金をすごく高く設定したり、とっても優雅な福利厚生を義務づけたりするとか)、NAIRUは上がる。ちなみに経済学者の多くは、その手の政策が「ヨーロッパ萎縮症(Eurosclerosis)」の原因だって言ってる。「ヨーロッパ萎縮症」とゆーのは、70年以来、ヨーロッパで失業率が

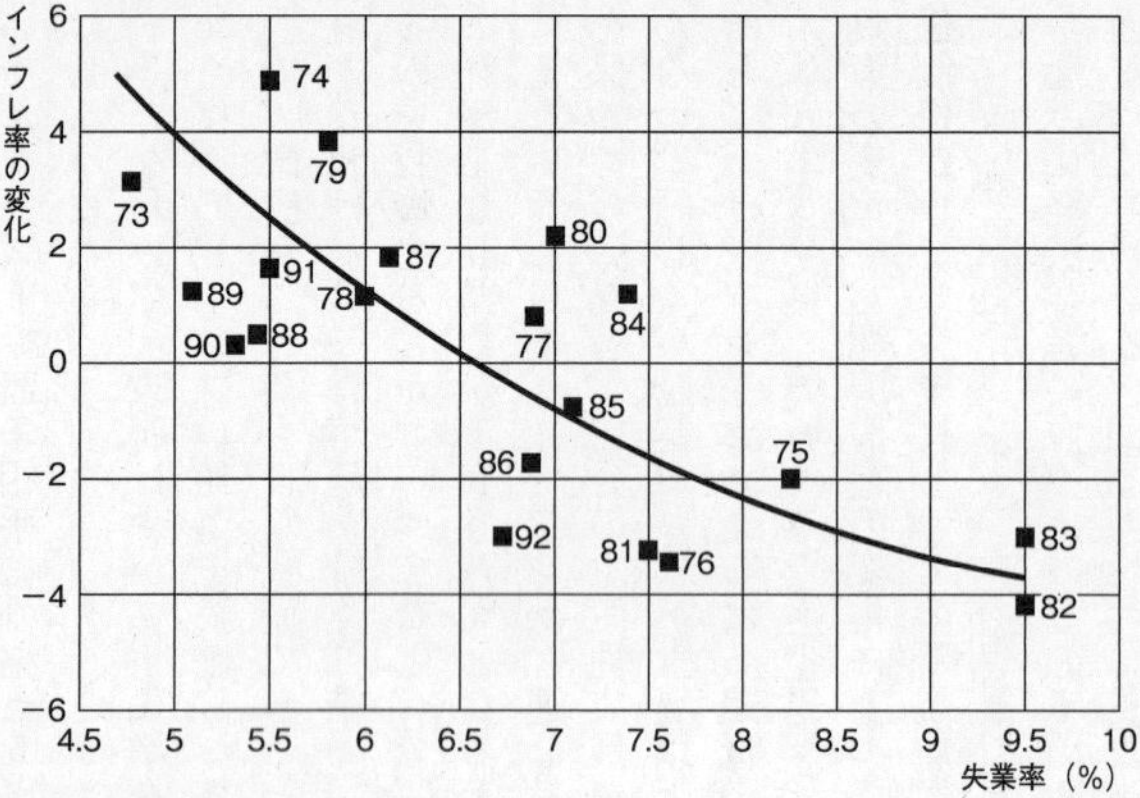

図10●インフレと失業　失業が低いとインフレは上がりがちで、失業が多いとインフレは下がりがち。

ずっと上がり続けている現象のこと。

人口構成の変化も関係してくる。若い労働者のほうが失業率は高いのがふつうなので、労働力が高齢化すれば、NAIRUは下がるだろうね。

でもここで何よりも大事な点は、ある時点でのNAIRUがいくつだか知らないけど、これが需要創出による雇用増にとっては障害になる、ということなわけよ。

アメリカのNAIRUの推定値は、今だとだいたい5%から6%ってとこみたい。図10に、その計算のしかたを示した。縦軸は、消費者物価の変化率（インフレ率）の**変動値**――たとえば、インフレ率が3%から5%に上がったら、それは+2のとこにくるわけ。横軸には失業率がきてる。

で、ここに点がいろいろ散ってるけど、これは73年から92年にかけてのアメリカの実際の経験。それぞれの点が、それぞれの年に対応してる。あんまりきれいな関係になってないって？　まあ、これは物理じゃなくて、経済ですしぃ。でもまあ、全体としてなんとなく言えそうなのは、失業が低いとインフレは上がりがちで、失業が多いとインフレは下がりがちってことだよね。特に見てほしいのが、80年代初期の点。失業がすっごく高くて、それがインフレを相当下げてる。あとでインフレの話をするときに、ここの点がすごく大事になってくるから、覚えといてね。

これらの点をだいたい通るように書いた線は、失業率6・6％くらいのところでインフレ変動ゼロになる。だからこれまでの実績に基づけば、失業率が6％を下回るとインフレが加速するだろうな、ということになる。現実には、96年の失業率は6％よりは5％に近かったのに、インフレはほんのちょっと上昇しただけ。これはNAIRUが下がってるのかもしれない――ベビーブーム世代が高齢化したとか、女性の仕事経験が増えたとか、「摩擦」失業（訳注❖転職の間の一時的な失業期間）が減ったとか――あるいは、もともとそんな厳密な関係じゃないんだし、まあ単に運がよかっただけかもしれない。

でも大事なのは、アメリカではNAIRUは過去20年間かなり安定していて、どっちかといえば低下傾向にあるってこと。これは長期的に見て、失業率は増加傾向にはないってことだ――そしてこれは、アメリカ経済の適応力という点で、絶賛していいことなんだよね。前にも見たけど、同時期のヨーロッパでは、失業率はホントどうしようもないくらい上がっちゃってるんだから。アメリカだって、過去10年で労働市場に入ってきた大量の女性やベビーブーム世代に職をあげられなかった可能性は十分にある。

さらに生産性成長がこんなドツボ状態で、労働者1人あたりの実質所得も横這いか低下してるんだから、労働者がもっと頭にきて大幅賃上げを要求したってよさそうなもんだ。でも実際は、アメリカの非常に競争的で柔軟な労働市場は新規参入をすべて吸収したし、賃上げ水準も、ぼくらの低い生産性成長と見合った率におさえたんだ。

もちろん、5〜6%はゼロじゃない。NAIRUを下げて4%以下の失業に持ってくようにはできないの？　うーん、できるかも——でも、それを実現するにはどうしたらいいかについて、経済学者の間でもあまり一致した見解はないのよ。

政治家は、長期失業者に対して職業訓練を提供するとか、そういう旗振り的なことはやるかもしれない。でも確実にいえるのは、クリントン政権が失業を5%くらいにとどめておければ、だれにも文句は言われないってことなんだな。

第2部

相も変わらぬ頭痛のタネ

——貿易赤字とインフレ

アメリカ人の大多数の経済的なよしあしにとって、いったい何が本当に問題かっていう話をするなら、生産性と所得分配と雇用で話の9割は尽きちゃうだろう。でも、実際の立法とか行政を動かすのは何かって話をする場合、こういう話題はたぶん議題の5%にもならないと思う。

なぜかといえば、それは政策決定者どもがこういう問題の核心の重要性についてわかっとらんからであーる！……ということはぜんぜんなくて、通常の政策の範囲内では、こういう問題はどうにもできないからなわけ。生産性成長を上げようとか、所得の不平等拡大を逆転させようとか、労働市場を改革して完全雇用に近づけようとかするんなら、経済政策ではめったにお目にかかれないような、すげー大胆な政策が必要になる。経済システムを根本的に変えようなんて試みは、フランクリン・ルーズベルトなんか（あるいはロナルド・レーガンでも）そうだったけど、経済危機にでも直面しなけりゃなかなかやらないもんだ。そして90年代半ばの現在、アメリカ経済について不満はいろいろあるけど、でもそんな危機的状況にはない——だからでかい問題が実際の政策を動かしたりはしないのね。

でも、いちばん大事な経済上の問題が、手を出せない場所にあるからといって、別に経済政策がなくなるわけじゃない。単に議論の焦点が、もっと手の出そうなものに移るってだけの話。それはたとえば生産性成長ほどは大事じゃないかもしれないけどね。次の2章で扱う問題は、それでもまだ法制度の直接の対象にはならないんだけど、でも現在の政策談義は、こういう問題をなんとかしようという願望によって直接影響されてる。その意味で、実際の政策決定に近いところにある問題なんだ。

こういう政策問題に何を採り上げるかってことだけど、これはここまでに挙げた3つほどの必然性は持ってない。20年前なら、エネルギー政策が確実にここに入ってきただろうね。でも、エネルギーは今日ではメジャーな問題ではなくなっちゃってる。あと10年もすれば、環境経済なんてのが入ってくるかな？　でも今のところ、議論の対象としていちばん明白なのは、貿易赤字とインフレだ。

これらの問題についてのアメリカの成績は、大問題についての成績と同じで、玉石混交だね。貿易赤字は相変わらずだけど、でもインフレに対しては、完全勝利とはいかないまでも、なかなかめざましい成果をあげてきた。

でも長い目で見て、アメリカの経済政策に対する態度としていちばんショッキングなのは、経済のでき全般についてショッキングなのと同じ点だろう。つまり、えらく低いところで満足してるってこと。もしアメリカが本気で貿易赤字をなくしたり、あるいは物価を安定させたかったりすんなら、それは十分に実現可能なの。でも、この期待しない時代にあっては、だれもそれを試してみることさえ期待してないってわけ。

4 貿易赤字

最近のある日、ニューヨークで会議があったんだ。出発前に、番組を見逃さないようにシャープのビデオで録画予約をした。それからボルボを運転して空港まで出かけて、エアバスＡ３１０に乗って、機内では会議用のメモを東芝のラップトップで仕上げた。スーツは香港製だし、コーヒーカップはポルトガル製。午前中ずっと、ぼくが遭遇した唯一のアメリカ製品って、朝飯のコーンフレークスくらいだったかもしれない。

これは90年代にはどうってことない経験だけど、でもほんの20年前には異様なできごとだったはず。もう最近じゃ思い出すのも一苦労だけど、たかだか81年頃にはアメリカは輸入するのと同じくらいの工業製品を輸出してたし、ハイテク分野では文句なしの世界のリーダーだったわけ。70年代後半まで、アメリカの航空産業やコンピュータ産業は、海外にはめぼしいライバルなんかいなかった。外車や消費財の輸入なんて、市場の中で安かろう悪かろうの下の部分に限られてたんだよ。

すさまじい貿易赤字は、今のアメリカではほとんど定番になっちゃってるけど、これは

81年から84年にかけていきなり出てきたものだった。81年には、アメリカの貿易はまだ健在って感じだったね。工業製品の輸出分は、輸入分を払って十分にお釣りがくるくらいだったし、農産物と海外資産の稼ぎで原油輸入も十分にまかなえた。貿易のいちばん広い指標は、通称「国際収支の経常収支」というんだけど、アメリカのこれはちょっと黒字だった。20世紀は、それまでおおむねそうだった。

でも、84年半ばになると、経常収支は年間1000億ドル以上の規模で赤字になってたんだ。そして80年代後半にちょっとばかし改善のきざしはあったけど、でもこの先何年も、収支とんとんにはなりそうにない（むしろ赤字拡大の見込みが強い）。

アメリカ経済政策をけなす人たちは、この貿易赤字をさして、アメリカの繁栄が砂上の楼閣にすぎない証拠だと言う。一般市民は、経済全般については大して関心がないのに、貿易赤字のことは心配している。世論がたかまって、88年には貿易法が成立したくらい。これはまあ、ごりごりの保護貿易ではなかったけれど、それ以前よりは強い調子になってんのは事実。

一方で、識者のなかには、貿易赤字なんか問題じゃない、むしろそれはアメリカの強さを示すものなんだと言う人さえいる。

だから、なぜアメリカが貿易赤字を出すようになったのかを考える前に、まずそもそも貿易赤字がなぜいけないのかを考えてみないとね。

貿易赤字のどこがいけないの？

街角インタビューでもして、貿易赤字はなぜいけないんですかときいたら、たぶんアメリカ人の職が失われるからって返事が返ってくると思う。まあ当然の議論だという気はするかもね。外国人がアメリカの輸出品に使うより、アメリカ人が外国からの輸入品に使う金が多ければ、アメリカの労働に対する需要が減っちゃうもんね。国際競争が雇用にダイレクトに影響します、という話はすごくわかりやすい。輸入品との競合のせいで工場が閉鎖されたり、輸出市場が干上がって労働者がレイオフされたりしてるのは、影響として目に見えるから。

一見すると、数字的にもすごく大きな話になりそうだ。たとえば90年の状況を見てみよう。アメリカは経常収支で980億ドルの赤字を出してた。これはGNPの1・8％。もしこれだけのドルを国内にとどめておけたら、追加の需要でたぶんあと労働者200万人ほど雇えたって計算になるよね。だからこの「失われた職」の200万ってのが、問題の核心だと思っちゃうのは無理もない。

でも、貿易赤字の雇用への影響に目を向けるのは、誤解のもとだってだけじゃない——それは100％を少々上回るくらい、とことんまちがってる。

アメリカの貿易赤字問題は、職なんかとは何の関係もない。これまで見てきたように、80年代は職をつくるって点ではむしろ優秀だった時代なんだもん。国際競争からは切り離

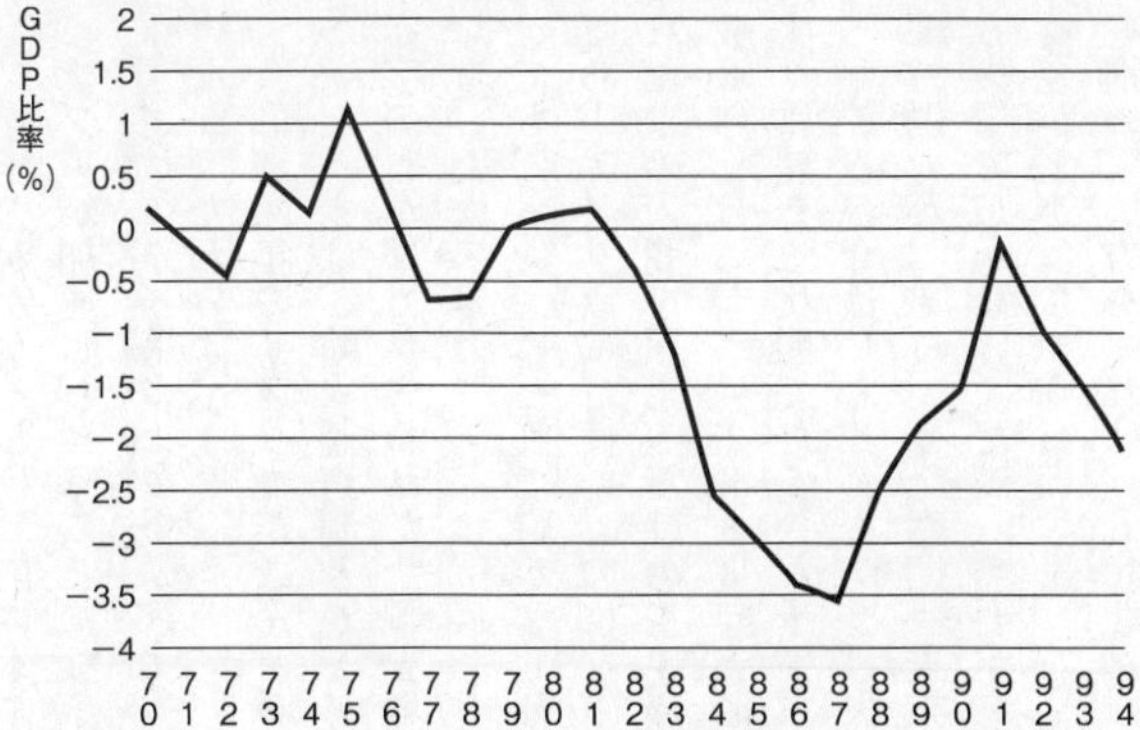

図11● アメリカの経常収支　アメリカ経済は、経常収支では81年までちょっと黒字だった。でも80年代にはそれが貿易赤字のドツボにはまった。そのピークは87年で、それ以降は少し減少。特にGDPに占める割合で見ると減ってきた。

されたセクター、たとえばサービス産業なんか[11]で生み出された雇用は、輸出面や輸入品と競合するような分野で失われた職なんかより、もう圧倒的に多いわけ。

アメリカは、80年代に貿易赤字がふくれあがっても、職づくりでとってもいい成績をおさめてきた。それだけじゃない。もしこの貿易赤字をどうにかして防いだとしても、事態はほとんどましにならなかったはずなんだ——たぶん実際には事態は悪くなってただろう。

なーぜ？　アメリカ経済が仕事をつくりだすのを制限してるのは、需要じゃなくて労働の供給がないからなんだ。需要を増やすなんて簡単。ただその場合の問題は、需要を増やしすぎるとインフレ圧力がかかるわけ。前にも説明したように、失業率を5〜6%以下におさえると、インフレが加速しちゃうことになる。アメリカの失業は、なんだかんだ言いつつインフレにならない安全圏の底のあたりにいたから、これ以上職が増えたらインフレにならざるを得なかったわけよ。

仮に、90年のアメリカがなんとかして一気にこの貿易赤字を根絶やしにできたとしようか。たとえば、輸入割当制とかを導入したりして。そうしたら、当時の労働需要に加えて、赤字のおかげで「失われた」職を埋めるために労働者200万人分の需要が生まれることになっただろうね。

でも、ホントにそれで職が200万増えることになるんかいな。まさか。まずそもそもだね、アメリカには使いものになる労働者が200万人も余ってたりしない(同じく、それだけの人間を雇えるだけの工場設備が遊んだりもしてない)。90年のアメリカは、1938年とはちがう。1938年当時は、需要さえあればすぐに職に就けるだけの労働者が、すぐに雇える状態でたくさん予備軍として存在してた。

ところが今はぜんぜんちがう。失業者は500万人ほどいるけど、そのほとんどは未熟練労働力か、あるいは「摩擦」失業、つまり転職とか古い工場の閉鎖とかで一時的に生じる失業でしかない。だから需要が増えると何が起こるかってと、職が増えるんじゃなくて賃金が上がっちゃうわけ。

別の言い方をすれば、もしなんらかの方法で仕事を200万増やせたとしたら、それはアメリカの失業率を3％くらいにまで下げただろう。でもこれは無理だ。少なくとも長期的には。こんなに失業率が下がると、インフレがどんどん加速してくるから。

でも実際にはもちろん、そうは問屋がなんとやら。連邦準備銀行が金利を上げて、需要を絞め落として、経済を冷やそうとするだろうから。経済はすでに、インフレ圧力なしで背負い込めるだけの労働者を雇ってたわけだから、これで職は相殺されて、貿易赤字をなくして生まれたのとほぼ同じくらいの職が消える。といっても、できた職と消えた職は別物になるだろう。ここでレイオフされるのは建設労働者やサービス労働者で、工業労働者のほうは仕事が続くはず。でも、全体としての雇用は差し引きでまったく増えない。

貿易赤字を減らそうとしたら、間接的には雇用が下がる可能性だってあるんだよ。少なくともしばらくは。赤字を減らすためには、ドルの価値を下げたり、輸入制限をしたりすることになって、これはどっちもインフレのもとなんだし。そうなったら、インフレをおさえるんでちょっと国内の締めつけを増やさなきゃなんない。となると、貿易赤字をなくしたら、ちょっととはいえ、かえって仕事は減るって結果になりかねない。

鋭い読者なら、今の議論がさりげなく90年を例にしていたことに気がつくだろう――これって、アメリカ経済がＮＡＩＲＵかそれ以下で動いてた年なんだよね。でも、景気の後退期なら？ たとえば92年とか。この年なら、貿易赤字は失業を増やしてるんじゃないの？

ここでの答えは、もうチト複雑になる。おっしゃるとおり、92年のアメリカは貿易赤字がもっと少なければ、失業ももっと低かっただろう。これは、アメリカ経済全体が需要の停滞で苦労してたから。貿易赤字削減は、需要を上げる方法の一つではあるのだ。

でも、需要を増やす方法なんてほかにもいろいろある。金利を下げるとか、減税するとか、公共投資を増やすとか。どれもそれなりにいいことなんだよね。こういう楽しいことをやって需要を増やすのをためらっちゃうのは、やりすぎてインフレ問題を引き起こしちゃう危険性があるからなんだ。貿易赤字を減らす場合にもそのリスクは増える。

しかし要するにだね、確かにアメリカ経済はたまに不景気になるけど、でもアメリカが失業をおさえておけないのはむしろ供給の問題であって、需要がないからではない。ある一年だけとってみれば、貿易赤字が減れば職は増えるかもしれないけど、でも長い目で見れば、貿易赤字と失業率はほとんど関係ないと言っていい。

貿易赤字が職を減らさないんなら、なぜそんなものを心配しなきゃなんないの？　一つの答えは、心配しなくてかまわないよ、というもの。ニクソン政権での大統領経済顧問委員長だったハーバート・スタインは、貿易赤字は「問題じゃない」ときっぱり言い切った。それに同意する経済学者も、少数だけどそれなりにいる。それどころか、これがアメリカの強さのしるしだと考える人さえいる。

でも、こういう楽観論者だって、貿易赤字にはまちがいなくコストがあることには同意する。そのコストってのは、未来のアメリカの収入をだんだん外国人に支払ってかなきゃなんないってこと。

つまり、アメリカは別にただで輸入品をもらってるわけじゃない。こっちが売るよりたくさん、外国人から財やサービスを買ったら、差額を埋めるので外国人に何かあげなきゃなんないでしょ。その「何か」は資産になるんだ。アメリカの貿易赤字を埋めてたのは、アメリカ資産の販売なの——株とか債券とか、不動産とか、そしてますます増えてきたのが会社ごと売るってヤツ。

アメリカ商務省は、アメリカの国際投資ポジションというものの推計を定期的に発行しているんだけど、これは外国にあるアメリカ資産と国内にある外国資産の差額。このポジションは、第一次大戦後はずっと黒字だった。第一次大戦のとき、イギリスは戦争の金をひねりだそうってんで、持ってた資産をアメリカに派手に売りはらったし、アメリカの銀行からいっぱい借金したから。そして50年代と60年代には、アメリカ企業が多国籍企業になってってたから、このポジションも大きく黒になった。70年代でさえ、外国人がアメリカに投資するよりはアメリカ人が外国に投資するほうが多かったんだ。

でもこの投資ポジションは、またたくまに消え去った。83年末だと、ぼくらが外国で持ってる資産は、外国人がアメリカに持ってる資産より2680億ドル多かったけど、91年末には状況は正反対どころじゃない。外国人のアメリカ資産のほうが、3820億ドルも多い状況になっちゃってた。

純債務国になったら何がいけないの？　まちがいないコストが一つ。それと、少し漠然としたリスクがいくつか。

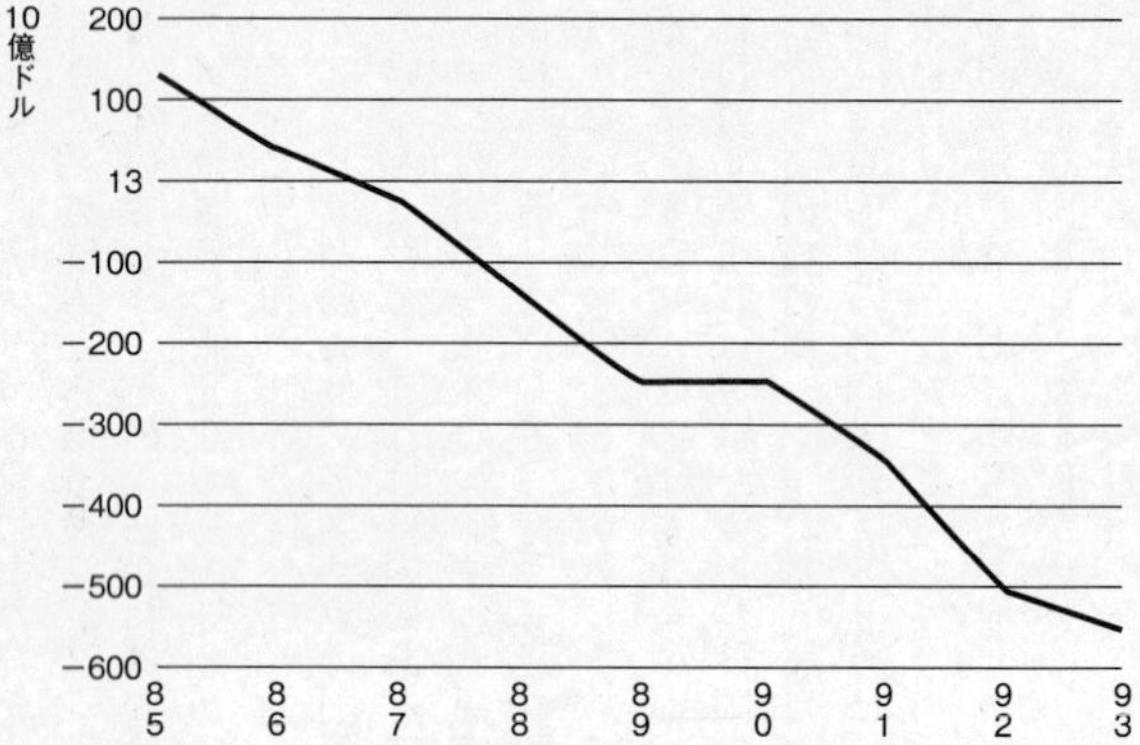

図12● アメリカの純国際投資ポジション　80年代の貿易赤字は、世界最大の債権国だったアメリカを世界最大の債務国にしちゃった。60年にわたる海外投資の結果を、たった4年で逆転させたことになる。

まず確実なコスト。その定義から言って、ぼくらは借金してるわけだ。今後アメリカは、外国のアメリカ債所有者には金利をずっと払い、外国の地主に家賃を払い、外国の株主に配当を出さなきゃなんない。

しかも、これがなかなか大した金額。81年には、アメリカが外国から受け取る投資のあがりは、差し引きで340億ドル。89年にはそれがマイナスになって、外国人がアメリカの資産を増やすにつれて、もっと悪化する。

外国人に支払いをするってことは、ぼくらの資源が減るってことだし、貿易赤字が続けば、その減り方も大きくなってくる。

とはいえ、アメリカはでかい国なんだ。小さな国ならひとたまりもないような負担だって、あっさり引き受けられるのね。ぼくらの純投資収入が81年以来とんでもなく減ったとはいえ、GNPのシェアで見れば、経済の1・5%を失ってる計算になる――これでもバカにしたもんじゃないけれど、大惨事ってほどではぜんぜんない。

もしアメリカが今の調子で資産を売り続けても、外国投資家への支払い負担は20世紀末までにGNPのもう2〜3%分くらい増えるかな。これもやっぱ、深刻なのは事実。でも、パニクるほどではない。アメリカは、89年並みの貿易赤字をかなり長いこと垂れ流し続けられる。それでも支払い義務が手に負えなくなることは当分ない。

じゃあ、リスクってのは？　大きな経済的リスクというのは、アメリカが巨大な債務国になったら、外国投資家が不安におそわれるたびに金融危機に突入しちゃうってことだ。これは、80年代初頭に南米諸国で起きてる。銀行は10年ほどにわたって南米にたくさんお金を貸してきたんだけど、不安になってきたんでいきなり貸すのをやめた。おかげで大経済危機。アメリカが巨大なアルゼンチンになるというのは、可能性としては低いけれど、でも絶対ないとはだれも言い切れない（訳注❖その後、同じ現象が1997年にアジアで起きたのは記憶に新しいところ）。

ほかのリスクは政治的なもの。まず、アメリカ資産が外国の持ち物になると、国家主権がおびやかされるという議論があって、これには一抹の真実がある。こっちが外国に投資する側のときは、バカなことをおっしゃいますなと一蹴するのがふつうだったんだけどね。でも、立場が変わってみると、なんかこの議論も前よりもっともらしい。

それと、貿易赤字と国内資産の外国所有が増えると、アメリカですっげー低級な経済ナショナリズムが頭をもたげて、貿易戦争のリスクが増えちゃう。85年にレーガン政権がドル安の方向に向かいだしたのも、保護貿易主義の圧力がだんだん増えてきたからなんだ。

というわけで、貿易赤字の目に見えるコストは、深刻ではあるんだけど、絶望的ではない。リスクは不確実とはいえ、心配の種ではある。だから、貿易赤字でパニックを起こす必要はないんだけれど、それが減ってくれれば、みんなちょっとは気が楽になるだろう。

でも、貿易赤字を減らす話に入る前に、そもそもなぜ貿易赤字が起きてるのか、ということをはっきりさせとかないとね。

なぜ貿易赤字？

82年に、大統領経済諮問委員長に指名されたばかりのハーバード大学教授マーチン・フェルドスタインは、財政赤字を批判する新しい理由を考えついた。財政赤字を批判する側の理由は、それまではインフレにつながるとか高金利につながるとかいうものだったんだけど、フェルドスタインの議論だと、それはかなりちがったものにつながるって話だった。とてつもない貿易赤字。

最初、聞くほうは「へ？」という感じだった。でも、やがて貿易赤字と財政赤字が仲よく増えてきたもんで、「双子の赤字」のアイデアはいやというほど持ち出され——そして派手な攻撃の的にもなった。

フェルドスタインは、もちろん意図的に話を単純化してたわけだ。かれが2つの赤字を結びつけたのには、2つの目的があった。まずは「心配せんでもいーじゃん」的政治屋さんたちに、財政赤字はなんとかせんとやベーよ、と説得すること。そして第二に、アメリカの貿易赤字を外国の不公平な貿易慣行のせいにしたがる保護貿易支持者をはり倒すため。今日では、財政赤字と貿易赤字の間に単純な一対一関係があると主張する経済学者はそんなにいない。でも、「二重赤字」の話をちょっと改訂してやると、今でも80年代の前代未聞の貿易赤字の説明としては最高のものができあがる。

基本はこんな感じ。81年を境に、アメリカの総貯蓄がぐんぐん下がりだした。まあそのうち一部は財政赤字によるもので——だから「双子の赤字」もそれなりに評価できるのよ——そして残りはアメリカの家族の行動によるものだった。

ま、いずれにしてもだね、何が起きたかというと、アメリカの総貯蓄はアメリカの総投資需要より下がっちゃったわけ。総投資需要はかなり強力だった。もしアメリカ経済が、世界の資本市場にアクセスできなかったら、この貯蓄の不足は金融クランチ（資金不足）を起こして、だから金利がガンガン上がったはず。でも、アメリカは資本市場のおかげで外国人に差額を穴埋めしてもらえた。だからアメリカの投資のかなりの部分は、自分たちの貯蓄からではなくて、外国人への資産売却でファイナンスされたってこと。

さて、会計上の問題としては、アメリカは常に外の世界に売ったのとまったく同じだけ買ってることになる。もし外国人に資産を売って自分は資産を買わないなら、商品の売買の差額はそれとぴったり一致するしかない。だから、投資のお金を外国資本に頼るようになってきた以上、貿易赤字が出てくるのは当然だったわけだ。

だから、貿易赤字の究極の原因は、アメリカの貯蓄が低下したことにある——そしてそれは、一部にすぎないとはいえ、財政赤字のせいでもある。

この主流の話は、今ではおおむね受け入れられてるけど、読者諸君の多くは、なんかぬけてるぞ、という気がするんじゃないかな。国際貿易に影響してくる大事なことって、みんなどこいっちゃったわけ？　為替レートは？　国際競争力はどうなっちゃったの？　こういうのだって、貿易赤字に関係あるんじゃないの？

答えはだね、確かに関係あるんだけど、でももっと深いレベルで見ると、関係ないの。

いや、確かにいつの時点でも、アメリカの貿易赤字を云々するなら、為替レートとアメリカ産業の国際競争力は明らかに問題になってくる。特に80年代以降のドルの上げ下げは、ちょっとすさまじかった。80年代前半に、ドルがほかのメジャーな競争相手の通貨にくらべて上がったときは、外国製品とくらべたアメリカ製品の値段も急激に上がって、輸入促進と輸出削減に大きな影響があった。そしてその影響の一部は、85年以降にドル安になったら逆転した。

でも、為替レートが国際貿易で大事な役割を果たすのは事実なんだけれど、でももっと深いレベルでは、資本のフローが本当の問題なの。

資本のフロー、為替レート、アメリカ貿易収支との関係は、近年では不思議なくらい派手な論争のタネになってる。「不思議なくらい」というのは、この話がおおむね技術的な話で、そんな複雑でもないからなんだ。それなのに、為替レートをすごく重視する連中とそれを批判する連中とで、毎週のように主流経済学者たちの間を罵倒まみれの論争がとびかってるありさま。

批判の一方は、右側からきている。保守派の多くは、世界は金本位制に戻るべきだと考えている——各通貨の価値は、金との比率で固定するべきだ、というわけ。ということは、通貨の間の交換レートも固定されてしまうわけだ。だからこういう保守派は、為替レートがときには有益な役割を果たすという考えがお気に召さない。そこで、スタンフォード大学のロナルド・マッキノンなんかが唱えてる、為替レートは貿易には関係ないという説にとびつく。

一方、左側からくる批判もある。輸出促進、輸入制限といった点で、政府がもっと何かすべきだと思ってる人たち。この人たちも、為替レートみたいな市場メカニズムがちゃんと役立つという考えがお気に召さない。この人たちは、『アメリカの将来』を書いたロバート・カットナーみたいな人たちの議論なんかをありがたがる。この人は、強気の貿易政策で貿易赤字を削減しようと言ってて、ドル切り下げで赤字削減を唱える連中については、アメリカの賃金を下げようとしてると言って攻撃する。

例によって、知的な論争はそのときどきの政治的な思惑でゆがめられてる——しかも、為替レートが何をして何をしないか理解するのには、ちょっと頭を使わなきゃなんないので、そのゆがみもすごく表面化しやすい。

わかってほしい大事なこと――為替レートは、貿易のバランスを決定する重要なメカニズムの一部ではあるけれど、それは独立して貿易バランスを決める原因ではない、とゆーこと。わけわからんって？　じゃあ、こんな例はどう？　アメリカの貿易バランスを車みたいなもんだとしよう。為替レートは、その車のエンジンではない――むしろドライブシャフトみたいなものなんだ。もともとの力は、みんなが求める資本フローの水準。

つまり、為替レートの変化は、みんなが求める資本フローを貿易バランスに変換するときには、すごく大事な役割を果たす。でも貿易収支が崩れてるそもそもの原因は、為替レート以外のところにある。

いい例が、アメリカの80年代前半の経験だ。国民貯蓄が低下――つまり国の総収入に占める消費の割合が増えた。でも、国内貯蓄が下がってお金のフローが減っても、それを外国からの資金が穴埋めしてくれたので、投資支出はぜんぜん下がんないで高い水準のままだった。だから、アメリカ経済の総支出は、総収入よりも急速にのびたわけ。でも、ある経済が稼ぐよりたくさん支出するには、輸出するよりたくさん輸入するしかない――つまり、貿易赤字になるってこと。だからアメリカが多額の貿易赤字になるのはしょうがなかったんだ。

でも、ドル高になったからって、こんな赤字がどうしても不可欠だったわけではない。でも、連邦準備銀行はドル供給を拡大して、為替レートを下げとくことだってできたもん。でも、そんなことをしたら、それはインフレ性の好況になって、輸入品がバカバカ増える（80年代のイギリスはそういうのを体験した）。

実際には、連邦準備銀行は金利を上げてインフレをおさえた。だからドル建ての資産は外国人に魅力あるものとなって、だからドルは他の通貨に対して値上がりした。で、ドルが上がったもんで、アメリカ製品は外国製品にくらべて割高になり、かつてない貿易赤字となった。でも、その赤字は資本の流入に対応したものであったわけだ。

要するに、実際の話の展開において、ドル高は中心的な位置を占めていたけれど、それでも貿易赤字は基本的に国の総貯蓄の低下と、そこからくる資本の巨額流入で生じたと言ってまちがいないってこと。

じゃあ国際競争力は？　過去一世代ほどで、むかしは世界に誇るテクノロジーと品質を持っていたアメリカ製品の優位性が崩れ去ったのは、まあだれの目にも明らかだ。じゃあ、この優位性がなくなったってことで貿易赤字増大を説明できないの？

ブーッ。できないのよ。もし国の総貯蓄が高いままだったら、比較優位の喪失は貿易赤字を生まなかった。それはドル安を招いて、アメリカ製品が相対的に安くなって、それが技術と品質の低下を補うことになったはずなの。70年代はまさにそうなった。アメリカの貿易収支は、70年代の頭も終わりも同じくらいだったけれど、ずっとドル安が進んでいた。とはいっても、ドル安が毎年進むとそれなりのコストはある。競争力は大事だ——でも貿易赤字のために大事なんじゃあない。

為替レートと競争力の話は、第9章でドル政策をやるときにまた検討しよう。ここではとりあえず、80年代の貿易赤字増大は、アメリカの貯蓄率が下がったのが根本原因で、それが大量の資本流入を招いたせいだ、という点だけわかっといて。で、次の質問——貿易赤字を減らすにはどうしたらいいの？

貿易赤字はなくせるか？

アメリカは貿易赤字をなくせるか？　そりゃもちろん、なくせるに決まってる。本気でやりたきゃ（あるいはせざるを得なくなれば）、どんな国だって黒字になれる。80年代初期、南米諸国は債務危機に直面して、巨額の貿易赤字からすごい黒字にすぐ移行した。アメリカがそういうまねをしたいかどうかは、こりゃまた別問題。でも、貿易赤字がどうしようもない事実ではないってことがわかるでしょう。アメリカが貿易赤字を垂れ流し続けてんのは、それが赤字削減につながる手だてを、あえて講じないでいるせいなわけ。

貿易赤字削減の解決には、2段階必要になる。支出を**切り替えて**、同時に**減らさなきゃ**ダメ。切り替えるというのはつまり、なんとかしてみんなに、外国製品よりアメリカ製品を買ってもらうように説き伏せること——これはドルを切り下げるとか、関税や輸入枠の設定なんかで可能だ。でも、これだけじゃ足りない。こういう政策がたんにインフレを加速するだけになんないよう、国内需要を減らす手だてが必要になる。

で、この後半のとこが問題なんだな。アメリカが外国人にもっとたくさん売って、買うのは減らせるんならいいな、というのはだれでも意見が一致する。ただしそれを具体的にどうやるかについては意見が分かれるけど。

でも国内需要をおさえるってことになると、こいつは話がちがってくる。支出をおさえるのはきついし、それを確実にやる方法は一つしかない。国の財政を収支トントンにするか、あるいは財政黒字に持ってくことだ。これができなきゃ、貿易赤字はどうしようもないし、どうすべきでもない。

貿易赤字の削減に、切り替えと削減の両方が必要だってことはよーくわかってほしい。そのために、国内需要をカットしないで貿易赤字を削減しようとしたらどうなるか、ちょっと見てみようか。まずは派手なドル安政策。こうすればアメリカ製品が世界市場で安くなる。それとアメリカへの輸入を制限する保護貿易政策だ。

政府——というか正確には連邦準備銀行——は、その気になればすぐにドル安を起こせる。これはまちがいない。だってドルを刷って、供給を増やせばすむ話だもん。そうしたら為替市場でドルの値段が下がって、そうなったらアメリカの輸出業者はありがたいし、国内でもアメリカ企業は輸入品と競争しやすくなるよね。

残念ながら、ドルを刷ると副作用がある。インフレ。外国資本へのニーズを減らす以外の手でドル安にしようと思ったら、必ずインフレが起きる。インフレそのものだって、あまりありがたくない代物だし、それにインフレになったらそもそもの目的がダメになっちゃう。インフレは（訳注✣物価を上げるから）どんな為替レートだろうと、アメリカ企業の競争力を下げる。だからこうやってドルを下げようとしたら、結局はドルが下がったのとほぼ同じだけ物価が上がって、アメリカの競争力はぜんぜん変わんない。となると、結局残るのはインフレだけ。貿易のほうは相変わらずってことになる。

保護貿易政策で輸入制限すれば、確かにアメリカの輸入は減るわな。でも、アメリカの貯蓄が増えなければ、輸入が減ったら外為市場に流れるドルが減っちゃうので、ドル高になる。ドル高は輸出にひびいて、制限のかかってない輸入品はどんどん増える。で、どんだけドルが上がるかといえば、輸入制限で生じたメリットをちょうど打ち消すくらい。もちろん連邦準備銀行は、もっとドルを刷ってドル高を防ぐだろう——でもそうなったら、またもやインフレ復活。

以上のシナリオで得られる教訓は、まあ単純だよね。輸出促進や輸入制限では、貿易赤字はどうにもなんない。貿易赤字をうまくカットする唯一の方法は、輸出促進と輸入削減に加えて、国内需要を減らすような政策をもってくることだ——これで貿易改善の余地ができる。

でも、国内需要の削減ってどうすればいいの？　まあ現実的には、とれる手だては一つっきゃない。財政赤字の削減。フェルドスタインが広めた、「財政赤字は貿易赤字」という単純な図式は信じないにしても、政府として貿易収支をバランスさせる現実的な方法ってのは、財政収支をトントンにするしかない。

これがうまくいくとは限らない。財政赤字がなくなっても、貿易赤字はなくならない可能性はある（ここんとこは第7章でやるからね）。でも、できることってそれだけなの。

とゆーわけで、貿易赤字の解決法は、はっきりしているけど、受け入れがたいものである。財政赤字を減らして、ドル安にする（あるいは輸入制限をかける）。そうすれば、おそらく貿易赤字はなくなる（でも絶対ではない）。

でも、アメリカは気合い入れて財政赤字をなんとかするつもりはないので、この解決方法はとれない。ってことはだね、アメリカは結局、ここしばらくは貿易赤字と添い寝すべえと腹を決めてるわけなんだ。

補足 通貨の切り下げは、いいこともあるんだよ、というお話。

まあ結局のところ、アメリカが貿易赤字なのは、稼ぐよりたくさん使ってるからだし、日本が黒字なのは、使うよりたくさん稼いでるから、というそれだけの話だわな。だから、単純に需要を外国製品からアメリカ製品に振り向けるだけでは、貿易の不均衡を解決することにはなんない。でも、もしそうなら、支出先を変えるだけの政策なんかぜんぜんムダってことじゃない？ 通貨の切り下げなんてしなくていいじゃん。ちがう？

ちがうんだ。単にアメリカの支出だけおさえて、海外での需要を増やして貿易赤字を解消しようとしてみても、欲しい種類の需要は出てこないの。

なぜかというと、過去40年に貿易は派手に拡大してはいるんだけど、でも世界は、まだ完全に統合されたとはとてもいいがたい状態だから。アメリカ住民の収入のほとんどは、今でもアメリカ製の財やサービスを買うのに使われてるのね。事情はヨーロッパでも日本でも同じ。だから、ほかの条件が同じなら、アメリカ需要を下げるとアメリカ製の財やサービスに対する需要が下がることになっちゃう。一方で、日本やヨーロッパの支出が増えても、アメリカ製品がそんなたくさん買われることにはなんない。

こいつが引き起こす問題を見るには、次ページの表を見とくれ。

ここでは仮に、アメリカが需要を1000億ドルカットするとした。同時に、その他世界は需要を1000億ドル増やす。これが貿易赤字1000億ドルの削減となるか？残念でした。

アメリカの需要カットした分の8割は、アメリカ製品に効いてくる。輸入品に対しては、せいぜい2割くらいしか効かない。一方、世界のその他部分で需要が増えても、アメリカに効いてくるのはたぶんその1割くらいで、残り9割はその他世界の製品の財やサービスに使われる。

だから結果としては、アメリカ製品への需要は700億ドル減って、その他世界の製品への需要が同じだけ増える結果になっちゃう。アメリカの貿易赤字がすみやかに消えるんじゃなくて、国内には不況、その他世界にはインフレを引き起こしちゃう事態となる。

	総需要の変化	アメリカ製品の需要の変化	その他世界の製品の需要の変化
アメリカ	−1,000	−800	−200
その他	1,000	100	900
全世界（合計）	0	−700	700

単位：億ドル

この調整をうまくやるには、700億ドルの需要を、なんとかしてその他世界の製品からアメリカ製品に切り替えてもらわないとダメ。で、そのいちばん簡単なやり方は、ドル安にすることだ。こうするとアメリカ製品はその他住民にとっては値段が安くなるし、アメリカ住民にとってその他製品は割高になるから。

この例でわかること。ドルの切り下げだけじゃ貿易赤字は解決できないけど、貿易赤字の削減戦略の一部としては、すごく重要だってこと。わかるかな？

5 インフレ

80年代前半、インフレをめざましく減らせたのは、この10年のアメリカ経済政策の大勝利だった。70年代の終わり頃だと、アメリカのインフレ率は手のつけようがない感じだったもの。79年、平和な時代では初めて、消費者物価は2けた上昇となった（12％）。80年にはそれが13％に増えた。この頃は、86年までにインフレがたった4％にまで下がると予想した人は、まずいなかったね。しかもそれが10年後には3％にまで下がってるとは。

でもこの勝利は、完全勝利にはほど遠かった。インフレはなくなったんじゃなくて、おさえられただけ。しかも一世代前なら、こんな3～4％なんてインフレ率はとうてい納得できないものだったはず。お役人は、インフレは徐々になくせるし、そうするつもりだと何度も宣言してきた。でも実際には、インフレ率は過去10年ほとんど変わってない。80年代にインフレは下がって貿易赤字は上がったけど、アメリカの政策はどっちに対しても似たようなもんだ。とりあえず手持ちで我慢するってこと。

なぜインフレ削減は大事だと思われてないわけ？　貿易赤字削減が大事と思われていな

いのと、理由はまったく同じ。インフレを抱えて暮らすコストは大したことないし、それを下げるためのコストはちょっと受け入れがたい代物だから。アメリカ人の期待しなさ加減を考えれば、物価が25年で倍になるくらいのところにインフレがおさまってれば、もうぜんぜんオッケーってことなんだ。

インフレのコスト

インフレって何がいけないの？　驚くだろうけど、これはなかなか答えにくい質問なんだ。実はこれは、経済分析の世界ではちょっと表ざたにしたくないうす汚い秘密の一つ。インフレって、それはそれはろくでもないものだと思われてるんだけど、そのコストを計算してみると、どうがんばっても恥ずかしいくらいの小さい数字にしかならない。

その理由をわかってもらうには、わざとらしいくらいバカバカしい質問をしてみようか。イギリスはアメリカより価値の高い通貨を持ってるけど、うらやましいと思う？　イギリスポンドは、今の為替レートで1・50ドルくらい。つまり、どんなものでもイギリスポンドで買えば、アメリカドルで買うよりも値段の数字は少なくなる。ドルとポンドが同じ価値になったらアメリカ人はうれしいかね？　まさか。ドルの価値が上がれば物価は下がるけど、みんなの稼ぎだって数字の上では同じだけ下がるんだから。

さてここで、今後10年間でアメリカの物価水準が5割ほど上がるとしよう（たぶん実際もこんなもんだよ）。これでぼくたちにとって、何かまずいことってあるかな？　たぶん、物価をドル表示からポンド表示に変えるのと大差ないはずだよね。だって、物価が5割上がっても、みんなの収入も全部5割上がるんなら、ぜんぜん実害ないじゃん。実質ベース（訳注✣インフレぬき）で考えればみんな同じ立場だから、だれもホントに損することはない。

もちろん話はこれだけじゃないんだけれど、でも認識しておいてほしいのは、相当の部分までインフレってのは「中立的」（経済学者お気に入りの用語）なんだってこと——物価がいっせいに上がったら、実質的なところでは何も影響が出ないのだ。これは大事。だったら、インフレの本当の害ってのはどっからくるの？　これはだね、経済にとって本当に有害なのは、物価が上がるってこと自体ではない。むしろ物価が常に変わり続けるので、それが意思決定をゆがめちゃって、結果として経済の効率が下がるということなんだ。

インフレのいちばん具体的なコストは、それがお金を使う気をなくさせるということ。「ハイパーインフレ」（年率何千%とかいうインフレ）の経済では、毎時間のように価値が目減りしてくような金なんか使ってらんねーやってことになる。だから物々交換とか、ブラックマーケットの外資とかを使ってなるべくお金を持たないようにする。こうなると、現代経済はまちがいなくおかしくなる。

とはいえ、年率10%以下のインフレなら、そのせいでお金が使われなくなるなんてことは、まあほとんどない。

アメリカ経済にとってもっと大事なのは、インフレが税金のシステムをゆがめるってこと。インフレがあると、実質の価値が増えていないような資産を持っている人でも、会計上は価値が増えたことになっちゃう。紙の上だけとはいえ、所得は所得だから、こいつは税金がかかる。そうなると、インフレのおかげでみんな、貯蓄や資産形成する気がなくなる可能性がある。

一方で、負債をたくさん抱えてる企業にとっては、インフレがあると紙の上で損失が発生する。するとその分、税金がかからなくなる——だから企業は負債を増やしたがるようになる。これもあまり望ましいことじゃないと考える人は多い。

インフレはまた別の形で投資に害を与える。インフレがでかい世の中では、企業のパフォーマンスをはかろうとするとややこしい。会計上の利益や損失は、一部はインフレからくるただの錯覚だったりする。だから投資家は、インフレ世界では企業評価しづらくなるわけ。そして企業のほうも、自分の投資計画をちゃんと評価できなくなる。だからインフレは、投資判断をおかしくしちゃう可能性がある。[*12]

最後に、予想外のインフレは、個人や機関になだれ式の損失をもたらすことがある。その損失がほかの部分での儲けで相殺されるものだったとしても、みんな泡くっちゃうよね。いちばん派手な例が、セービングス&ローン騒動。インフレ率の変動が規制緩和のへまと組み合わさって、公共政策の大失敗を生み出した(訳注✣これについては第12章「セービングス&ローン」を見てね)。

でも、こういうインフレのコストってのは、どれも大したことないか、あるいはかわせるものだったりする。アメリカは今くらいのインフレ率なら、物々交換のバーター経済になるおそれはまったくない。インフレで生じる税金上の問題は、インフレを下げなくても税制改革でなんとかなる。会計基準だって、ちゃんとインフレを考慮するように変えればよいではないの。それと、過去の予想外のインフレコストは、もうだいたい片がついた。この先に泡くうとすれば、むしろインフレが下がることによるもので、今の調子でインフレが続くことによるものではない。

つまり経済分析の教えによれば、インフレは3〜4%で安定している限り、ほとんど害はない——それが10%になったところで、そのコストはたかが知れてる。だったらインフレに対する勝利はなぜそんな大事だったわけ？　理由の一部は、みんなインフレはよくないものだと思ってるから。レジで値段が上がってたらみんなすぐわかるけど、でもインフレがみんなの賃金も増やすんだという話は、ちょっとわかりにくい。だから、インフレが生活水準を下げるというような認識が一般にあるのかもね。実際には下げたりしないんだけどさ。

でももっと大事なのが、安定したインフレと、加速するインフレとのちがいなの。ジミー・カーター大統領の時代には、インフレが毎年のように新記録を樹立してたので、手がつけられなくなってるという認識がかなり広がってた。今年は13%、来年は20%、その次はハイパーインフレかもってね。だから経済政策の信用にかけても、インフレに対して何らかの勝利をおさめとくことがぜったい必要だったんだ。
でもやってみたら、インフレをおさえるコストは安くはなかった。むしろ、卒倒しちゃうくらい高くついたんだよ。

インフレ退治のコスト

80年には、2けたインフレは手のほどこしようがないと考えてる経済学者や政治家たちがかなりいた。これはまちがいだった。一方で、一部の経済学者たちは(レーガン政権の第1期の経済顧問たちがそうだったけど)、インフレ退治なんか安いもんだと思ってた。こいつらもまちがってた。

何が起きたかといえば、昔ながらの経済学の教えが正しかったってこと。それは、インフレ抑制はすごく高くつくという教えだ。でも、そんな高いコストはだれも支払うまいという昔ながらの政治の教えのほうは、まちがってたんだ。

インフレに対する部分的勝利は、どうやって勝ち取られたのかって？　ツイてただけ、というのはかなりある。70年代の後半にインフレがふくれあがったのは、経済政策とはあんまし関係ないできごとがいろいろあったせいもあった。いちばん大きかったのが、イランのシャー追放で、一時的に原油価格が4倍にもはねあがったこと。それに油を注いだのが、世界の食料価格高騰。これはソ連の不作とか、ペルーのカタクチイワシの不漁とかのせいで起こったものだ。ところが80年代半ばには、それと正反対で、石油価格は暴落、他の原材料価格も下がった。

こういう一時的なできごとと、もっと根本的なインフレ傾向とを区別するため、経済学者はただの消費者物価指数（CPI）だけじゃなくて、食料や石油価格の動きをはずした「根っこの」率で考えたがる。これでみると、70年代はそんなに悪くないし、80年代半ばはそんなによくもない。でも、改善ぶりはなかなか。根っこのインフレ率は、80年には10%だったのが、88年には4%くらいになってる。

これがどう実現されたかについては、経済学的に何の不思議もない。アメリカは昔ながらの堅実な手法でインフレを下げた。それはつまり、わざと産出を長いこと下げて、失業を長いこと高くするようにして、労働者の賃上げ要求をおさえさせると同時に企業に値上げをあきらめさせるっていうやり方ね。つまり80年代のアメリカは、意図的な政策として、30年代以来いちばん深刻な不況に経済を陥らせたわけ。

不思議なのは、むしろ政治のほうだ。なぜアメリカは、こんなとてつもないコストを支払ってまでインフレを下げる気になったんだろうね。

NAIRUっておぼえてる？（忘れてたら第3章を読むこと！）失業率を長いことNAIRU以下におさえとこうとすれば、どうしてもインフレが加速しちゃうって話だったよね。逆もまた真なり。インフレをおさえようと思ったら、経済はNAIRU以上の失業を長いこと続けなきゃならないんだ。失業率を上げるってことはつまり、その経済がめいっぱい機能してないってことになる。つまりインフレを減らすには、その経済は産出を犠牲にするしかないってこと。

試算はいろいろあるんだけど、インフレを下げようとするとすんげえ高くつく、というのは一致した見解。まあ標準的な計算によれば、インフレを年率1％下げるには経済はキャパより4％低いくらいで動かなきゃなんない。またもやいやらしい（でも便利な）経済学用語で言えば、これは「犠牲レシオ」ってヤツ。インフレを1％減らすには、産出を4％減らさなきゃなんない。こいつはかなり高いお値段だよね。まあ、産出カットは一時的だし、インフレは長期的になくなるとはいうものの、それでもねえ（それにあとで無責任な政策をうって、その分をふいにしちゃうことだってあるし）。まして、インフレを10％から4％まで下げるだけの犠牲をはらうヤツがいるとは、なかなか考えにくい。

でも、アメリカはまさにそれをやったわけだ。図13（次ぺ）がそれを示した図だけど、経済学の世界でこれほどはっきりしたものも珍しい。上の線は、産出「トレンド」を示す。これは、もしアメリカが73～79年の2・4％で安定して成長してたら、アメリカ経済がどんだけ産出してたか、を示してる。このトレンド線は、アメリカ経済がだいたいめいっぱい動いていたときに産出したはずの量の、だいたいの目安だと思ってね。

下のほうの線は、実際のGNPで、79年から82年にかけて、トレンド線より派手に下をうろうろしている。だいたいトレンド線まで戻るのは、やっと87年になってからだ。この2本線の間のギャップ——つまり産出できたはずの量と、実際に産出した量の差——が、アメリカのインフレ退治のコストだと思えばいい。

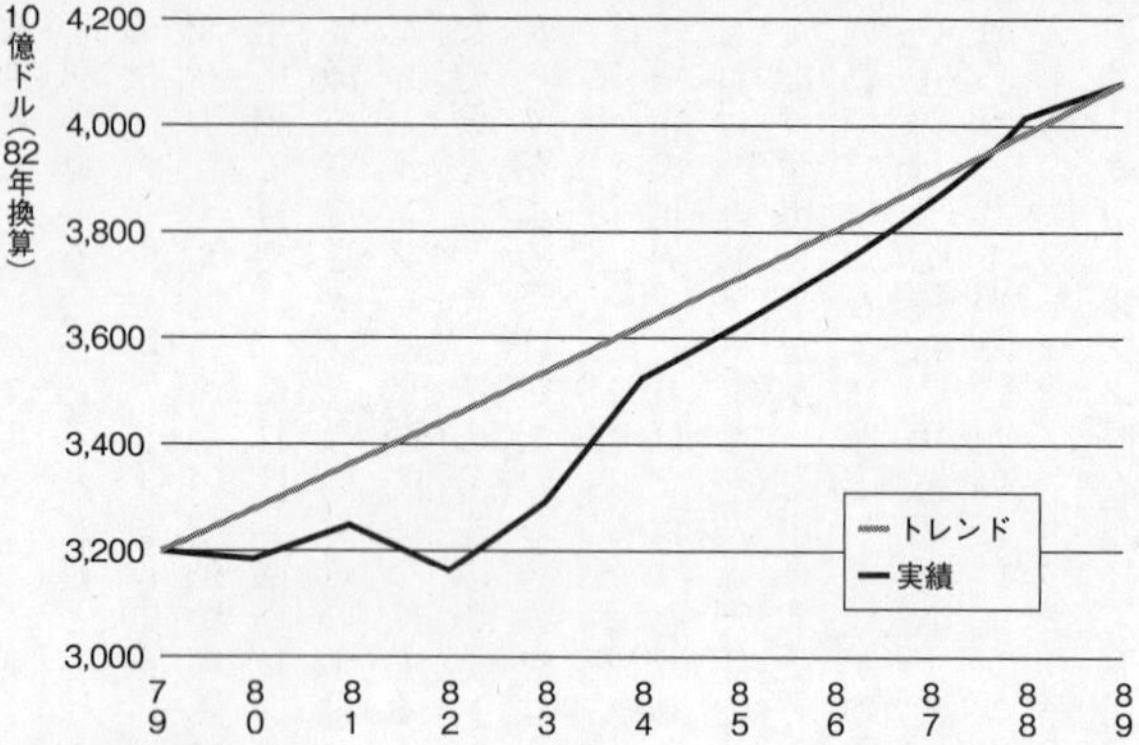

図13● GNPのトレンドと実績　80年代に、アメリカはインフレを減らそうってんで産出をトレンドより下げる政策をわざととった。累積の「産出ギャップ」は、インフレに対するアメリカの（限られた）勝利を反映したもんだけど、1年のGNPの20%以上にもなった。

このギャップは、82年にGNPの10%にまで拡大して、80年から86年までの7年間では平均3%。つまり、アメリカ経済はインフレを下げようとして、1年のGNPの2割にあたる金額を犠牲にしたわけ。こいつはちょっとすごい数字だよ。96年ドルで換算して1兆ドル以上。今みたいなシワくさい時代だと、アメリカ政府がこんだけの金をつぎ込むなんてのは、地球存亡の危機にでも直面しない限りは（いや、してもかな？）無理だろう。でも、それだけの金をぼくらは払ったわけ。

この産出のギャップとインフレ退治については、強調しときたい2つの真実がある。みんななにかと否定したがる点なもんでね。まず、このギャップは事故じゃなくて、意図的な政策の結果だってこと。それからこの政策については、どっちの党のせいでもないってこと。民主党も共和党も、この政策についてはいい点も悪い点も引き分け。

まずは、意図的な政策だという点。79年から82年にかけて、産出がキャパより下がったのは、経済にゆるみを持たせてインフレをなんとかしようと連邦準備銀行がはっきりした腹を持って、わざときつい金融政策をとったのが直接の原因なんだよ。もちろん、全部の紆余曲折を計画しきれたわけじゃない。81年には、一瞬景気が予想外に回復しちゃって、これに連邦準備銀行は過剰反応して、必要以上にひどい不景気をつくりだしたりもした。でも最終的に、連邦準備銀行は目的をだいたい達成しおおせたわけ。昔ながらの、苦痛に満ちた、でも効き目はまちがいない不景気というクスリをつかって、インフレはなんとかおさえこめたんだ。

第二には、どっちもどっちという話。産出のギャップを生み出した政策が始まったのは79年のジミー・カーター政権時代で、これは民主共和の両方が賛成してる。インフレ拡大でパニック寸前だったもんで、カーターは謹厳な中央銀行屋のポール・ヴォルカーを連邦準備銀行の議長に任命し、必要なことはなんでもやれと言ってすべてを任せた。レーガン政権は、たまにヴォルカーにかみついたりもしたけど、それでもかれがよかれと思ったことは、だいたいそのままやらせてやった。

民主党は、インフレ退治の巨大コストを共和党のせいにしたがる。共和党のほうは、79年から82年までの落ち込みを民主党のせいにして、その後の回復は自分の手柄にしたがる。

どっちの党も、ぜんぜん説得力はないね。

結局はもちろん、インフレ退治は共和党に圧倒的に有利にはたらいた。急速に増えた失業は、部分的にはカーター政権のときに起きて、残りはレーガン政権のごくはじめのほうで起きた。でも、レーガン政権のほうは政権のあまりに初期だったもんで、みんな忘れちゃってるわけ。一方、その後で必ずやってくる産出の回復と低インフレは、残りのレーガン時代をえらく輝かしいものにしてくれちゃったよね。でもこの政治的な風向きは、政権党の知恵を示すものでもないし、マキャベリ主義の反映でもない。単に時期的にツイてただけよ。

で、この先は？

インフレ退治は、完全勝利で終わったわけじゃない。インフレは決して消えたわけじゃないもの。80年代後半にはじわじわ上がってきて、それがまた90〜92年の不景気で下がった。じゃあ、完全な物価安定を目指して、第2次のインフレ退治はやんないのかしら？やるべきだと思ってる人もいる。理由は別に、今のインフレのコストが高いからってんじゃない——インフレの宿敵どもでさえ、大したコストになってないのは知ってる。連中のあげる理由ってのは、インフレってのはちょっと気をゆるめるとじわじわ上がってくるので、またつらい思いを繰り返すはめになるから、というもの。

たとえば貿易赤字は「問題じゃない」と一蹴したハーバート・スタインは、インフレこそほんとの問題だと宣言してる。なーぜ? それは、「もしわれわれが(中略)反インフレ努力を今ゆるめたら、いずれインフレをゼロにする手段を講じるというのを前提にみんなが我慢している4%のインフレは、5%になり、6%になり(中略)いつの日か、われわれは本当にインフレを下げなくてはならなくなる。そして待てば待つほど、出発するインフレ率が高ければ高いほど、その努力はむずかしく、コスト高になってしまうのだ」。

一方で、インフレそのものよりもインフレへの恐怖のほうが問題だという経済学者もいる。ノースウェスタン大学のリベラル派経済学者ロバート・アイズナー曰く、「全体としての物価水準はほぼ安定しているし、深刻なインフレの雲は、それを偏執狂まがいにおそれている人々の頭の中にしかない。こういう時代には、インフレに関する妄想こそが大きな障害であり、許し難いものなのだ」。

スタインみたいな見方は、道徳的な説得力をかなり持っている。過去50年にくらべると、今は保守派の経済原理がずっと敬意を払われるようになってきてるし、それに2けたインフレの記憶はまだまだ新しい。だから、いつまでもインフレを野放しにしとくような政策を、公式に推すような政策立案者はなかなかいない。公式には、連邦準備銀行は、完全な物価安定を目指すんだって言い張ってる。

でも、これは偽善もいいとこだよね。80年代の経験が物語るように、インフレ率を下げるには失業率を上げなきゃなんない。かなり甘く計算してみても、今後5年で今のインフレ率から完全物価安定を実現するには、平均失業率を7%くらいにしなきゃなんないわけだ。80年代の終わりの5・3%じゃあすまない。

93年のはじめの失業率は、だいたいこの7%くらいだったんだ。でも、政治システムは、こんな失業率を我慢するつもりはぜんぜんなかった。連邦準備銀行は、とにかくさっさと失業を下げろとガンガン圧力をかけられることになったわけ。

だから現実問題としては、そこそこのインフレは貿易赤字と同じく、アメリカの経済風景の中で一定の位置を占め続けるだろうってことね。

第3部
政策問題

問題と政策ってのは別物だ。貿易赤字とインフレは、アメリカの政策立案者の最大の頭痛の種ではあるんだけれど、でも実際の政策はもっと個別の問題に関係したもんだ――財政赤字、金利、ドルとか。こういうのは、これまでにあげてきた問題と似てるんだけれど、でも別個に議論したほうがいい。

アメリカの経済政策の話をしようとすれば、経済問題の話をするよりはかなりややこしくなっちゃう。これは仕方ない。たいがいの政策は、問題だと思われたものに対する一貫した対応なんかじゃないもの。利害が異なってて、しかも現実認識まで異なってるグループ間の、取引や衝突の結果として生まれるものなんだから。本末転倒にしかみえない政策や、あっちを下げといてこっちで上げてるような政策は、いくらでもある。

でも、この章で扱う政策6つ――ヘルスケア（医療）、財政赤字、金融政策、ドル、貿易政策、日本――は、共通した部分を持ってる。どの問題も、なんらかの形で貿易赤字と関連してるんだ。そしてどの政策も、インフレへの恐怖で制約がかかってる。そしてどの問題でも、政治家のほうも国民のほうも、一世代前なら受け入れがたい水準であっさり我慢してるわけ。

6　ヘルスケア（医療）

政権の座について3カ月目、クリントン政権は変な訴訟ざたに巻き込まれていた。いろんな団体が、新しいヘルスケア（医療）政策をつくろうってんで召集されたタスクフォースの提言を、一般に公開しろと言って訴えたんだ。

そのときまで、このタスクフォースはすごい秘密体制で運営されていたんだけど、そこで関係団体が気がついたわけ。連邦の法律では、公聴会は一般公開されなきゃなんないことになってるって。例外はあって、その公聴会が政府役人に限られている場合は公開しなくてもいい――でもヘルスケアのタスクフォースの親玉は、ファーストレディーのヒラリー・ロダム・クリントン。彼女って考えてみれば、公式には一民間人にすぎないんだよね。

このお話は、アメリカの機関ってのがいかに変てこかを示す好例ではあったんだけど、もっと深いところでわかるのが、医療の問題にからむ独特のヤバい雰囲気だ。ほかの問題でなら、クリントン政権は国民の意見を聞いてるようなポーズをするのが何より好きだよね。大統領が一般市民の質問に答える「町の会議（タウン・ミーティング）」は、クリントンの十八番イベントだし。

でも、医療ってのは政府のどんな政策よりも一般市民を直撃するものなのに、その政策は人呼んで「マンハッタン計画」っぽい雰囲気のなかでつくられてるんだ。マンハッタン計画って、あの原爆開発の秘密プロジェクトなんだけど、そのくらい秘密主義ってこと。

これは偶然じゃない。医療はとんでもなく微妙な問題で、筋の通った話をしようとしても、すごく危険な感情的・政治的領域に触れざるを得ない。これまでの政権は、この問題を完全に避ける道を選んできた（本書の初版もそうだった）。でも、医療をなんとかしなきゃというニーズは、経済問題として大きくなりすぎてきた。だからクリントン政権としては、急いで何か政策をつくんなきゃ、と思ったわけ。秘密裏にやれば危険をかわせるんじゃないか、というのが希望としてはあったんだろうね。はかない希望ではあったけれど。

なぜ医療はそんなに大事なの？　なぜこの問題ってそんなにヤバいの？　この2つの質問への答えは、裏表の関係にある。

医療問題

医療の問題は簡単。むちゃくちゃ金がかかるようになったってこと。70年、公共と民間が医療に使ったお金は、GNPの7・3％だった。80年にはそれが9・1％。93年には13％。アメリカが財政赤字をコントロールできないのは、一つにはこの医療のコストが増え続けてるからなんだ。民間でも、従業員に健康保険を提供するコストはすごく重い。その一方で、健康保険に入るだけの金がないアメリカ人が増えてきてる。根っこのところでは、医療費上昇には何の不思議もない。コストの上昇は、一部は人口構成の問題なんだ。年寄りは医療がたくさん必要で、アメリカは高齢化しつつある。でも問題の大部分はむしろ、組織とテクノロジーのからみあいから話が生じてる。ノーと言えない保険システム、そしてその弱みにつけ込んだ医療技術の発達。

基本的な事実からいってみよう。アメリカ人の大半は、なんらかの健康保険に入ってる。年寄りはメディケア。貧乏人はメディケイド。そしてその他のほとんどは、なんらかの民間保険。これは雇い主に出してもらうことが多いね。保険はなんでもカバーしてくれるわけじゃないけど、大きなところはだいたいカバーしてくれる。だから患者と医者が治療について話し合うとき、どっちも金を出すのは第三者だってわかってる。

さてこういう状況で、すごく高いけど患者を救えるかもしれないテストや治療法があったとしよう。もし患者が自腹で医療費を出してるんなら、その人はやめとこうと思うかもしれない。そんな治療法のメリットよりは、その分の金でもっと自分の余生――あるいは陰鬱なのがお望みなら、相続人の人生――を充実させたほうがいいや、と思うかもしれない。

でも、金を出すのは自分じゃないから、患者としてはとにかくやってみようというわけ。つまりこの方式では、医学的に得られるものと経済的な損失とが、ちゃんとてんびんにかけられてない。医療経済のギョーカイ用語でいえば、治療はつねに「カーブの平らなとこ」にまで押しやられる。つまり、これ以上金をかけても、まったく医療上のメリットがないところってこと。そしてこれは、自腹を切ってる患者が、これ以上金かけてもしょうがないや、と思うところよりはずーっと先にあるんだ。

こうして治療を、金に糸目をつけないで医療の限界にまで押し進める傾向は、医療技術が高度化するにつれてますます高くつくようになってきちゃったわけ。むかしむかし、金持ちがいくら金を出すったって、買える治療なんてたかが知れてた時代っつーもんがございました。ちょっとした手術に公衆衛生の重要性についてのアドバイスを超えるものってと、40年代くらいの医者はベッドの横で気休めになるような態度をとるくらいが関の山。

ところが今日、検査や治療法はいくらでもある。CTスキャンにMRI、放射線治療に薬物治療、二重三重の心臓バイパス手術。こういう新技術はたくさんの命を救うし、さらに多くの人たちの人生を楽にしてあげるのは事実。でも、そのお値段はとんでもない代物になっちゃう。「カーブの平らなとこ」がさらに右に移ってくわけ。お金をどんどん使って、医学的にどんどんメリットのあることができるという結果になってる。

ということは、アメリカ人はみんな医療を受けすぎてるってことなのかって？ ちがうんだな、それが。ここにシステムのパラドックスがある。保険に入ってる患者には金に糸目をつけないんだけれど、みんながみんな保険に入ってはいない。そして保険は、どんどん高度な医療に金を出せと呼びつけられるもんだから、保険料もぐんぐん高くなってくる。だから、その保険に入れない人がどんどん増えてきてるんだ——これは医療のお値段の可能性を考えると、すっごくこわい立場だよね。

で、さっきパラドックスと言ったのはつまり、医療技術が向上すると健康保険の掛け金が高くなるので、医療技術の進歩は人を健康保険システムから追い出す方向に作用してるわけ。医療上の技術革新は、むしろアメリカの全体としての健康水準を下げてるかもしれない。だって、派手な新しい治療方法がもたらすメリットは、おかげで保険料が払えなくなってシステムから追い出される人が受ける害にくらべたら、むしろ小さいかもしれないでしょう。

つまりはこれが、アメリカの医療の問題の基本的な構図。きわめて単純明快、だよね。でもこの問題には不思議なとこがあるんだ。どうやって解決しようかという話に入る前に、そいつを片づけておかなきゃなんない。

なぜシステムはノーと言えないの?

今の問題を言いなおしてみようか。保険がかかってれば、医者も患者もコストなんか無視して、医学的にちょっとでも見込みがありそうなことは何でもやろうとしちゃうわけだ。これが逆に保険をすごく高いものにして、保険に入れない人がいっぱい出てくる。

でも、ここが不思議なとこ。多くの人は、政府の保険に入ってるわけじゃなくて、自分で民間の保険に入ってるわけ。だったら民間保険屋は、今の高い保険に入れない人とか、あるいは医療サービスは減らしてもいいから保険料も下げてほしいと思ってる人とか向けに、「よけいなものなし」の保険をつくればいいじゃん。

つまりさ、原理的にいえばだよ、保険屋としては単に、カバーする治療法に制限をつけるとか、支払う最高額を制限すればいいのに、と思うでしょう。なぜ市場は高い医療費に、ノーと言えないわけ？

答えは2つある、と思う。まず、アメリカには医者も多いけど、それに輪をかけて弁護士も多いんだ。だからその保険が何をカバーして何をカバーしないのか、とんでもなく細かく明記できない限り——そしてたぶんそれでも——ふつうよりもカバーする範囲のせまい保険を売ろうとする保険会社がどんな目にあうか、もう簡単に想像ついちゃうよね。

仮にその保険会社が、ある治療にお金を出すのはやだ、と言ったとする。それでその患者が死ぬか、あるいは障害が残っちゃったとしよう。そしたら保険会社や、あるいはその治療を控えようと決めた医者まで、ものすごい賠償請求にさらされることになっちゃわない？　医療過誤保険の支払額は、もう天文学的な数字になる。そんなものが増えちゃったらたまったもんじゃないというのが、医療市場を非効率的にしてる大きな原因の一つかも。

それと二番目の、もっと気高い理由もあるんだろうね。医療は巨大産業ではあるけれど、ほかの産業とはちょっとちがう。医者や看護婦は毎日のように生死に関わる決断をする。だからかれらを仕切る倫理コードは、単に利潤を最大化するよりは高級なプロ意識を要求するわけだよね。医者もしょせんは商売よ、と斜にかまえるのは簡単だけど、でもみんな、医療関係者は平均すれば、まあ中古車業者よりはましな行動をとるのが当然だと思ってる。

さて困ったことに、命を助けるというエートス、患者にとって最善のことをするという倫理観——医者がほかの人より特に気高いなんてことはないんだけど、それでもね——は、人によってぜんぜんちがう水準の医療を提供すると宣言するようなシステムとはなかなか相容れないんだ。

もちろん、大金持ちがぼくたちには手の届かない治療法を金で買えるのは事実なんだけれど、でもそれは、2000ドルの保険に入ってる人は有無をいわさず見殺しにするけど、5000ドル払った人はそのまま、なんてシステムを考えるのとは話が別。金で命が買えるってことをはっきり見せつけるようなシステムなんて、ぼくたちとしては口にするのもちょっとためらっちゃう感じだよね。

でもこの臆病さのおかげで、健康保険はみんな同じ方向におしやられることになる。で、この方向ってのはつまり、どんな高い医療技術でも、何かいいことあるかもしれないから、とりあえずやってみようってこと。弁護士どもの強欲さと、医者の倫理の板挟みになって、医療市場は自分のコストをおさえられなくなっちゃってるんだ。

じゃあ答えは？　医療改革についての議論は、どうしようもなく専門的に見えることが多いし、ややこしい考えが専門用語まみれで表現されてる。でも問題の本質——これからすぐに見るけど、あまりに忘れられがちな本質——は簡単なんだ。本当にノーと言える取り決めをつくるにはどうしたらいいの？　これだけ。

医療改革

医療改革の候補者たちが思いつくアイデアってのは、だいたい3種類ほどのパターンにわかれる。無責任なヤツは、何も出さずに結果が得られるつもりでいる。こいつらは、だれかを悪者に仕立ててしめあげれば問題が解決すると思ってる。その反対の端には、強硬な連中がいて、こいつらはもうチト中央集権化されたシステムをアメリカも採用しろという。ほかの先進国は、これで医療に使う金が少なくてすんでるみたいだからって。最後に、小手先屋さんたちがいて、ちょっと医療市場で気の利いた並べ替えをすれば、派手にコストが下がると期待してる。

悪者探し

アメリカの医療くらい金がかかるようになると、自然な反応としては、だれか——保険屋か、民間病院の院長か、製薬会社か——が私腹を肥やしてるにちがいないってことになる。そして疑問の余地なく、医療業界には不当に値をつりあげていたり、システムを悪用してる人間はいるよ。だってさ、医療はアメリカ経済の13%を占めてて、直接間接に最低でも1400万人を雇ってるんだもん。そりゃ最高から最低まで、ありとあらゆる種類の人間行動が出てくるわな。

でも、私腹を肥やすのをやめれば、医療問題はかなり解決されるだろうか? いいや。

余計な儲けはそんなに多くないし、あってもあまり手のうちようがないんだ。

この問題をよく示していたのが93年の初期のできごとで、製薬会社が儲けすぎてるという糾弾が、一瞬だけ燃え上がったことがあった。製薬会社が同じ製品を売るのに、国民健康保険が交渉力を使ってクスリを値切るカナダよりもアメリカのほうで高い値をつけてるという証拠ははっきりしてる。さらに、証拠としてはもっと弱いけど、製薬産業が商売としてのリスクの高さを計算に入れてもあまりに高い収益をあげてるというのも事実。この証拠をたてに、クリントン大統領は製薬会社を非難する演説をいくつかやってみせた。でも、すぐにみんな頭が冷えた。だって、儲けすぎが事実だとしても——これもまだ議論の余地がある——薬のコストに数%上乗せするだけだし、その薬は医療のコストのこれまた7%にすぎないんだもん。それに、薬の値段をおさえようとしたら、薬の進歩に関わる研究開発もカットされちゃうことになる。実際、大統領のコメントのおかげでバイオテクノロジー株はすぐに暴落。このハイテク産業における研究開発が、資金不足でダメになるんじゃないかとみんなおそれたわけ。

医療問題の責任をだれかに押しつけちゃおうというのは魅力的だけど、でも悪者探しは生産的な戦略とはいえない。

中央集権システム

アメリカは、1人あたり支出で見てもGNP比率で見ても、ほかのどの国よりたくさん医療にお金を使ってる。でも、そのわりには大して健康には見えない。高い貧困率や巨大な下層階級の存在を割り引いたとしても、投資を増やしただけのメリットが得られてる様子はぜんぜんない。ほかの国は、アメリカとちがう何をやってるんだろうか。

いちばんはっきりした答えは、外国にはなんらかの中央集権化された医療のシステムがあって、いくら使うかを政府が決めるというもの——そして、こういうシステムのほうが、ぼくたちの分散化したシステムよりはノーと言いやすいみたいだってこと。これは、自由市場が政府よりも効率がいいと信じこまされてきた人たちにはパラドックスみたいだろうけど、でもこれまで見てきたように、医療市場ってのは、ほかの普通の市場とは話がちがってるからね。ぼくたちのシステムは、保険屋さんや医者がノーと言えないシステムになってて、これは訴えられるのがこわいか、社会的な規範を破るのがいやだからだ。政府がやれば、医療へのアクセスを制限しても訴えられるおそれも減るし、もうちょっと安上がりな規範も確立できるんじゃないの?

中央集権システムには2種類ある。ヨーロッパの国はだいたい、義務教育みたいな感じで医療を公共サービスとして運営してる。病院は政府がやってて、医者や看護婦は政府職員なんだ。こういうシステムは、予算が限られているという一点で、どうしてもコストの心配をしなきゃなんない。使えるお金が限られてるから、医療係官はどうしても、ある人の医療とほかの人のヘルスケアをはかりにかけることになって、これはつまり、高すぎる治療は実質的にダメってことだよね。

こういうシステムの問題はもちろん、それが個人の選択を制限するってことで、さらに政府の官僚主義につきものの、よくある問題すべてにさらされるってこと。アメリカの医療関係者は昔から「社会化された医療」には激しく反対してきたけど、でも導入されているところではなかなか評判いいんだ。

もっとずっとゆるい形の中央集権医療としては、カナダにある「払う人が1人」のシステム。カナダは国民みんなに医療保険を提供してて、これは政府が提供する。政府は保険料を決めて、どこまで保険がきくかを決めるけれど、人は自分の医者を好きに選べる。このシステムもアメリカにくらべれば相当安上がりになってるようだ。たぶん払う人が1人だからかもね。政府が保険のきかない範囲を決められて、これはアメリカの民間保険屋ではできないことだ。

アメリカでの医療改革として強硬なものは、このシステムのどっちかを採用することだ。どっちもコスト管理はアメリカのヤツよりうまいみたい。現実問題としては、ヨーロッパ流の医療システムは、政府不信が強くて民間医療の利害がえらく強いアメリカでは、まったく考えられもしない代物だな。カナダ版の単一支払い人のほうがもっと考えやすい。

でも、アメリカの医療改革でいちばん影響力の強い論者は、もっと新しいシステムのほうがうまくいくと思ってる。これが管理競争ってヤツ。

管理競争

管理競争の考え方は、健康経済学者アレイン・エントーベンの思考のたまもの。本書執筆時点では、クリントン政権の医療案の中心みたい。

エントーベンの発想は、健康保険に入るときに好きな医者にいける保険に入るのではなく、選択肢を制限するような保険を選ぶ人が増えてきている、というところから始まってる。かなりの人が健康管理団体（HMO）の保険に入ってて、これは自分たちで職員（医者）を雇ってて、メンバー（加入者）は外部の専門家に診てもらわなきゃならないとき以外は、職員を使わなきゃなんない。あるいは自前では職員を持ってないけど、でもメンバーたちは「推奨」医師の中からかかる医者を選ぶようになってるプランとか。この医者たちは、料金や治療法なんかについて、プランの条件を承諾してるんだ。特にHMOのほうは、これまでの保険屋さんよりは安上がりな健康保険を提供できてるんだよ。「管理競争」の考え方は、基本的には国民全員をでかい組織にまとめて、この組織がHMO式に医療を提供するか、少なくとも医者や製薬会社と値段交渉をするようにしよう、というものだ。

これがなぜうまくいきそうかって？　HMOには確かにメリットがありそうだ——一つには単に能率がいいってことだろうけど、もう一つはHMOに加わることで、各個人は実質的に、自分の受けられる医療の幅を制限することになるからだろう。つまり、HMOの成長は、保険で実現するのはすごくむずかしい「よけいなものなし」の健康保険みたいなものを提供する手段ではあるんだ。

でも、HMOが大型化するのがそんなにいいなら、政府が無理に尻を叩かなくても勝手に大きくなるだろう。政策的にみんなをでかいヘルスプランに入れてやると、なんで状況が改善されるわけ？　そしてこういう計画は、「カーブの平らなとこ」の手前でコストをカットするという問題の核心にきちんと対処できるの？

答えは一言で、だれにもわからん、なのね。管理競争の熱心な支持者はすごく影響力を持ってるけど、でも医療経済学者の多くは、なんでかれらがそんなに熱心なのか、ちょっとまごついてる。みんなを整理してでかいヘルスプランに入れると、何がそんなによくなるのかってのがイマイチつかめんのよ。管理競争の理屈ってのは、そんな圧倒的にはっきりしたもんじゃない。そしてこのシステムを実地にやってみたことがないから、それがどう機能するか、ホントの証拠もぜんぜんない。議会の予算審議会が、管理競争の見通しについての大調査をやったんだけど、93年の春に発表されたその結果を見ると、要はお手上げでわかりません、と言ってるわけ。確かにこれはうまくいくかもしれません、だけど、うまくいかないかもしれません、という話。

ぼくはどっちかというと眉ツバだな、と思う。医療の根本的な問題は、モラルの問題であって市場構造の問題じゃないみたいだもん。経済の現実は、人の命に値段をつけろと迫るんだけれど、この現実はぼくらがみとめたくないものだし、この選択に直面するのを避けていたのがコスト爆発の理由の説明になる。管理競争がどうしてこのジレンマの解決になるのか、どうもよくわからない。むしろ、複雑な仕組みはこれまた問題から逃げるための手口じゃないか、という気はしなくもない。

医療は自然治癒するか？

94年にクリントン政権は、極秘にこしらえようとしてた医療改革案をやっと議会に提出した。この案はおおむね管理ケアの考え方に基づいてたんだけど、でもこのプロセスの閉鎖的な性格から生じた悪意とか（そして一部主要な政府の補佐役の、我慢できないほどの傲慢さとか）いろんな理由から、それはほとんどの管理型医療理論家――当のエントーベンも含め――から総すかんをくらった。議会はこの案を否決して、このぶざまな失敗ぶりのおかげで94年の選挙では、民主党は大敗北を喫することになった。

全国的な医療改革は失敗したみたいなんだけど、民間のほうがある程度は事態を収拾した感じではある。労働者向けに企業が健康保険を提供する場合には、今ではだいたい、すごくコストに敏感なHMO経由でやってくれというのが普通になってる。たぶんその結果だろうけど、最近では医療コストののびも、昔ほどではない。80年代から90年代頭にかけて、医療コストはインフレ抜きでだいたい年率4％上がってたんだけど、90年代半ばになると、それが2％くらいになった。

でも、問題は解決とはほど遠い状態。医療コストの上がり方はゆっくりかもしれないけど、でも相変わらず巨額で、しかも増大しつつある。そして民間部門のほうは医療コストをおさえたにしても、医療の相当部分を占める、政府の支払い分については話がちがう。このメディケアのための支出増が、今では次の政策問題の中心部分を占めるようになってきてるんだ。

その問題が、財政赤字。

おまけの解説

日本の医療問題[13]

アメリカの医療問題に関する注釈

さて、日本の医療問題を注釈する前に、クルーグマン先生のお話を若干補足しておこう。アメリカの1人あたり医療費は世界一高く、基本的に税金で賄われているメディケア（高齢者向け医療費補助）は連邦政府支出の大きな割合を占めている。しかし、この問題は今日までほっとかれたわけではない。80年代初頭、経済成長率を上回る医療費の伸びに危機感を抱いた連邦政府は、83年にDRGと呼ばれる支払システムを採用した。これは、病気をいくつかのグループに分類し、その分類ごとに定額の医療費を支払うというもの。こうなると、医師はその金額の範囲内で治療しようとする。医者をプライスキャップが働く世界に引きずり込んだことになる。その結果、80年代中盤以降は連邦政府における医療費歳出の伸びは急速に下がった（ただし、アメリカもだんだん高齢化していて、さらにもともとが巨額だから……)。

このような土壌をもとに、本文中にもあったHMOが登場した。これは伝統的な保険会社が提供していた医療保険に対して、「よけいなものなし」の保険を提供する会社や非営利組織を総称している。

「よけいなものなし」とするには、クルーグマン先生が嘆いていた高度医療のカバレッジを制限するのはさすがにむずかしいので、保険が指定する医師や病院しかかかれないようにしている(アクセス制限)。HMOは企業と契約を結び従業員を加入者とする。その交渉力でDRG型の支払方式を了承する医師や病院と契約を結ぶ。医師や病院は、その地域の有力な企業の従業員を顧客として失うことを恐れて、安い医療費しか払わない保険でも契約せざるを得ないという構造になっている。

加入者には保険料に対して受けられる医療レベル(医者の選択権)が提示され、それを選択する。医療が市場での取引に乗ったわけだ。かつての保険は4人家族で1カ月に700~1000ドルくらい取られた。これは日本の数倍の水準になる。「好きな医者にはかかれないが、安い保険がいい」という消費者もちゃんと存在して、月500ドルくらいの保険が開発された。それがHMOだった。

余談ながら、このシステムのおかげで、アメリカの医療ビジネスはものすごくダイナミックなマーケットになった。病院チェーンは買収を繰り返し、多様なアウトソーシング会社が登場するなど、急成長する企業が続出した。

クリントン改革の課題は、無保険者の存在をどうするのかだったと筆者は理解している。これを政府が抱え込むのか、民間に任せるのか、それが争点だった。結果はご存じのとおり、政府が抱え込む方法はダメということだった。結局何もしないということになる。

日本の医療問題に関する注釈（以下の記述は98年当時）

日本の1人あたり医療費は、世界でも低水準で、それでも世界一の長寿国だ。さすが厚生省と言いたいところだが、急速な高齢化で、医療費ののびは経済成長率をはるかに上回っている。このままいくと健康保険に加えて年金への負担が経済の活力をそいでしまうと多くの人は考え始めている。

さて、これをどのようにおさえるのか。この方法論は実はアメリカとまったく同じ。まず、悪者探し。薬漬け、検査漬け医療という言葉を聞いたことがあるでしょう。どうもここに医療のムダがあるということになった。そこで薬剤費については前年の納入価格を調査して、翌年は保険からはその何%しか払わないという制度をとっている。この制度では既存の薬品の価格は必ず下がる。それでも新薬なら高い価格がつくというので、これも参照価格制といって、同じ薬効なら同じ価格しか払わないという制度が検討されている。この動きを見て、日本の医薬品メーカーは市場をアメリカに求め始め、皮肉にもアメリカ政府がこれでは日本の医薬品市場が死んでしまうといって、得意の内政干渉を繰り返しているありさまだ。

次に中央集権システム。このシステムには、ヨーロッパ型の総枠予算制という仕組みと、本文では紹介されていないが、日本型の診療報酬の政府による決定という方法がある。意外かもしれないが、日本では医師の給料（正確には技術料）がアメリカなどにくらべてきわめて安い。だからこそ、医者は稼ぐための方策として薬や検査に着目したわけ。薬などの悪者を叩くと、医者の技術をどう評価するかという非常に難しい問題につきあたる。医者の技術料は厚生省が診療報酬で規定している。実はこれを低くおさえてきたことが、日本の医療費が比較的低水準で収まってきた大きな要因だった。この水準の決定にあたっては医師会と厚生省、大蔵省が毎年暗闘を繰り返している。もちろん医師会は技術料の上昇を求め、大蔵省が財政改革法をたてにおさえにかかる（小泉大臣のおかげでこのたがもゆるみ始めてはいるが）。この交渉過程は「政治」そのもので常人にはまったく理解できない世界となっている。

最後に管理医療の考え方。98年現在、日本では「医療制度改革案（与党版、厚生省版）」が公表されている。ここでは、アメリカのDRG型の定額払い制やHMO型の大病院には紹介なしではかかれないようにするアクセス制限などの要素が盛り込まれている。診療報酬を中央でコントロールしながら、管理医療の仕組みを取り込もうとする、いかにも和魂洋才的な方法が検討されている最中なのである（付記。この状況は2003年でもほとんど変わっていないようだ）。

最後に日本の医療保険制度を簡単に説明しておこう。日本では市町村、政府、健康保険組合（企業）、公務員共済などいろいろな主体が健康保険を運営しているけれど、政府が治療方法ひとつひとつの診療報酬単価を強烈に管理しているので、どの保険でも受けられる治療にちがいはないし、医者も保険によって受け取る額がちがうということはない（ただし、厳密には保険によって保険料や自己負担額は微妙に異なっている）。つまり、保険者としての裁量はほとんど働かないようになっており、「カナダ型の政府が運営する1つの保険」とほぼ同様のパフォーマンスとなっている。アメリカであれば保険会社が治療費をそれぞれごとに決めており、医師にもその保険会社と契約するかどうかの選択権がある。ヨーロッパなら国から予算として示される。日本は運営は民間に任せたように見せて、実態は政府がコントロールしているのだ。

7 財政赤字

連邦の財政赤字がいつまでもなくならないので腹をたてるのは簡単だし、もっともなことかもね。[14] ハーバード大学の経済学者ベンジャミン・フリードマンは、『精算の日』と題する本で、雄弁に怒りをあらわしている。「ほんの少し前なら考えられもしなかった無為無策。まずは問題などないというごまかし、続いて他の人が必要な犠牲を払ってくれるのを手をこまねいて待ち、そして最後には、何もする気がないので何もできませんという自己満足の結論」。

それでも赤字は続く。アメリカ人が自国経済に期待しなくなったしるしとしていちばんショックなのが、生活水準停滞をあっさり容認してることだとすれば、なんのかの言って一向に減らない財政赤字の容認は、選挙で選ばれた指導者について、一般市民が期待してないことを露骨に示してる証拠かもね。

財政赤字なんかこわくない!?

財政赤字に対する立場には、2つ以上ある。たぶん最低でも4つあるんだろうな。民主党と共和党のどちらも、この件については意見がまとまってないんだから。

民主党側では、一方では財政赤字が大問題で、増税で対処しなきゃと言ってる。別のグループは、財政赤字なんか問題じゃないから、新しい政府支出をどんどん提案しちゃおうと言ってる。

共和党側では、あるグループは赤字は問題だと言う(が、民主党が言うほどはひどくないそうな)。だから支出削減で対処しなけりゃならん。一方では、問題なんかないけど、それはさておき支出はカットしようという一派がいる。

どうして政府の赤字なんかについて心配しなきゃなんないの？　理由は2つある。まず、政府として破産する危険性がやがて出てくるから。次に、赤字は経済にとってマイナスの副作用をもたらすおそれがあるから。

80年代、アメリカがすごい財政赤字を垂れ流しはじめた頃には、破産の心配なんかほとんどなかった。アメリカ政府は支払いに困るようなことにはなってなかったし、今もそんなことはない。赤字分をカバーできるだけのお金くらい、すぐに借りられるもの。それにアメリカの負債総額だって、とてつもない額ではあるけど、今日明日にも破産の危機に直面するようなものではない。95年度の末、15年にわたる赤字財政のあとで、一般に出回ってる政府の負債はGDPのたった50%――アイゼンハワー大統領時代の負債比率より少ない。

過去数年、あちこちでやがて破産の危機があるという警告があがるようになった。この警告の話はまたあとでね。でも、アメリカが大赤字を出してたほとんどの時期に、経済学者が心配してたのは副作用のほうだった。財政赤字はアメリカの国としての貯蓄の大きな部分を干上がらせるから、国としての貯蓄率も下がる、というのがその議論ね。

国の貯蓄率の低さの問題について、たまに経済学者たちが世間の関心を喚起しようとするんだけど、そもそもの国の貯蓄率という考え方そのものも、それがなぜ大事かって理由も、あまりよくはわかってもらえてないみたい。だからここでちょっと立ち止まって、国の貯蓄率ってのが何で、なぜそんなもんを気にしなきゃなんないか考えてみよう。

国の貯蓄率

国の貯蓄率の話は、財政赤字の話と同じで、政治的にヤバい話がゴロゴロしてる。国の貯蓄率は財政赤字や貿易赤字としっかりからみあってるので、つまりはレーガン政権（貿易赤字も財政赤字もこのときに出てきた）の成績をどう解釈するかって話ともからんでくるわけ。ということは、この問題をとりあげようとする人は、まずまちがいなく腹に一物持ってるってことだ。だから、みんなが自分の政治的な目的を裏付けてくれるような形で議論をゆがめようとする。そういうわけで、まずは基本をちゃんとおさえとくのがすごく肝心。

まずおさえておくべきなのは、国の貯蓄——国全体としての貯蓄がどれだけあるか——

が問題なのであって、国の中の特定のグループの貯蓄が問題ではないってこと。ぼくが国の貯蓄率は低すぎると思ってて、それに対してきみがどっか特定のグループ、たとえば世帯の貯蓄率はけっこう高いよ、という話をしたとする。ぼくは別になんとも思わない。単に、問題は他の連中なんだな、と思うだけだ。

第二におさえといてほしいのが、貯蓄ってヤツの定義。貯蓄って、いま稼いだものの一部を、将来のためにおいとくってことだよね。国が全体として貯蓄をするには、方法は2つしかない。

まず今の収入を使って、工場をもっとつくったり、通信網を改善したり、道や橋とかを改修したりする手がある。つまり、古い資本が壊れたり古くなったりする分よりたくさん、生産資本のストックを増やすってことだね。

あるいは、外国から資産を買ってもいい。海外に投資したり、昔外国人から借りた負債を返したりするわけね。だから国の貯蓄率ってのは、国内の純投資（資本ストックが増えた分）と純外国投資（外国に対してアメリカが持ってる貸しが増えた分）の合計として計算される。

80年代初期から、アメリカの国内投資は昔より少し少なめになってた。一方、アメリカは差し引きで見ると、外国への投資をやめちゃってて、代わりに自分の資産をどかどか外国人に売りだしてた。だからアメリカ全体としての貯蓄率は、80年代にはそれ以前よりずっと低くなった。この点からは絶対に目を離しちゃいけないよ。

一部の経済学者は、ちゃんと計測すればホントは連邦の財政赤字なんかないんだとか、世帯はホントは間接的にたくさん貯金をしてるよとか言って、だから問題はないんだ、と言う。こんな議論は、国の貯蓄率の計測とは何の関係もない。こういうのは単に、なぜ国の貯蓄率が低いのか、という説明でしかないんだから。財政赤字問題ってのは、実は見た目よりは少ないんですよ、という話をする経済学者は、単に低い貯蓄率の原因は政府の赤字以外のとこにあるということを言いたいわけ。それはそのとおりかもしんない——けど、でもアメリカが国全体として、昔よりほんの少ししか貯蓄してないってのは、相変わらず事実なわけだ。

図14に、国の総所得に対する総貯蓄の割合がどう変化したかを示した。74〜75年の不況の時期をのぞけば、70年代の総貯蓄率は50年代や60年代とほぼ同じだった——総所得の7%くらい。それが80年代の終わりには、その率がとんでもなく暴落した。80年代後半にはちょっと回復したけれど、でも過去の水準にくらべればずっと低い。

アメリカの総貯蓄の少なさは、他の国とくらべてみるともっとショッキングだ。アメリカは所得の2〜3%しか貯蓄していないのに、ほかの工業国は平均で10%も貯蓄してる。日本なんか、18%を下回ったことはないんだよ。

総貯蓄が少ないとどうなるかって？ そもそもの定義を思い出してよ。総貯蓄は、国内と国外の純投資の合計なんだ。もし貯蓄が減ったら、国内投資か国外投資か、それともその両方が下がってることになる。

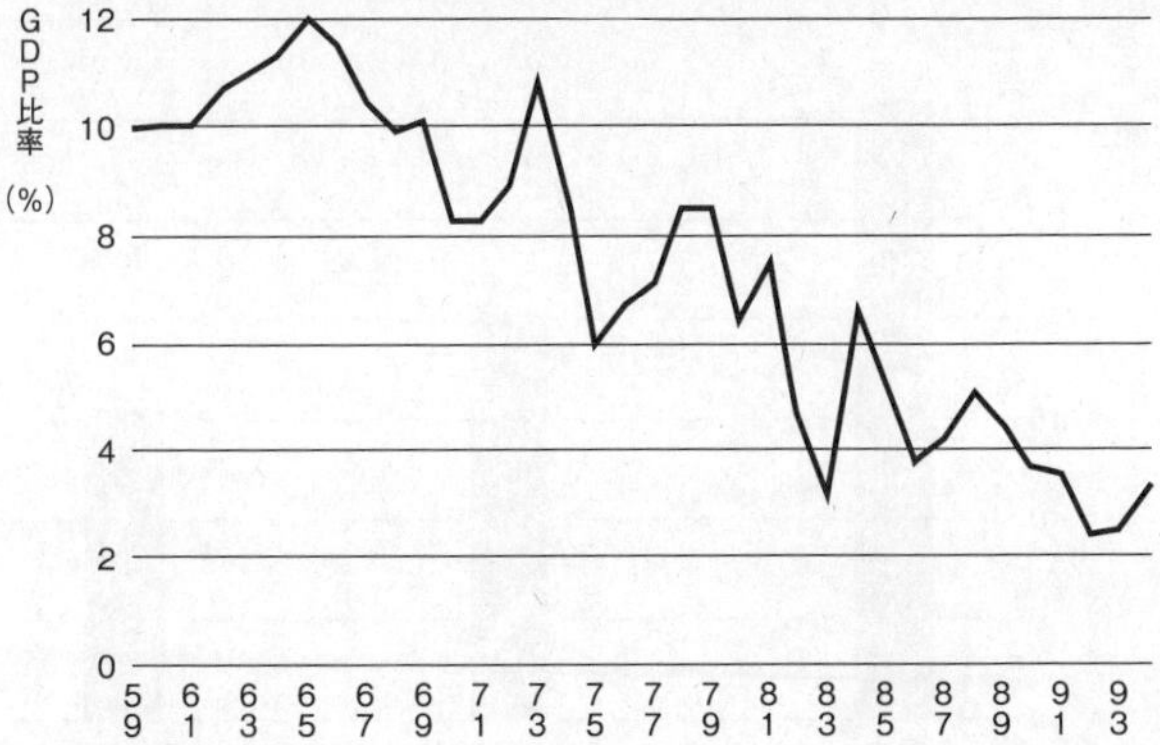

図14● 総貯蓄　70年代のアメリカは、50年代や60年代と同じくらいの割合で総収入の一部を貯蓄にまわしてた。それが80年を過ぎると、総貯蓄は戦後最低の水準にまでガタ落ちになった。

アメリカの場合、貯蓄が激減してどこに効いてきたかといえば、国内投資もちょっと下がってる。でも、いちばん派手に効いたのは、外国投資の激減。70年代のアメリカは、外国人がアメリカに投資するより少し多めに外国に投資してたんだ。だから世界経済のなかでは、純債権国としてのポジションが高くなっていった。でも80年代に貯蓄率が暴落すると、アメリカは投資を維持するために資本を大量に輸入するようになった——最初は外国人に大量の債券を売ってたんだけど、だんだんアメリカ企業の経営権まで外国人を集めて売るようになってきた。

アメリカの貯蓄率が低下して何が起きたかというと、ぼくたちは投資のお金をますます外国人に頼るようになってきた——つまりこれは、80年代の前代未聞の

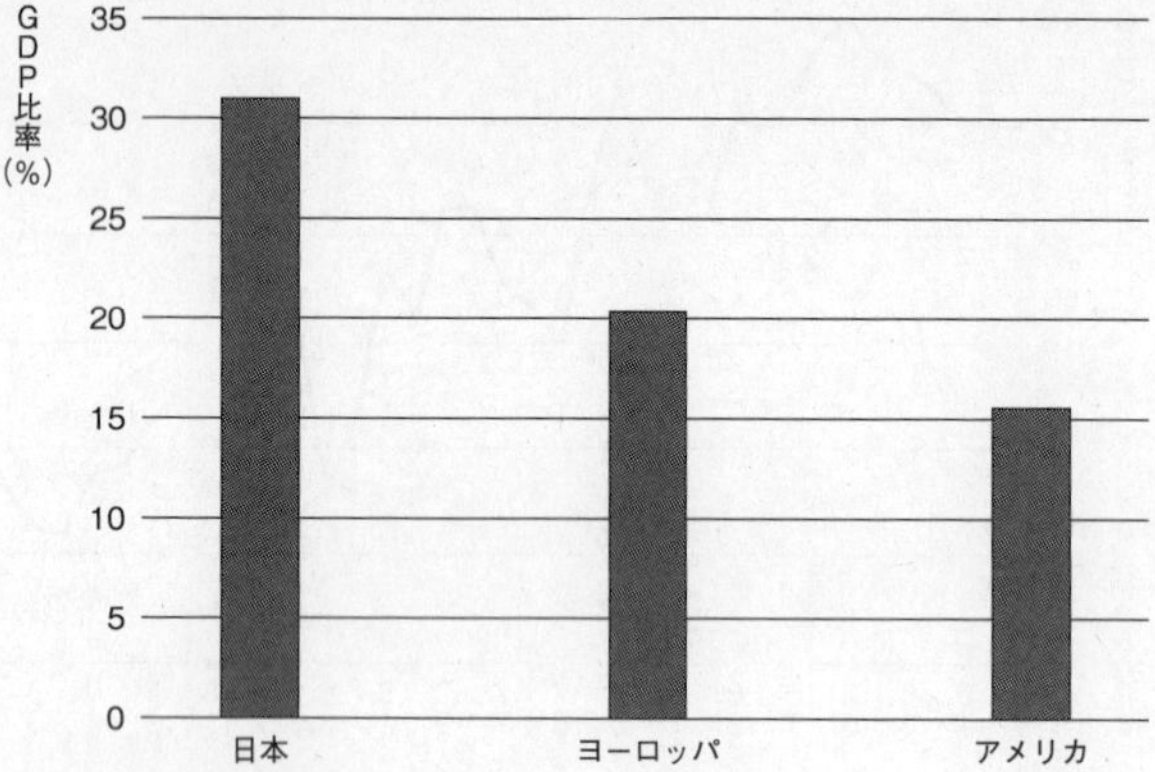

図15● 貯蓄率（95年）　アメリカは、ほかの工業大国より貯蓄する割合がずっと低い。

貿易赤字の裏返しなわけ。

なぜ貯蓄率はこんなに低いの？　理由は2つある。まずみんなも知ってるように(でも一部の人たちはこれも否定しようとするけど)、政府がやっている巨大な財政赤字は、政府が貯蓄を食いつぶす方向(あるいはマイナスの貯蓄)に動いてる。これが70年代後半以来減った分の半分くらいにあたる。もう一つ大きな要因は、世帯の貯蓄率のすごい低下。家族が貯金を減らして消費者ローンを使いまくったもんで、個人貯蓄は記録的な低さになった。

なんで個人貯蓄がそんなに減ったのか、だれもよくわかんないし、それを増やすにはどうすればいいのかも知らない。でも、大事な点は、全体としての国の貯蓄が歴史的に見てすごく低い水準のままだってこと。そしてそのおかげで、巨大な貿易赤字がどうしても発生しちゃう。みんな、貿易赤字は大問題だと思ってるんなら、なぜ貯蓄を増やそうとしないわけ？

答えは簡単で、もう飽き飽きするくらい言い古されてること。総貯蓄をまちがいなく増やすには、財政赤字をなんとかするしかないの。経済学者のなかには、財政赤字を減らしたって総貯蓄は増えないとか言う人もいるけど、でもまともな市民の見方では、相変わらず総貯蓄を増やす絶対確実な唯一の道だもの。なんかエサでつるとか、税制改革とか、その他効くかもしれない手だてはあるけど、でもぜんぜん効かないかもしれない。財政赤字をなくせば、絶対効く。

財政赤字を許しちゃう人たち

財政赤字についての正統派の立場ってものがあるとすれば、共和党内でも民主党内でも、それはここまで書いてきたものだ。つまり、財政赤字は総貯蓄を減らして、それは貿易赤字につながるので、だから財政赤字は削減しましょう、というわけね（両党のちがいは、それをどうやって実行するかって点だ）。

でも、財政赤字をかばう人たちってのが、右にも左にもいるのね。専門の経済学者も政治家の世界も、財政赤字は悪いものだと考えるのが主流なんだけれど、自称専門家たちは精力的に、しかもなかなか嬉しそうに、財政赤字をかばってみたり、あげくに財政赤字はすばらしいなんてことを言い出したりする。

財政赤字は無害——左からの議論

左からの財政赤字擁護論は、いろんな学者やジャーナリストが唱えてるけど、いちばん影響力が強かったのはノースウェスタン大学のロバート・アイズナー。この人はアメリカ経済学会の前会長で、経済学者としてもバリバリの主流派のお墨付きを持ってる。アイズナーの議論ってのは要するに、財政赤字は統計的な錯覚にすぎないってこと。この主張は2つの論点に基づいてるんだ。まずインフレが目に見える赤字を押し上げるということ、そして政府の消費支出と投資支出のちがい。

インフレの話は、例をあげて説明するのがいちばんわかりやすいかな。仮に1兆円の負債をかかえた政府があったとしようか。その利息が4%。だから毎年利息を400億ドル払うわけだよね。

さて、同じ状況だけれど、インフレが5%あったとしよう——そしてインフレはだいたい金利を押し上げるから、金利も9%になったとする。すると利息は年900億ドルになって、政府の赤字は前の例より500億ドル多くなる。

でも2番目の例で、政府は本当に最初のヤツよりも悪いと言えるのかな? 政府自身が使う財やサービスは、ぜんぜん増えてない。そして財政赤字が増えて消費が増えることもない。国債を持ってる人は、もらえる金利が高くても、インフレで債券の価値が下がることでそれが相殺されるのは十分に理解できるはず。

だから、2番目の例で増えた財政赤字は、公共側でも民間側でも、特に消費は増やさないことになる。でも、それは総貯蓄は収入から消費を引いた残りだ。だったら、見た目の財政赤字が増えても、それは総貯蓄を減らしたりはしないってことになる。アイズナーの計算では、このインフレの錯覚のおかげで、今の財政赤字は年１５００億ドルだけど、それは８００億くらい水増しされてることになる。

次にかれは、政府支出のかなりの部分は投資であって、消費じゃないんだという話をする。支出の多くは、道や航空機みたいな寿命の長い資産を作ったりするのに使われてるんだって。政府のこの支出は計算には入れてはいけない、企業の投資経費を利益からさっ引いてはいけないのと同じだ、というのがかれの議論。

ここからアイズナーは、ちゃんと計算すれば財政赤字なんか実は存在しなくて、だから赤字で大騒ぎするのはおよしなさいと結論するんだ。それどころか、アイズナーたちは、本当に有害なのは赤字そのものじゃなくて、財政赤字に対する攻撃なんだという。それが公共の優先順位をゆがめちゃうから。

アイズナーの議論のどこがおかしいだろう。一番の問題は、実際の状況ってもんを無視してるところにあると思うな。

まず、この人の議論が正しいとするなら、15年前はもっとその度合いが高かったはずでしょう。70年代末には、インフレは今よりずっと高かったもん。それに、80年代以降で政府支出をおさえようという努力のほとんどは、ほとんどどう計っても、政府の消費よりは投資のほうをいっぱいカットしたんだぜ――今、インフラが劣化してるっていう不満が多いけど、これを額面どおりにとれば、ひょっとしたら政府投資はマイナスになってるかもしれないくらい。

すると、アイズナーの説に沿って計算すれば、ジミー・カーター政権下では連邦政府は、巨額の財政黒字だったってことになるの⁉　計り方をどうするかなんてのは大事じゃない。大事なのは、だれがどう見ても連邦政府が80年代には赤字に向かって派手に移行して、総貯蓄の減少をもたらしたってことだけじゃん。

そしてここから、アイズナーの議論への2番目の批判が出てくる。財政赤字なんか実はないのかもしれないけど、でも巨額の貿易赤字は絶対にあるでしょう。この赤字をなんとかするには、総貯蓄をふやすしかない――そしてそれを確実にやるには、手持ちのツールとしては財政赤字をなくすしかない。だから貿易赤字が心配なら、物差しを変えて財政赤字がないことにできたとしても、それがどうだっての？

財政赤字は無害――右からの議論

左派の一部は、本当に財政赤字があるってことを否定してる。一方の右側では、影響力の強い経済学者集団が、財政赤字なんかどうでもいいという議論を展開してる。この集団のリーダーはハーバード大学のロバート・バロー。学問的権威からいえば、アイズナーをも上回ると言ってもいいくらいかな。バローとその支持者は、政府が破産するおそれがない限り——そしてそんな恐れはまずない——赤字の規模なんかどうでもいいんだ、と主張してる。

バローの議論は、こんな例を使うと説明できるかな。仮に連邦政府が、今年はみんなの税金を下げると宣言したとする。その分の歳入減は一年物の債券を発行して穴埋めして、来年になったら臨時の増税をして債券の償還にあてる、と説明する。これは消費者の消費にどう影響する？

バローの議論では、何の影響もない。みんな、今年の手持ちが増えても、来年の手取りは減って帳消しになるのがわかるし、だから来年の高い税金を払うのにちょっと貯金がいるなってのもわかる。だからバローに言わせれば、今年の減税分はほとんど全部貯金にまわされる。連邦の財政赤字も増えるけど、でも貯蓄も増えるから、総貯蓄はぜんぜん変わんない。

この例を拡大解釈して、バローとその支持者たちは税率を変えても国の総貯蓄には何の影響もないんだ、と主張する。いま政府が税金を上げても、政府の負債が減った分は後で減税として返ってくるんだから、みんなは今の消費を切りつめたりはしない、と言って。

じゃあ、政府が何やっても民間消費は変わらないってこと？　そんなことはない——でも問題なのは政府がどれだけ使うかであって、どれだけ税金を集めてくるかではない。政府が新しい支出計画を導入したら、みんなこれで払わなきゃならない税金が上がるなってことに気がつく——今すぐにでなければ、後で利息つきで支払うんだ、と。だからみんな、すぐに消費を切りつめるだろう。要は、政府のやることが大事じゃないという話じゃなくて、税金を今取るか、後になって取るかという判断、財政赤字にするかすぐに増税をするかという判断が、基本的にはどうでもいいんだ、ということ。

こういう財政赤字の見方はえらく抽象的なんだけれど、経済理論をメジャーにするための2つの条件をこいつはそろえてるんだ。まずこれは、プロの経済学者の直感にすごくアピールするものがある。みんな、合理的な経済行動という仮定をとことんまでつきつめたがるからね。第二に、これは政治的に利用できる。バローの見方は、学問の世界の支持者がどんなに正直に掲げてみせたところで、ホワイトハウス共和党政権の赤字記録を正当化するようにどうしても使われちゃうんだ。結果として、バローの見方は非常に真剣に取りざたされるようになった。同僚たちからも、頭のいい保守派の連中たちからも。

しかしまことに残念ながら、80年以降のアメリカの実績を見ると、バローの見方を実証するようなものは何一つないの。レーガン政権が減税しつつ、総支出はそのままにしといたら、民間貯蓄は増えなかった——逆に減っちゃった。さらに、バローの理論が成り立つには、今の政府支出が将来の税金にどんな影響を与えるか、ごくふつうの世帯がむちゃくちゃよく知ってて、合理的な判断ができなきゃなんない——それも、ちょっとありえそうにないくらい正確に。アメリカの一般市民のうち、連邦政府予算の中身についてまともに知ってる人がどんだけいるってのさ。ふつうのアメリカ人が、連邦予算が残り一生にわたる自分の税率にどう影響するか、まともな予測がきっちりできるという考え方は、ちょっとマジには受け取り難いよね。

実際には、バローの見方がワシントンの政権の場でそのまま述べられることはあまりない。でも、財政赤字が本当に深刻な問題なのか、疑問視する風潮を保つという点で、すごく重要な役割を果たしてる理論ではあるんだ。

財政破綻の問題

90年初期まで、財政赤字をなんとかしろという声は、もっぱら赤字がアメリカの総貯蓄に与える影響という範囲の話におさまってた。みんな、アメリカの財政破綻の心配なんてあまりに非現実的だから、いま考える必要なんかないのがあたりまえだと思ってたから。でも、ここ数年で議論の風向きがだんだん変わってきた。年を追うごとに、心配人たちの話題は赤字のマクロ経済への影響から、アメリカ政府が長い目で見て借金を払いきれるのかなという点に移ってきた。

額面だけ見ると、この財政破綻の話はずいぶんおかしなものに見えるかもしんない。GDP比で見た財政赤字は90年代半ばにかなり下がって、70年代並みの水準にまで下りてきた。GDP比で見た政府負債総額は、80年代に倍増したんだけれど、最近はそののびもずいぶん下がってきたし、今じゃほとんど横這いで、アイゼンハワー時代のアメリカでもぜんぜん問題なかったくらいになってる。何をまた心配してるんだろう?

答えは、巨大な進軍が続いてるってことなの。ベビーブーム世代――第二次大戦終戦から50年代後半までに生まれた巨大な世代——が歳をとってきてる。2007年にはその一部が62歳になって、早めに引退する。2010年に、最初の一団が標準引退年齢の65歳になる。その後は、人生の黄金期を楽しむアメリカ人の数はどうしようもなくふくれあがって、2020年あたりにピークを迎える。

この高齢化は、巨大で予測可能な財政問題をつくりだす。連邦政府ってのは、要は勤労世代から税金をしぼって、そのあがりを引退者の年金に使う装置なのね。こう断言しても、ほとんど誇張とは言えないくらい。数字はもう明々白々（図16）。連邦予算の6分の1強は国防費にいく。それよりちょっと少ないくらいが、国債の利息を払うのに使われる。そして総額のちょうど半分くらいを占めるのが、たった2つのプログラムだ。高齢者に所得をあげる社会保障、そして医療費を出してあげるメディケアだ。

原理的には、社会保障もメディケアも、民間の年金と同じ方式で運営されてる。みんなは働ける間にお金を積み立てる。そしてあとで見返りをもらう。でも現実には、どっちのプログラムもほとんどの人たちに、かれらが積み立てたよりもずっと大きな見返りを約束してる。なぜそんなことができるのかって？　人口増加の魔法ってヤツ。話を簡単にするため、人が2時点しか生きない世界を考えてみて。最初の時点では、みんな働いて社会保障費を払う。そして第2の時点では、社会保障を受ける。そして仮に人口が安定して成長してて、各世代が前の世代よりも、たとえば人口3割増しとかになるものとしてみてよ。するとその時点の実入りを支払いにあてるシステムで社会保障システムを動かせば、

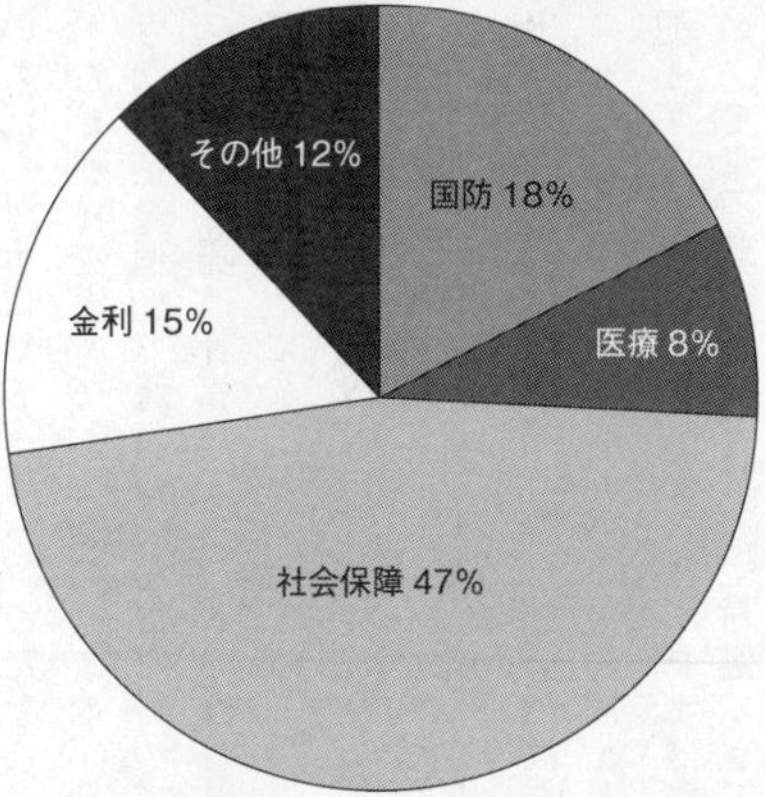

図 16●財政支出の構成　連邦支出のかなりの部分は、国防、社会保障、国債の利払い。だから支出総額を大きく減らすのはほとんど無理。

社会保障庁は各世代が払ったより30％増しの年金を支払えることになる。第2世代の払いこんだお金を第1世代の年金支払いにあてて、第3世代の支払いを第2世代の年金に、というのを続ければいい（それどころか、もっとうまい話だってある。もし平均賃金が上がってるなら、各世代は数が増えるだけでなく、親の代よりたくさん稼ぐことになるから）。労働年齢人口が安定して増えてってくれる限り、これはいつまでも続けられる。

残念ながら、アメリカの労働年齢人口は安定して増えてってはくれてないんだ。60年代後半から80年代初期までは急増した。これはベビーブーム世代が成長してきたから。その後は、成長ががくんと落ちてきてる。そしてベビーブーム世代が引退しはじめると、社会保障やメディケアに積み立ててる人の数はじり貧で、受け取り側は爆発することになる。結果が財政危機なのは、もう完全に見えてんの。

危機ったって、どのくらい？　これを数字で見せるやり方はいくつかあるんだけれど、いちばん派手にやるんなら、こんなことを考えてみてほしい。何百万人もの人たちに、十分な準備金をとっておかないままで年金や医療を約束することで、連邦政府は実質的に大きな借金を追加で背負い込んだんだってこと。これは通常の予算にはあらわれてこない。でも、実際に計算してみた人のほとんどは、この隠れた借金は今の目に見える借金と同じか、それ以上になると考えてる。最近の試算によると、アメリカ政府の本当の借金は、社会保障とメディケアまで含めると、ＧＤＰの１４０％くらいなんだって。

つまりホントのところ、ぼくたちは第二次世界大戦の終戦時よりも借金漬けになってるってこと。そしてもしこの借金が表に出ていたときに払うはずの利息まで考えると、ホントの財政赤字は、新聞で読む額の倍はあることになる。

もちろんアメリカは、第二次大戦を戦うために必要な巨額の債務には、かなり上手に対処してきた。現状に対しても、同じくらいうまいこと対処できない経済的な理由なんかない。でも、現実問題として、対処できてないの。終戦直後の数年、政府は大幅な財政黒字になってた。それ以降は、だいたい、収支とんとんでやってきた。だから、債務額はだいたい一定で、ＧＤＰは成長したから債務の占める割合もだんだん低下してきたってこと。

でもこれに対して90年代半ば、連邦政府は巨額の赤字を垂れ流し続けてる——しかも隠された債務の利息まで考えれば、その額はもっと大きい。

あるいは、もっとストレートな言い方をしてみようか。経済の未来について言えるどんなことよりも確実なのが、今から15年したら、政府の支払い義務はその課税ベースにくらべてすごく増えるってこと。計画のしっかりした締まり屋なら、その日のために貯金するだろう。財政黒字にして、今のうちに払える借金を返しといて、うまくすれば準備金を積み立てておくだろう。ところがぼくたちは、借金ばっかどんどん増やしてますます債務漬けになってる。まあどう考えても、信じられないほど無責任だよね。

でも、ベビーブームが財政を直撃するようになったら、実際問題として何が起きるの？これはなかなかむずかしい質問。一つの可能性は、年金と医療費を払うために、ものすごく税金を上げるというもの。だいたいの試算では、十分なお金をつくるには連邦税が今の50%増しにならなきゃなんない。これは政治的に非難ごうごうだろう。

あるいは、政府は退職者たちへの約束を反故にするかもしれない。今の法律で決められたより、ずっと少ない額しか支給してあげないわけ。これまたすごい政治的な危機を引き起こすだろう。

最後に、政府は現金不足を、別の約束を反故にすることで解決しようとするかもしれない——国債の所有者に対し、満期になったら元利をちゃんと支払うという約束を破るってこと。でも、もちろんながら、アメリカに限ってそんなことするわけない……よね？

どれを見ても、おっかない見通しでしょ。危機はまだずっと先のことではある。でも、その危機までの時間は、アメリカが巨額の赤字を垂れ流しはじめた80年から現在までの時間よりは短くなってるんだぜ。

赤字が総貯蓄を足りなくする原因になってるというのは、みんなが心配してることだ。はやいとこなんとかしないと国の返済能力も危うくなるぞ、というおそれも拡大してる。だったら、さっさと財政赤字を解消しなきゃ、というのはすでにだれもが同意してることだと思うでしょう。そして確かに、政治家のほとんどは、すぐにでも財政赤字を解消しましょうと口では言う。だったらなぜそれが実現しないんだろう。

身動きとれない財政赤字

財政赤字解消がむずかしいのは、別に不思議でもなんでもない。税金集めと支出の現実を見れば、ほとんどすべての犠牲は中流層が背負い込むしかないのは明らかなんだ。でも、こういう有権者のほとんどは、この事実を認識してもいないし、受け入れてもいない。そしてこれを説明する責任を果たそうとする政治家も、ほとんどいないからなんだ。

赤字解消には、連邦政府としては支出をカットするか、税金を上げるか、その両方をやるかしかない。というわけで、帳簿の収入側と支出側をそれぞれ順に見ていこう。

すでに見たとおり、国防費と債務の利払い以外の連邦支出となると、総額の半分くらいはメディケアと社会保障にいってる。どっちも要するに、中流層の引退者にメリットを提供するものだよね。さらに、それ以外のかなりの部分は、ほとんどの有権者にとってまったく異論のない人々に支払われる。退役軍人の年金とか、政府の年金とか、失業保険とか、大学補助や進学ローンとかね。

さらに、大きな部分がだれもカットしたくないような連邦サービスに向けられる。航空管制や警察、医学研究。なしではやってけないようなサービスもある。外国の大使館を維持する予算とか。

すると残ったのは？ 一般国民が大嫌いな予算はある。海外援助なんかそうだ。でも、こういうのって普通の有権者が想像するよりずっと少額なんだよ（95年の世論調査では、有権者たちは平均で、連邦予算の15%が海外援助に使われてると思ってた。でも実際は1%以下）。経済学者たちがムダだと考えてるような支出はある。農業補助なんかだ。でもこういうのだって、絶対額で見れば高価ではあるけれど、連邦予算のほんの数%でしかない――しかも支持者がすごい政治力を持ってる。それ以外のまとまった支出ってと貧乏人援助しかない――扶養児童のいる世帯に対する援助3つと、フードスタンプ[15]、メディケイド。

貧乏人向けの援助をカットして、財政赤字をなくす手はあるかもしれない。そして第3章でも指摘したけど、96年に、貧乏人向けのプログラムはすごく派手に切りつめられた。でも、貧乏人への支出ってのは、もともと中流層の国民が想像するほど大きなもんじゃないんだ。この手の援助を全部なくしたって、連邦の赤字を解消するにはほど遠い。96年の削減は、大鉈振るいではあったけど、でも節約できたのは年間たった100億ドルほど。赤字問題総額から見れば、ほんのおやつ代ね。

つまり現実問題として、支出を減らして赤字解消するには、主に中流層のためのプログラムに手をつけなきゃならないってことだ——特に社会保障、そしてメディケア。じゃあ税金は？　こっちの話はもっと簡単。貧乏人は金をほとんど持ってないので、税金を増やしても払えないのね。金持ちからはもっと税金をしぼり取れるけれど、これにだって限界はある。政府が「累進」税率を上げすぎたら——というのはつまり、その人が稼いだ最後の1ドルからあまりにたくさん持っていったら——これは働く意欲や、貯金して投資しようという意欲をすごく下げちゃう。そして増税分の負担が高所得世帯にいくようにするには、収入にしたがって税率を上げる、つまり累進税率を上げるしかない。

実際、ロナルド・レーガンは、累進税率を下げることを重視して、金持ち世帯の税率をかなり下げた。93年にビル・クリントンは、レーガン減税の一部を戻し、金持ちの税率をだいぶ上げた。多くの経済学者は、この先3年の財政赤字低下の原因の一つがこの増税だと評価してる。

でも、クリントン増税で、最高ランクの連中の累進税率は40％になった。増税を支持してた経済学者でも、これ以上上げたら悪影響が出ると心配してる。

これがどういうことかといえば、これ以上の増税は、金持ち層だけを狙い撃ちするわけにはいかないってこと。まともな支出削減と同じで、増税も大部分が中流層にふりかかってくるしかない。

要するに、財政赤字をなくす提案をまともにすれば、どうしたって有権者の多く、いやほとんどに、大幅な犠牲を強いるものになっちゃうってこと。不思議に思えるかもしれないけれど、これをちゃんと認めた政治家ってのはほとんどいない――そして、財政について正直にものを言った政治家は、ほとんど例外なしに怒れる大衆によって、落選させられちゃってるんだぜ。

8 激闘！連邦準備銀行[16]

連邦準備銀行は、ワシントン官庁街のど真ん中にある。国務省からは徒歩3分、ホワイトハウスから徒歩10分。でも心理的には、ここはまったくの別世界。ホールに群れなすロビイストもいないし、テレビ局が外で張ってたりもしないし、「シャッターチャンス」なんてのもない。ここの高官は、連邦官僚の同じ地位の連中よりも高い給料をもらっている。回転ドアもない。ほかの官庁のトップ4ランクの役人は、政治的な指名でほんの短期間だけ就任するんだけど、連邦準備銀行は、この道一筋の専門テクノクラートで上から下までびっちり固められてる。まじめな場所だよ。ほかのアメリカの経済政策機関とは、雰囲気からしてぜんぜんちがう。

そしてここは文句なしに、アメリカでいちばん強力な経済機関なんだ。

連邦準備銀行って何するところ？

連邦準備銀行は、イギリス人が Quango——準非政府機関（Quasi-non-governmental

organization）と呼ぶものだ。組織も複雑で、連邦政府と、会員の民間銀行との間で権力が分かれるようになってるので、実質的には長期で任命される運営理事会が、かなりの部分はやりたいようにできる。

連邦準備銀行の力は、アメリカのいわゆる「ベースマネー」——国民が持ってる現金と、銀行が預金のバックアップで持つ必要のある準備金の合計——の供給をコントロールできるところにある。銀行は、自分の準備金を現金として引き出せるし、あるいは現金を連邦準備銀行に預けて準備金を増やすこともできる。でも、ベースマネーの総額は、準備銀行が動かない限り変わらない。

金融システムからベースマネーを出し入れすることで、準備銀行は経済にものすごい影響力を及ぼせるんだ。たとえば、準備銀行がベースマネーを増やしたとしよう——これは、選ばれた銀行群から国債を買うことで実現するのがふつうだ。[17] するとこの銀行たちは、法律で決まっているより多くの準備金を持ってることになる。するとその分を銀行は貸し出して、出回ってる資金を増やして金利を下げる。

さらに、こうして貸し出されたお金のほとんどは、金融システムの中で預金されることになる。これをもとに第2波の融資が行われて、そこから第3波、という具合。結果として、連邦準備銀行がベースマネーを注入すると、それが何倍にも効いてきて、経済全体の資金を増やすんだ。

資金が増えて金利が下がると、これがまたいろんな方法で経済を刺激することになる。

住宅着工数が上がるし、ドルが下がるし（そして輸出が刺激される）、企業投資が増えるし、消費者ローンも受けやすくなる。

逆に、連邦準備銀行が経済からベースマネーを引き上げると、これが逆に働くことになる。資金が縮小して、経済全体の手綱が引かれる。

連邦準備銀行が経済をコントロールする能力で、すごく大事な点は、それがきわめてすばやくて、まったく機械的にできるってことだ。ほかの経済政策は、時間もかかるし法律も必要だったりする。税制の改革や公共事業は、編み出すまでに何年もかかる。ところが連邦準備銀行は、すぐにでも経済を不景気から引っぱり出せるし（そこでヘマをすれば）インフレ性の経済過熱も引き起こせる。過熱した経済を冷やしたり（逆のヘマをやらかせば）不況をつくりだせる。これに要するのは、ニューヨークの売買デスクに売り買いの指示を一本出すだけ。

連邦準備銀行は、この力をどう使うべきなの？　あそこの職員がいつも使いたがる答えというのは「慎重に」というもの。つまり、連中はあまり口出しされたくないんだ。決まった目標やガイドラインなしに、ちゃんと正しいことをすると信用してほしいわけ。そして今のところ、かれらはそういう立場にある。でも、それが失われる可能性だってある。そして連邦準備銀行が独立を維持しようとする闘争は、アメリカ経済の隠れた物語の一つなんだ。

マネタリスト、コガネ虫、合理的期待形成

連邦準備銀行も、アメリカ全体と同じくベトナム戦争で大きな打撃を受けた。でも、ほかとはちょっと話がちがっていた。準備銀行の罪は、銃とバターを両方ともモノにしようとリンドン・ジョンソン大統領が決意したときに、仕事をちゃんとしなかったことなんだ。資金を引き締めて経済が過熱しないようにするはずが、金利を下げておこうとした。結果として60年代後半にはインフレがだんだん加速してきて、ほとんどゼロから、年率4〜5%にまでなっちゃった。とはいえ、これは今日なら安定のうちに入る水準でしかないんだけれど。

第1次ニクソン政権の頃に、インフレをおさえようといい加減な努力をしてから、連邦準備銀行はもっとまずいことをやらかした。72〜73年にかけて経済が急速に拡大するのを許しちゃって、これが需要側からのインフレ圧力を生み出した。まさにそのとき、賃金と物価をおさえようという試みが崩れて、それが原油価格の高騰とあわさって、供給側からもインフレに大プッシュがかかった。その結果、アメリカは南北戦争以来最悪のインフレに突入。

もっとひどいことに、連邦準備制度理事会の議長アーサー・バーンズが、リチャード・ニクソンの再選を確実にするため、インフレの危険をあえて冒したんじゃないかという疑念がかなり濃厚にあるんだ——裏付けの確固たる証拠は何もないけれど、それでも連邦準

備銀行の長い記憶にどうしてもつきまとう疑念ではある。

インフレがまたもやわき起こった79年、連邦準備銀行の信用はかなり失墜した。やがて準備銀行は、自立性を奪おうというういろんな提案に直面することになる。この試みは、連邦準備銀行の立場から見て非常にヤバかった。独立運営の準備銀行に反対する一派が、学問的にもすごく実力をつけてきてたんだ。

50年以来、シカゴ大学のミルトン・フリードマン率いる通称マネタリストたちは、連邦準備銀行は金融政策なんかたてないで、もっと単純な金融法則にしたがっていればいいんだ、と主張し続けてきた。

マネタリストの議論の要点はつまり、連邦準備銀行の慎重な政策というのは、実は経済を不安定にしてるんだ、というもの。アクセルとブレーキを交互に思いっきり踏んでる運転手みたいなもんだ、というわけ。フリードマンは、経済をクルーズコントロールにのせたがった。

マネーと収入の関係を歴史的に調べた結果、フリードマンはこんな結論を出した。連邦準備銀行は、マネーサプライを一定の割合で増やすと保証すればいい、と。たとえば毎年4%で増やすことにすれば、経済全体も安定してインフレなしで成長するだろう。50年代から70年代末にかけて、フリードマンの議論はだんだん賢い意見の中に根をおろすようになってきて、異端視された偶像破壊者の地位から主流派の見解にまでのしあがった。

フリードマンに続いて、コガネ虫たちがやってきた。これは保守ジャーナリストや政治家集団で、その学問的裏付けを供給していたのがコロンビア大学の聡明かつエキセントリックなロバート・マンデル。コガネ虫たちは、フリードマンの提案する固定したターゲットでさえ手ぬるいと主張した。本当にしっかりした金融政策は、お金を客観的な外部の基準に結びつけないとダメ、というわけ。その基準は、たとえば金。[*18]

30年代に、ジョン・メイナード・ケインズは金の金融的な役割について「野蛮な遺物だ」と言って一蹴した。でも80年代までに、金本位制への復帰はなかなか真剣に扱われるようになってて、ビル・ブレイディ上院議員(ニュージャージー州民主党)とジャック・ケンプ下院議員(ニューヨーク州共和党)の共同主催によるお祭り会議シリーズまで開かれるようになる。

マネタリズムの完全採用、あるいはそれ以上に金本位制の復活は、連邦準備銀行の独立性をほとんど奪うことになるし、その機能も経済政策立案から、もっと狭いこまごました話に限定されちゃう。そしてもちろん、それが狙いなんだよね。マネタリストもコガネ虫たちも、その理論的な根拠を合理的期待形成という影響力の強い教義においていたんだ。おおざっぱに言ってこの教義は、インフレは将来のインフレ期待を通じて自己増殖すると主張する(これは経済学者の共通の見解)。そしてそれに加えて、インフレに対応しないという金融当局の決意が、国民に信用してもらえれば、インフレはすぐに何の苦労もなく治療できると主張してる。これの支持者にいわせると、連邦準備銀行の手を縛っちゃえば――厳しい金融ターゲットや、金本位制ならなおよろしい――ほとんどすぐにでも物価は安定して、不況なんかぜんぜん起きないよ、ということになる。

連邦準備銀行の職員は、マネタリストだったことはないし、まして金本位制支持者だったことなんか一度もない。自分たちの高度な判断はどんな機械的なルールよりうまく働くと常に信じてきた。でも79年にインフレが2けた台に突入すると、かれらとしてもアメリカに自分の能力を納得させるのはむずかしくなってきた。

そして連邦準備銀行が、やっぱり自分たちがいちばんよくわかってるぜ、というのを国民に示すまでの最終的な成功物語は、「柔道政治」——敵の力を利用して勝つ——のみごとな実例だった。

ヴォルカーの勝利

79年10月、連邦準備銀行はポール・ヴォルカーの指導のもとで劇的な発表をした。今後は、通貨総量（monetary aggregates）の目標値達成をいちばん重視した活動をする、と宣言したの。公式には、マネタリズムが勝ったみたいに見えた。[19]

3年後、準備銀行はその年の通貨総量のターゲット達成をしないと発表。そしてその後も毎年、同じ発表を続けたので、ターゲットはだんだん無視されるようになってきた。というわけで連邦準備銀行がマネタリストだったのは、3年弱ってことになる。

振り返ってみると、何が起きたのかははっきりしてると思う。連邦準備銀行は、マネタリストになったりはしてなかったんだ。でも、インフレに対して大勝利はおさめる必要があった——経済自身のためにも、自分の大事な自主独立を護るためにも。さらにかれらは、インフレに対する勝利は安上がりではいかないのもわかっていた(準備銀行には、合理的期待形成のお仲間もほとんどいない)。確実な唯一の勝利は、かなりの不景気を必要とする。問題は——連邦準備銀行としては、どうやってこんな苦い薬をのめと国に納得させられるだろうか?

その完璧な答えがマネタリズムだった。連邦準備銀行は「30年代以来最悪の不景気にアメリカをたたきこんで、失業率と過剰設備のためにインフレ率が下がるようにするつもりです」なんて言ったことはなかった。単に、批判を受け入れて金融ターゲットを設定しただけだった。

ところが偶然にも(ウソ)、このターゲットを達成しようとすれば、経済をぎゅうぎゅうしぼることになるんだ。でも、だれも連邦準備銀行のことを悪くは言えない。だって、いちばん声高な批判論者たちの主張どおりのことをしてるだけなんだもん。

82年の夏末には、インフレもおさまっていたけれど、不況が底なしになりつつあった。そして第三世界の債務危機がいきなり登場して、金融カオスのおそれも出てきた。それで何が起きたか? 連邦準備銀行はマネタリストの仮面を脱ぎ捨てて、能動的で慎重な政策に復帰したわけ。マネーの蛇口が開かれ、経済は急速に回復に向かった。その後、連邦準備銀行は好き勝手に微調整もできた——インフレが再燃するのをおそれたら、マネーサプライの手綱を引いて、回復が遅いなと思ったらもっと注入。つまりは、かれらは自分たち

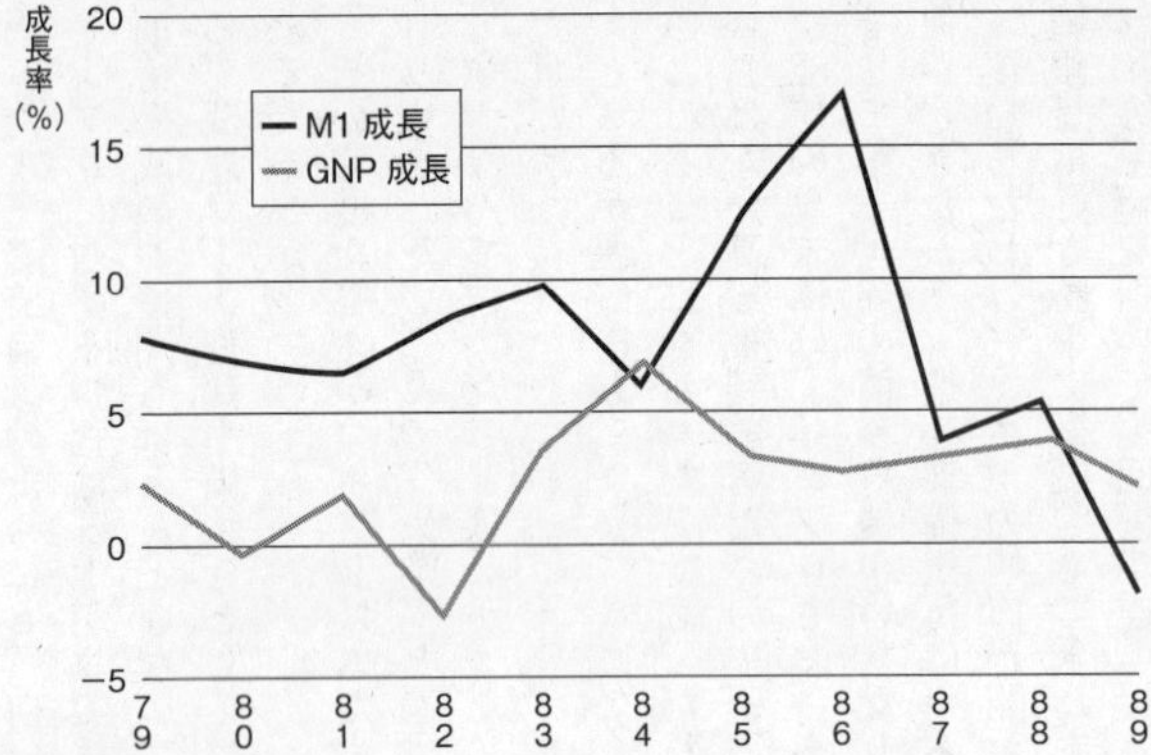

図 17● マネーと GNP 成長　マネーの増減は、82 年にアメリカがマネタリスト的な方針を捨ててからすごく派手にふれた。でも、産出もインフレも、えらく安定していた。

がいちばんよくわかってるんだというもともとの立場に戻ったわけだ。ほかのだれかのルールなんかに縛られないほうがいい、というわけ。

連邦準備銀行の長期的な独立が大事だと思ってる人たちからすれば、この結果は願ったりかなったり。インフレに対してそこその勝利をおさめたことで、国として金融政策への信頼が回復したでしょ。そして不景気の苦しみは、経済が回復してきたらすぐに忘れ去られた。

ホワイトハウスからたまに横やりは入るけど、でもレーガン政権やブッシュ政権はあまり文句を言える筋合いでもなかった。不況の苦しみはレーガン政権第1期のごく初期のことで、回復もすぐにやってきたから、84年の選挙でレーガンは大勝利。それが続いてくれたから、4年後にはブッシュも大統領の座におさまることができたんだぜ。

マネタリストの観点からすれば、82年以降の連邦準備銀行の政策は、最低最悪といってもいいくらい。マネーの成長はコロコロ変わって、ときには2けた増に、ときにはマイナスになってる。ターゲットを廃止してから何年かは、マネタリストたち——特にフリードマン——はしょっちゅうインフレ加速による大惨事やものすごい大不況を予測してみせた。金融政策が不安定だからといってね。でも、実際の結果はみごとなほどスムーズだった。インフレ率もGNP成長も、80年代後半には久しくないくらい安定してたんだよ。

マネタリストたちはまだいるけど、もう遺物みたいな感じ。ミルトン・フリードマンの大災厄予測は、最初はまじめに受け取られ、それからバカにされて、ついには無視されるようになった。金本位制は今でも『ウォールストリート・ジャーナル』とは仲がいいけど、それ以外の支持者はほとんどいない。結局、80年代末の時点で、連邦準備銀行は思惑どおりの立場にいたわけ。独立して、信頼され、あまり細々指図を受けない立場に。

90～92年の不況——準備銀行の不手際

連邦準備銀行にとっても、またアメリカにとっても残念なことに、圧倒的に有能だっていうこの機関の評判は、90年代頭には無傷ではいられなかった。ここの運営理事たちが計算ミスをいくつかやらかして、アメリカ経済はつらい不況に陥っちゃったんだ。倒産した企業や失業もさることながら、この不景気はまたもや連邦準備銀行の自立性を取りあげろという動きに結びつくことになる。

90年に生まれたこの不況は一瞬で拡大したんだけれど、その理由について経済学者たちはまだちょっと戸惑っている。特に、消費者の不安がなぜいきなり広がったのかがわからない。まるでアメリカ人たちが、80年代が終わると同時に過去10年を振り返り、あれはよくなかったというので、ちょっとそろそろ控えめにしようと思った、とでもいう感じ。

それでも、連邦準備銀行はものすごく強力な政策ツールを持ってるし、それを使うにあたっての裁量も大きい。なんでさっさと不景気を終わらせられなかったわけ？

答えその1は、不景気の初期に連邦準備銀行の頭がよそを向いていたということ。80年代末には、保守派経済学者とその議会でのお仲間たちが、アメリカの経済政策としてインフレはそこそこにおさえるだけじゃなくて、完全にゼロを目指さなきゃダメだとしきりにアジってたの。連邦準備銀行は、インフレに対する全面戦争をもう1回やるのは気が進まなかったけれど、でも少し失業率を上げるのは考えてみてもいいと思っていた。これは特に、準備銀行の職員（そして独立派の経済学者たち）が、89年のすごく低い失業率はちょっとNAIRUを下回ってると思ってたから。

当時、準備銀行のあるエコノミストと話していたときに出てきたせりふだけど、「不景気を故意に作ったりはできないけど、でも成り行きで出てくる小さな不景気は、なるべく利用したいよね」というわけ。この態度のおかげで、連邦準備銀行としては、生じつつある不景気がそんな小さなものじゃないことがわかってきたときにも、すばやい対応がしにくかったというのはあるだろうね。

そして、経済を刺激しようと努力を始めたときにも、繰り返し金利引き下げの効果を過信しすぎて、不景気にはずみがついてもずっと後手にまわってた。後知恵ではあるけれど、連邦準備銀行の影響力が通常あらわれるようなところが、一部は80年代の名残で詰まっちゃってたのがわかる。金融政策は、資金の拡大を通じて効果が出てくる。でも銀行の多くは、80年代に貸出が増えすぎてて、もっと慎重な貸し手になるように監督官庁から圧力を受けてた（第12章参照）。金利にいちばん敏感な産業は、商業不動産開発だ。でも80年代の甘い見通しによるバブルのおかげで、オフィスもショッピングセンターもすごく余っていて金利カットに反応しなかった。

とはいっても、連邦政府が影響力をすべて失ったわけじゃない。金利引き下げは、債券市場を通じた借り入れを増やしたし、新しい住宅を買うのも増やしたし、いろんな影響を与えた。でもここで言いたいのは、不景気が拡大するにつれて、連邦準備銀行の金利カットはいつも少なすぎて遅すぎたってこと。

最終的には、いつもながらの政策ツールがいつもながらの効果を発揮した。産出は91年半ばに底をうった。最初は成長が遅すぎて、まだ失業率は上がった。これは生産性が妙に上がったせいもある。でも92年末には、文句なしの回復がやってきた。

ケチな連邦準備銀行

92年の末にはじまった経済の回復は、80年代末の雇用状況をかなりすばやく解決してくれた。96年には、経済には1000万の職が加わって、その夏の失業率はたった5・3％。92年のピークでは、7・7％もあったんだぜ。雇用の回復があまりに力強く進んだもんで、連邦準備銀行としてはかなり早い段階で、インフレの復活を心配するようになってた。94年には、経済の過熱を防ぐように一連の金利引き上げを実施。

実際のインフレは低いままだったのに、こんな予防の一撃をくらわしたもんだから、ビジネス界の人たちはみんな怒ったし、この怒りをあおってたのは、一部の経済学者によるこんな議論だった。連邦準備銀行がインフレをこわがるのは時代遅れだ、というんだ。特にMITのレスター・サローは、インフレは「死火山だ」と宣言。

この批判をさらに裏打ちしてたのが、回復はしてても経済成長がまだまだ不十分だという印象だったのね。92年から95年にかけて、成長率は年3％以下。96年には、これが2％よりちょっと多いくらいにまで下がった。ビジネス界やメディア業界の批判者は、連邦準備銀行はもっと高い成長率を目指せと主張した。影響力の高いニューヨークのファイナンス屋で物知り屋さんのフェリックス・ロハティンは、今後10年で年3・5％から4％を目指すべきだと論じている。

でもほとんどの経済学者は、この手の成長イケイケ論的な立場は、簡単な算数であっさり粉砕できると思ってる。92年から96年までの成長はかなり低かったけど、それでも失業率は2％以上も下がったわけだ。もし経済が、たとえばこの先4年間でずっとはやい成長をしたら、それにともなって失業も同じくらい派手に下がるという結論は、ちょっと避けがたいよね。

さて92年の失業率はたった5・3％。ロハティンが言ってるような成長を準備銀行が目指しても大丈夫と思うんだったら、その人は失業率が3％以下になってもいいんだと思ってることになる——これは96年の実績よりずっと低いし、それどころかベトナム戦争のさなかの数字よりも低いことになる——しかも、インフレ圧力なしで（もっといえば、もしロハティンの数字をマジに受け取るなら、この人は失業率がマイナスになれると思ってるらしいんだよね）。だから、こんな提案を支持したいと思う人はあんましいなかった。

成長一派は、この算数にまともに反論する気はあまりないようだけれど、でもなぜもっと高い成長率を目指しても大丈夫なのかについて、かれらなりの議論は出してきた。たとえば『ビジネスウィーク』は、こんなことを書いている。「弊誌『ビジネスウィーク』は、一貫した成長支持の立場を強く推してきた。アメリカの生産性は政府統計の数字より高く、インフレ率も実はずっと低いというのがわれわれの信念である。経済のグローバル化により、企業の価格決定力は大きく制限されている。こうした企業は、現在の大競争時代の実状のもとでは利益を生むためには価格ではなく効率を上げるしかないことをよく認識している。つまりわれわれは、インフレをあおることなく2％以上の成長率をアメリカが達成できると確信している」。

この議論をもっともだと思う人は多かった。でも、ちょっと考えてもらえば、これがまったくのナンセンスなのに気がつくはず。

まずは、真の生産性成長が、政府発表のがっかりするような数字よりずっと高いんだという話を考えてみよう。この主張が怪しく思える根拠はいろいろあるんだけど――ビジネス界の生産性のお題目のほうが、実際の成果をかなり上回っちゃってることを示す証拠はいくらでもある――でも、仮にこれが事実だったとしてみよう。それでも、拡大指向の金融政策や、もっと高い成長率目標を設定する理由なんかにはぜんぜんならない。なぜかって？ だって、成長率の推計と、生産性の推計は、同じデータをもとにしてるんだもん。

もし公式数字が、アメリカの経済が年率2％でのびてて、生産性はたったの1％しかのびてないと示してたとする。そしてだれかが、実は生産性ののびはずっと高くて、そうね、年率2・5％なんだと思ってたとしようか。そしたら、その人はそれと同時に、真のGDP成長率もまったく同じだけ高いと思わなきゃなんないの――だからこの場合は、3・5％成長だってこと。だから、連邦準備銀行がもっと高い成長率を達成してないなんて、文句は言えないんだよ。その成長がすでに達成されてると思ってなきゃなんないわけだ！

国際競争がインフレをおさえるって話はどうかな？ まずは、アメリカ経済がそんなグローバルじゃないことは指摘できる。輸入品はGDPのたった13％ほど。それに雇用と付加価値の少なくとも70%は、世界市場で競合しない「貿易不可能」なセクターで生じてる。それと、もし経済が『ビジネスウィーク』の思ってるほどグローバルなら、国内需要を増やしてもアメリカの成長や雇用にはあまり影響しないことを指摘してもいい——支出増加のほとんどは、外国でつくられた製品に行くはずだもん。

でも最大のポイントはこういうことなんだ。もしアメリカ経済のあらゆる物価が、外国との競争でがっちりおさえられてると考えたいなら、ドルの為替相場の変化——これはドルで見た外国製品の価格を直接的に、すぐに変えるよね——がインフレ率にすごい影響を持ってると結論するしかないわけ。93年から95年にかけて、すごい円高になったので、アメリカ産業最大の競争相手の値段は、ドルで50%もはねあがったわけだ。そしたら(アメリカ製品はその分安心して値上げするから)、アメリカのインフレもすぐにはねあがったはずでしょう。でも、そんなことは起きなかった。そしてこれは、成長一派が想像するような形では、グローバル競争が値段をおさえてないんだという決定的な証拠なわけ。

最後にもう一点。金融政策をゆるめたら、たぶんドル安になるだろう。そして外国との競争がアメリカの物価をおさえてるなら、これはつまり、金融拡大がグローバル経済においては、国際貿易の少ない経済よりももっと確実かつ即座にインフレに影響してくるってことになる。インフレがおさまったりなんかしないよ。

こういうわけで、経済学者の大半は、もっと成長促進をするべきだという要求なんか、ないものねだりで無責任だと考えてる。でもこういう要求は広く国民の支持や政治家の支持を受け続けてて、連邦準備銀行はかつてないほどの圧力にさらされてるんだ。でも最終的には、この連邦準備銀行という独特の機関が下手にいじくられることは、たぶんなさそうではある。近年の不手際やごたごたはあったけれど、でもここは、ほかのもっと伝統的な意味での政治組織のどれに期待できるよりも、アメリカ経済の舵取りをうまくこなしてきたんだから。

9 ドル

素人さんが見ると、どんな頭のいい人でも、アメリカのドル政策の豹変ぶりはわけわかんないだろうね。ときにはアメリカは強いドルがお気に入りだ。85年にロナルド・レーガンは、ある演説で外国為替市場でのドル高を指摘して、これぞアメリカ経済政策成功の証拠としてる。これは大いに引用された。ときには弱いドルがお気に召すようだ。85年9月、財務長官ジェイムズ・ベーカーはニューヨークのプラザホテルに主要経済大国を集めて、ドルの切り下げに合意させ、大いに評価された。93年にアメリカのお役人は、かなり意図的にドルを日本円に対して切り下げるような発言をしたんだけど、ほんの数年後には方向転換して、またドルを切り上げるような発言をしてる。

こういう政策的なジグザグごとに、いちいち経済専門家たちがあれこれコメントなんかしてみせて、しかもその言いぐさがいつもよりもっとわけわかんなくて、やれドルは派手に過小評価されてると唱える人がいるすぐ横では、ドルはえらく過大評価されとるのよ、と主張する人がいる。どうなっちゃってんの？

ドル問題をわかるには、そもそもドル政策がどんな目的を達成することになってるかを考えなきゃなんない。答え：アメリカはドル政策を使って貿易赤字を減らそうとしてるんだ。そして話がこんなにこんがらがってる理由は、決着のついてない点が3つばかしあるからなの。

1つは、アメリカは貿易赤字の削減をマジでやる気あるの？　という点。次に、もしマジなら、ドルをどうこうしてなんか役にたつの？　という点。そして3つ目に、もしドルを管理するのがいいことなら、どっちに向かって管理すりゃいいの？

貿易赤字削減って本気？

異論はあるだろうけど、アメリカは実は貿易赤字削減なんか本気でやる気はないのかもしれない。前にも書いたけど、貿易赤字は別に雇用には影響しない。唯一の害は、外国からの借金を増やして、今日のツケの支払いを明日の世代にまわしちゃうって点だけ。でも、国の総貯蓄をふやす覚悟がない限り、つまりは財政赤字をかなり切りつめる気がない限り、貿易赤字を削減しようとすれば、金利を上げて投資をおさえるという犠牲を払うことになる。アメリカが貯蓄率のことを心配すべきだという議論には根拠があるけれど、貿易赤字についてはない。

さて、いつまでも貿易赤字を垂れ流し続けるわけにはいかない。でもハーバート・スタインが指摘したように、「続けるわけにはいかない」ことの何がいいかといえば、それが現実問題として続かないことだ。だったら、市場に任せちゃえばよいではないの。貿易赤字は、外国投資家がお金を出してくれる限り、何の問題も引き起こさないし、出してくれなくなったら、すぐになんとかなる。だったら、わざわざ政府が積極的に貿易赤字を減らす政策なんか、しなくていいじゃん。

そういう赤字削減政策を支持する議論は、標準で3種類ある。2つは経済的、1つは政治的。

まず、貿易赤字は確かに必ず自然に解決はするんだけれど、でも歴史的に見て、その回復は必ずしも平穏無事ではない。

いちばん悩ましい例をあげると、70年代から80年代初期にかけて、南米諸国はすごい貿易赤字を続けていて、海外投資家はそれに喜んでお金を出してたんだ。81年くらいまで、南米諸国はこの先もずっといっぱい借り続けられるというのが大方の見通しだった。

でもそのわずか1年後に、そのお金が止まって、南米経済は輸入品を3分の2もカットするはめに追い込まれて、おかげで一帯は大不景気に突入。いまだに完全には立ち直ってない。今だからいえるけど、南米諸国の政府は貿易赤字をちゃんと心配して、それを引き下げるように手を打つべきだったんだよね。破綻するのを待つんじゃなくて、外国の融資がまだ受けやすかったうちに。

第二の議論は、最初のと関連してるんだけど、貿易赤字を減らすには時間がかかるってこと。企業が供給元を変えるにしても、消費者がちがう製品にシフトするにしても、そんなすぐにはいかない。貿易赤字をなくすってのは、新しい余力をつけて、新しい販売網をつくって云々ってな話になるもの。これをよく示してるのが、ドル安のときのアメリカの経験。ドルは85年頭から下がりだしたけど、貿易赤字は実は87年半ばまで増えてってたんだよ。

だからもし貿易赤字がいずれ減るとか減るべきだとか思うんなら、今のうちから企業が輸出を増やして輸入を削るように、ニンジンをあげといたほうがいいわけだ。

もちろん、もし市場が確実に長い目でものを見てくれるなら、あるいは為替レートや企業の投資計画が、長期的な見通しを慎重に考えて反映させてくれるなら、特に政策なんか必要ないんだけどね。でも最近の経験を見ると、市場がそんな長い目でものを見てるという証拠なんかどこにもない。

第三に、ドル政策は貿易政策と切り離せない。貿易赤字は、アメリカ国内で保護貿易の圧力を強くするんだ。貿易赤字が減ってるのが目に見えてこないと、どんな自由貿易支持の政権でも、そういう圧力をおさえきれなくなるかもしれない。

だから、貿易赤字を減らすべきだという議論は成り立つ。完璧な議論じゃない――貿易赤字は政策問題にすべきじゃないという議論は立派に成り立つし、ほんとにそう言う人もいる――でも実際問題として、アメリカ政府は貿易赤字の心配をしてるし、それを減らしたいとは思ってるんだ。

もちろん、思ってるのと、何かをするってのは、これまた別物。貿易赤字を減らすための正統な処方箋は、通貨を切り下げて、政府支出をおさえることだ。アメリカ政府は、前者については積極的だけど、後者についてはあまりやる気がない。だから、財政赤字をなんとかしようという徴がないのに、ドルをどうにかしてみて意味があるのか、というのはきわめて素朴な疑問だよね。

答えは「あるかもしれない」としか言いようがない。総貯蓄率は増えるかもしれない——財政のほうで大きな動きが何もなくてもね。そうすれば、貿易赤字が減る余地も出てくる。

最後に、保護貿易からくる政治的な危険を考えると、貿易赤字をおさえておくためにちょっとリスクを負ってもいいんじゃないか、という感じではある。85年以来のドル引き下げは、まあ予想された方面から、インフレの危険が大きいといって攻撃されたんだけど、振り返ってみると何の問題もなかったことでもあるし。

でも前の章でも触れたけど、貿易赤字削減にばかり目を向けると、すごく大きなリスクがともなう。実際問題として、ドルを下げて貿易赤字を減らすという議論以前に、貿易赤字をそもそも減らすべきだという議論のほうがずっと弱いものでしかないの。

ドル政策

アメリカが貿易収支をどうにかするのに使う主なツールは、外国為替市場でのドルの価値だ。常識的には、外国の通貨から見たドルの価値が減らせれば、アメリカの商品が世界市場での競争力を増して、貿易赤字も減るってことになる。それだから、93年には円高を口先で誘導するという露骨な政策をとったし、いろんな経済学者や政策担当者が、ドルをもっと下げろというのもこのせいだ。

経済学のほかのいろんな分野と同様に、この常識も左右の両方から攻撃にあってる。どちらの側も、ドルの為替レートを下げても貿易赤字を減らすのには役にたたないと思ってるし、それどころかその他の面で有害だと主張してる。

右からの攻撃のほうが、いつもながら強い支持をもらってるね——特に『ウォールストリート・ジャーナル』。保守派の金本位制支持者たち（金本位制にすると、ドルの切り下げはまったく不可能になる）は、もちろんながら為替レートを変えたって何にもいいことはないと主張する。だからかれらは、スタンフォード大学のロナルド・マッキノンやコロンビア大学のロバート・マンデル、そしてサプライサイド大支持者のジュード・ワニスキーなんかの議論をありがたがる。この議論ってのはこんな感じ——

1　貿易赤字は国内の貯蓄と投資の差によって決まるのであって、ドルの価値で決まるんじゃない。だから、ドルを下げたって貿易赤字を減らすことにはなんない。

2　ドルを下げるとアメリカはインフレになる。ドル安でアメリカの製品の価格競争力が上がっても、インフレですぐにそんなのは帳消しになる。

一見なるほどと思わせるけどまちがった議論の常として、こいつも出発点はなかなか正しい。貿易赤字は、確かに最終的には貯蓄と投資のバランスに依存してる。それにドルを下げると、競争力メリットをうち消すようなインフレが起こる可能性は確かにある。

でも、為替レートは、国の総貯蓄や投資需要を貿易赤字の変化に翻訳するうえで、すごく大事な役割を果たしてるんだ。だからアメリカ製品の値段を外国製品とくらべて25%とか50%とか変えたとき、ぼくたちが売り買いするものがぜんぜん影響されないという議論は、ちょいと変だ。

でもって、ドルが下がるとインフレになるだけで競争力はぜんぜん高まらないという議論にいたっては、こりゃもう現実の証拠を無視してイデオロギーだけが一人歩きしちゃってるいい見本だね。85年から87年にかけて、ドルはドイツマルクや日本円に対してほとんど50%下がった。で、アメリカの物価は倍増した？　インフレの急増くらいはあったっけ？　うんにゃ。それどころか、ドルが下がった分は、ほとんどそのまま一対一で実質為替レートに反映された。実質為替レートってのは、アメリカの財やサービス価格がほかの国の財やサービス価格に対してどのくらいか、ということ。

左からの攻撃は、別の点に注目してる。アメリカの貿易政策。ドル切り下げを批判する人、たとえばジャーナリストのロバート・カットナーなんかは、ドルの価値を下げて貿易赤字を削減しようとすんのはムダだと論じる。なんで？　だって競争相手の外国が、保護貿易でアメリカ製品をどうしても輸入しようとしないから。

これまた、全体的に見た証拠はこの見方を支持しない。もし問題の根っこが、外国市場がアメリカに対して閉ざされているってことならば、ドルが下がったときにはこんなこと

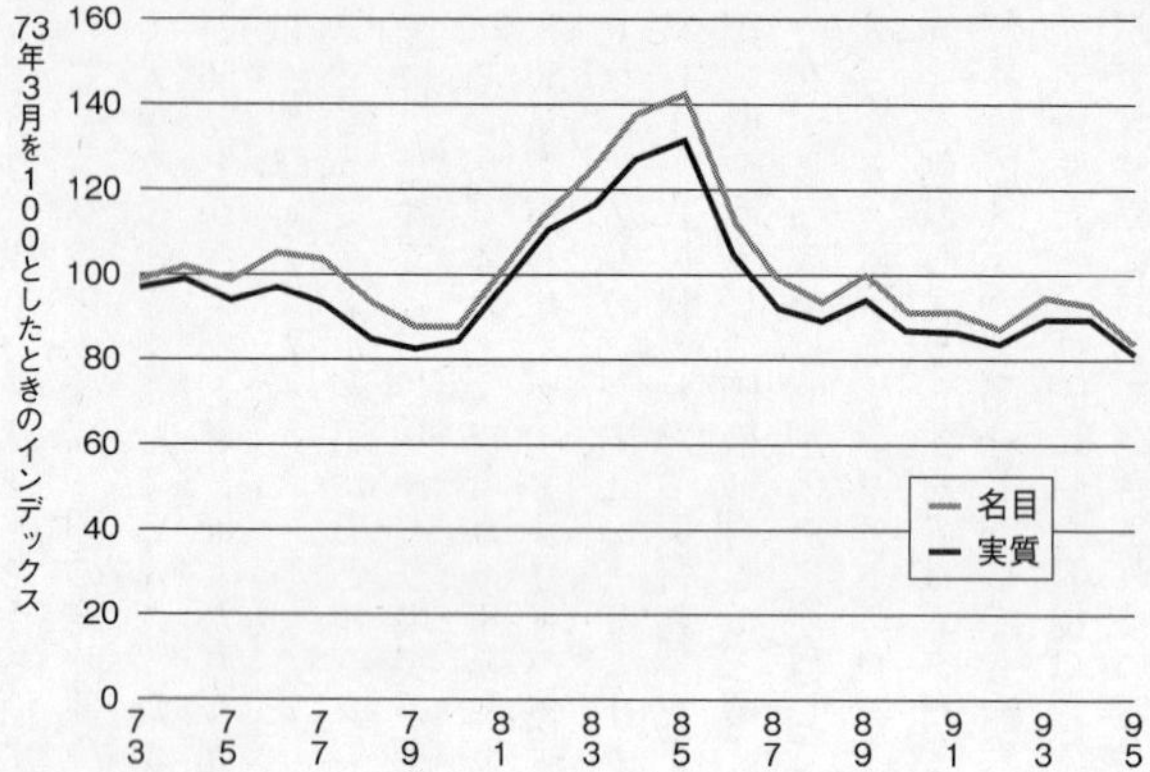

図18● 為替レート：名目VS実質　ドル安はほとんど1対1で、外国の製品に対するアメリカの財やサービスの値下がりに反映されてた。

が起こるはずだよね。まずアメリカの輸入は減る。アメリカの消費者が安いアメリカ製品に切り替えるから。でもアメリカの輸出は、ほかの国が輸入を認めないので増えない。

でも、ドルが落ちたときに起きたのは、この正反対だったんだよ。アメリカの輸出はぐんぐんのびた。でも貿易収支が期待したほど改善しなかったのは、アメリカの輸入も同時にのびたからだ。ということはだ、問題はアメリカが外国市場にアクセスできないってことじゃなくて、アメリカ市場が輸入品好きだってことなんじゃん（この話には例外がある。アメリカは確かに、ある国に対しては輸出に苦労してる。それが日本だ。アメリカの貿易赤字改善という点では、これは大した障害じゃない。だって日本は世界のほんの一部だもん。でもアメリカの貿易政策にとって、日本は問題の中心だったりする。これについてはまたあとで見るね)。

だからドルを切り下げると貿易赤字を減らせるか? この問題については常識のほうが、文句なしに圧勝。うん、低いドルは貿易赤字を減らせるんだ。

下げるって、どんくらい?

85年から87年のドル下落は、アメリカの貿易収支にはっきり影響を与えた。81年から86年にかけて、アメリカの輸入はとんでもなく増えたけど、輸出は頭打ち。それが86年以降、輸出はのびて輸入ののびは少し遅くなった。87年から91年までは、アメリカの輸出の増え方は、ほかの主要工業国のどこよりも大きかったんだよ。

でもドル安の結果は、いささかがっかりするようなものだった。だって80年には、アメリカは輸入するよりたくさん輸出してたんだぜ。92年には、それまでのドルの上昇分はほぼ完全に解消されてた。マルクや円なんかの通貨に対して、ドルは史上初の安値をつけてた。それなのに、アメリカは派手な経常赤字を続けてる。92年の赤字は600億ドルで、アメリカ経済があんな不景気じゃなかったら、この額は1500億くらいになってただろう。

ここで、関連した疑問が2つ、当然のように生まれてくるよね。なぜドルが下がったのに事態はもっとよくならなかったの? そしてドルがあとどれだけ下がればよかったの?

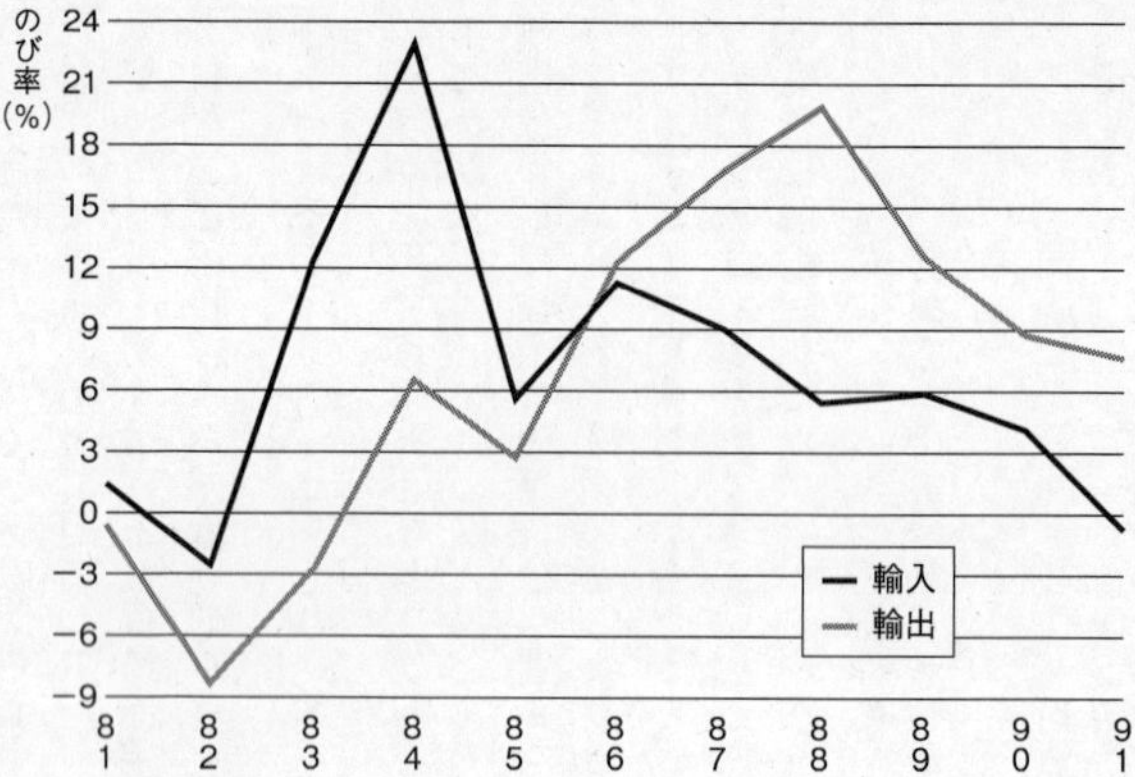

図 19● 輸出と輸入ののび率　ドル安はアメリカの輸出をすごくのばしたけど、輸入も増え続けたから、貿易赤字は期待したほどは下がんなかった。

いちばん大事な答えは、たぶんいちばんあたりまえのものでもあるんだろうね。アメリカははやい話が、なんのかの言っても昔ほど競争力がないのよ。むかしむかしはだねえ、ドルがむちゃくちゃ高くたって、アメリカは世界市場で製品を売れた。これは技術が優れてたからだ。アメリカは、ほかのだれにもつくれないようなものがつくれたし、品質的にも定評あるものをつくれた。

それが今日のアメリカは、技術の面では日本やときにはヨーロッパにも後れをとってるし、消費者向けの商品に関する限り、驚異的な低質ぶりの定評を確立しちゃったわな。だから、ドルが昔の水準に戻ったとしても、昔ほどは世界市場でものを売れないよね。

これは別に目新しい話じゃない。80年

のドルは70年のドルよりもずっと安かったけれど、アメリカの貿易収支は70年と同じだった。言い換えると、アメリカは70年代を通じて、世界市場でそれなりにものを売れたんだけど、それができたのはドルが外貨に対してどんどん下がってったからというだけなんだよね。この傾向はどうやら80年代も続いた。だからドルの下がる目標も、どんどん動いてたわけ。

だったら、経常赤字をなくすには、ドルは90年代半ばの水準よりかなり下がんなきゃなんないってのが見当として当然だろう。でも、どれだけ下がればいいの？

貿易収支の計量経済研究でわかったおおまかな目安では、経常赤字をGDPの1％下げるには、ドルの価値が10％下がんなきゃいけない。もしこれが正しければ、90年代半ばの経常赤字——これはGDPの2％強だった——をなくすには、ドルが20％くらい下がる必要があるってことだ。この推定がそんな厳密なものだとはだれも言わないけど、でもかなりの経済学者は「どんだけ下がればいいの？」という質問に対しては「相当」と答えるだろうね。

ドルは下げたほうがいいの？

アメリカの貿易赤字をなくすには、あるいはそれをそこそこの水準にまで下げるくらいの話でも、たぶん今よりかなりドルを切り下げなきゃなんないだろう。でも、最近のトレンドはむしろドル高で、しかもこれは政府の動きにある程度は裏打ちされてる。なぜドルの切り下げが重要視されないわけ？

だいじな理由の一つは、もう指摘してある。ぼくたちは、あんましマジで貿易赤字を引き下げる気なんかないのだ――少なくとも今んとこは。貿易赤字をなくす教科書的な処方箋だと、ドルを切り下げて財政赤字も減らさなきゃなんない。財政赤字を近いうちに減らす気がないんなら、ドルを下げるのも早すぎるってことだ。

ほかの、あまり感心しない理由についても、もう触れたとおり。右派は、ドル切り下げは効果がないしインフレをあおると主張するし、左派はドルを切り下げたって意味がない、外国がアメリカ製品に対して輸入障壁を設けてるから、と主張してる。

もう一つ追加の議論がある。これはクライド・プレストウィッツやロバート・カットナーみたいな、強硬な通商政策支持者が言ってることで、たぶんこの先数年でもっとしょっちゅう耳にするようになるだろう。こんな感じの議論だ。

ドル切り下げは、貿易赤字を減らす方法としてはよろしくない。なぜかというと、それは国際競争に対応するためにアメリカの賃金を引き下げてることになるからで、したがってアメリカ労働者の生活水準を下げることになるからだ、というわけ。カットナーは特に、「ドルを切り下げてわれわれを貧しい国にしたがる」経済学者たちを罵倒してる。

でも、ドルが下がると生活水準が犠牲になるってんなら、かわりにどうしろっての？カットナー、プレストウィッツらの答えは、通商政策を使え、というもの。ドルを引き下げるかわりに、アメリカはもっとタフにふるまって、外国にアメリカ製品に対して市場を開放しろと要求せよ、というんだ。こうすれば、アメリカの賃金をカットしなくても貿易赤字は下げられるよ、って。

これはなかなか魅力ある議論だし、それなりのメリットもないわけじゃない。そしてまたこれは、非常に誤解を招きやすい議論でもある。

まず、これはドルの引き下げを必要以上に悪者にしてる。ドルが円やマルクに対して30%下がったら、確かにドイツや日本の賃金に対してアメリカの賃金は30%下がる。でも、これはアメリカの実質賃金が30%下がったってことじゃない。たぶん実質賃金は、1・5%くらいしか下がってない。

なぜかって? だって今ですら、ぼくたちが消費する財やサービスは、ほとんどアメリカ国内でつくってるんだもん。それに輸入品のかなりの部分はドル建てで値段がついてるんだよ。

第二に、アメリカがドル切り下げに対抗できるくらいの大幅な貿易交渉結果を期待できると思うのは、現実離れした、ないものねだりでしかない。

でも貿易赤字が増え、そしてドル政策のフラストレーションがたまれば、いずれ確実に保護貿易という代替案が話題にのぼってくる。そして貿易赤字が大きくなれば(たぶんなるよ)、保護貿易に魅力を感じる政治家はどんどん増えてくるのはまちがいない。

10 自由貿易と保護貿易

アメリカはこの50年かそこら、世界の民主主義陣営の文句なしのリーダーとして活動してきた。そこでアメリカが何を達成したか、未来の歴史家がかぞえあげるときには、そこそこ自由で開かれた世界貿易システムをつくりあげた点は特に強調されるのはまちがいないとこだ。50年頃から70年代初期まで、保護貿易的な障壁はどんどん下がってきたし、世界貿易もすごく拡大した。ほとんどみんな、この貿易の拡大はいいことだと思ってる。

でも、今のアメリカでは、強力な派閥が自由貿易に反対する活動をしてるんだ。保護貿易支持の議論は、ほとんどがただの利益団体の政治的なたちまわりでしかない。外国からの競争に負けそうになってる強い集団が、国の利益なんかどうでもいいからとにかく保護しろと言ってるわけ。でも、自由貿易反対者がすべて御用学者ってわけじゃない（そして支持者がすべて利害なしってわけでもない）。保護主義を見るときは、その政治的な原因と、理論的な基盤の両方を見てやる必要があるんだ。

保護貿易の政治学

貿易政策の基本的なルールは、生産者のほうが消費者よりでかい存在だってこと。貿易を制限するメリットを集中して受けるのは、ふつうはあんまし大きくない、組織力の強い、情報収集力も高い生産者の団体で、一方そのコストは、もっと数の多い散らばった消費者に、薄く広がっている。だから結果として、保護貿易の利益を受ける側は、その犠牲者よりも政治的にずっと力が強いことになる。

アメリカでの古典的な例は、砂糖輸入の総量規制だね。このメリットを受けるのは、アメリカ国内のほんの一握りの生産者で、消費者へのコストは年間100億ドルほど。でもこの輸入制限は問題にならない。消費者1人あたりの年間コストは平均5ドルほどで、ちょっと小さすぎるから、たぶん有権者200人中199人以上は、こんな輸入制限があることさえ知らないだろうね。

でも消費者が保護貿易にまともに反対しないんなら、なぜアメリカの貿易はそこそこ自由なんだろう。それはね、輸出業者が自由貿易を支持するからなの。輸出業者は、その定義からして外国市場にアクセスしたいし、輸入品と競合する生産者と同じくらい組織力も強い。過去50年、アメリカとかその他先進国は、この事実をもとに、それなりに自由な貿易を維持するための枠組みをつくってきた。[20]貿易政策ってものは、二国間で決まるわけじゃない。国がたくさん集まって相談して決める。こういう相談で、アメリカの輸入規制はほかの国の輸入規制撤廃とのかけ引きで廃止しなきゃなんない。だからアメリカの輸出業者は、ほかの国にこっちが輸出できるように、アメリカ自身も輸入を受け入れなさいと強く主張するわけ。

新しい保護貿易の原因は、これではっきりしてきたよね。アメリカの貿易赤字が大きいときは、市場を開放したい輸出業者の数が、輸入品と競合するので保護してほしいグループに負けちゃうからってこと。もし80年に、貿易の専門家に向かって、アメリカが何年も何年も1000億ドル以上の貿易赤字を垂れ流すなんて言ったら、まちがいなく今よりも強い保護主義を予想してくれるだろう。

今のところ、保護主義的な反応がそんなに強くないのは、アメリカでの自由貿易イデオロギーの強さのおかげだ。問題は、それがいつまで続くかってこと。アメリカが、「保護主義のオーバーハング」を抱えてると思ってもらえばいいかな。つまり、潜在的な保護主義の反動がつみ残ってるってこと。この反動が、貿易赤字について心配すべき大きな理由だったりする。もし貿易赤字が続けば、いずれ貿易保護を増やせというしつこい要求が、無視しきれなくなってくるだろうから。

でも、無視できなきゃどうだっての？　保護主義って、そんなにビクビクしなきゃなんないほどの大ごとなわけ？

保護貿易の（大したことない）害

ワシントンのほとんどの政策担当者は、保護貿易は悪いものだと思ってるんだけど、でもその理由がちゃんとわかってる人はあんましいない。保護主義に反対するよくある議論では、保護貿易は雇用に悪影響を及ぼすってのが通常の警告。1931年のスムート・ハーリー関税が大恐慌を引き起こしたんですよ、そして歴史は繰り返すって言うじゃないですか、というのがよく聞く話。

確かに保護貿易ってのは、たいがいは悪いにはちがいないんだけど、でもそれほどには悪いもんじゃないんだってことは指摘しといていいだろう。保護貿易は、雇用を減らしたりはしないの。貿易赤字が雇用に影響しないのと同じこと。アメリカの雇用は、基本的には供給で決まっていて、需要で決まってるんじゃないんだもん。保護貿易が大恐慌を引き起こしたなんて、ナンセンスもいいとこ。将来の保護貿易がそれを繰り返す結果になるなんてのも、同じくまったくのナンセンス。

保護貿易の本当の害ってのは、もっとずっと慎ましやかでつまんないんだよ。それは世界経済の効率を悪くしちゃうんだ。それぞれの国が知識や資源の面ですごく向いてる財をつくるのに特化してそれを交換できれば、お互いにメリットがあるよね。お互いの輸出品を制限しあえば、それができなくなる。

それに、市場がこまぎれになっちゃうから、企業や産業がスケールメリットを活かせなくなる。保護貿易国は、自由貿易にするよりも生産性も低いし、だから貧乏なことが多い。保護貿易下の世界経済でも、ほぼ同じことが確実に言える（本章末の補足を見てね）。

じゃあ保護貿易って、どのくらい高くつくわけ？　答えはちょっと恥ずかしいくらいで、保護貿易のコスト推定って、実はたいがいはすんごい小さいんだよ。アメリカがいい例だ。アメリカの貿易は、ほとんど何の障害もないんだけれど、いくつか大きな保護主義政策がある。繊維や服の輸入制限が特に大きい。でも、こういう大きな制限をまとめても、アメリカ経済への影響を計算すると、だいたい総収入の1％の半分以下ってのがふつう。

さらに輸入制限ってのは実質的に、外国企業がカルテルを組んでアメリカの消費者に高値をふっかけてるのと同じでしょ。だからアメリカ側の損失は、ほとんどが外国の利ざやを上げることで、世界全体で見れば帳消しになる。だから全世界という目で見てやれば、アメリカの輸入制限が効率に与える影響ってのはずっと小さい――アメリカGNPの4分の1％以下だろう。

ほかの国はアメリカよりもっと保護主義が強いし、一部の第三世界の国々だと、むちゃくちゃ非効率な保護貿易政策のおかげでものすごい経済的な損失が発生しちゃってる。でも、先進国の中だと、今くらいの保護貿易なんて最優先課題でも何でもない。主要工業国はどれも、経済的な損害って話をするんなら、保護貿易なんかよりもっと地道な問題のほうが絶対に大きいんだぜ。たとえばなくてすむはずの交通渋滞とか、軍需製品の契約のムダとかね。いちばん派手な例をあげると、アメリカ版住専のセービングス＆ローン問題（第12章を見てね）の処理で納税者が負担した額だけでも、アメリカ全体の輸入制限でアメリカの全消費者が支払う年間コストの10倍にはなる。

保護貿易のコストがそんなマイルドなら、なんで自由貿易を守るのが公共の課題としてこんなに大きいわけ？　旗印と政治よ。

イデオロギー面で、自由貿易っつーのは自由市場経済の支持者にとって、すごく大事な要石だったりする。前にポール・サミュエルソンが指摘したことだけど、比較優位ってのは、経済学において真実なのにちょっと見ただけではわからないという、数少ない考えなんだよね。

政治的には、自由貿易は粗雑な経済ナショナリズムに対抗するための重石として大事なの。だから、自由貿易はほかの同じくらい大事な課題——たとえば経済的に効率の高い環境規制とか——には見られないような、力強い支持者がいるわけだ。

保護主義は確かに、この世で最悪の代物ってわけじゃないにしても、それでも悪いものにはちがいない……のかな？　学識者のかなりの部分は保護主義を罵倒し続けてはいるけど、でも一方で保護貿易を支持する議論だってあるんだ。

保護主義と貿易赤字

保護貿易を支持する議論は大きく2種類に分けられる。一つの議論では、アメリカは保護貿易を脅しに使って、外国から譲歩を引き出せってことになる。この議論を持ち出す人たちは、保護貿易そのものを支持してるんじゃないけれど、でも交渉用の脅迫材料にならば保護主義を使ってやろうと思ってる——はったりだけれど、でもたまにはやってみせてもいいと思ってるんだろうね。もう一つの議論では、保護主義はそれ自体がいいものってことになる。少なくともたまには。

交渉ネタとしての保護主義という議論は、だいたい貿易赤字を減らすという問題とのからみで持ち出される。アメリカは貿易赤字を減らす必要がございますってのが、この立場の支持者連中のせりふ。でも、ドルを下げるのは、外国の輸入障壁のせいで役にたたないし、それにアメリカの生活水準を下げちゃいます。だから、こっちの輸入を制限するぞと脅かして、輸出を拡大しましょう。こうすれば外国は市場を開放するしかありませんし、ドルをあんまり下げなくても貿易赤字が減らせるじゃございませんか。

この提案の一番の問題ってのは、そうは問屋がなんとやらってことだね。アメリカの貿易赤字を下げるのに、外国市場へのアクセスを増やすくらいで気休め以上の効果を期待するなんて、もう現実味のかけらもない話なんだもん。アメリカが圧力をかけてもかけなくても、それは同じ。その理由は、一つには経済的なもので、一つには政治的なものだ。

まずは経済から。アメリカの輸出品に対する外国の障壁をなくすとかいうけど、これってどういう意味？　お題目としてはさておき、アメリカの輸出品に目に見えるほどでかいインパクトを与えるような輸入制限なんて、外国で法律になってるものはちょっとしかないんだよ。しかもその大半が農業分野。日本がコメ市場を開放したら、あるいはヨーロッパが農業支援策をやめたら、これはアメリカの輸出の助けにはなるけれど、貿易赤字を解決するなんて、とてもとても。[*21]

一方の政治的現実ってものもある。アメリカが圧力かけたって、外国の経済政策が派手に変わったりするわけないんだもん。アメリカの輸出に対する大きな障壁は、ヨーロッパの農業政策みたいに、その国内に強い支持者を持ってるプログラムなわけだ。アメリカが圧力かければ、そういうプログラムをちょっとばかし変えることはできるかもね。でも、ごり押ししてそれを完全に廃止させられると思ったら、こりゃ考え甘すぎ。アメリカ経済の規模はヨーロッパと同じくらいだし、日本経済とくらべてもちょっと大きいくらいのもんだ。外国の政治家は、その国内の利害に応えるもので、それはアメリカも同じだ。日本やヨーロッパがごり押ししてきたら、向こうの勝手な要求をアメリカに押しつけられると思う？　その逆だって期待しちゃいけないのよ。

こういう経済的、政治的な現実を考えると、保護主義を脅しに使って貿易赤字を解消しようという提案は、実際問題としては、その脅しを実行に移すしかない状況に追い込まれるだけなんだよ。きみが、輸入制限を使うのはアメリカの輸出を増やすための手段ですと言ってみたって、結局のところは同じこと。結果はほぼ確実に、輸出を増やすかわりに輸入が減るだけになる。

実際問題として、もっと強硬な通商政策を支持する人たちは、輸出を増やす話を一生懸命するんだけど、でも輸入を制限するほうにずっと興味があるみたいなの。当のロバート・カットナー自身の貿易政策マニフェストは、広い「管理貿易」システムを提唱してるんだけど、これのお手本になってるのが多国間繊維協定。これは国際的な取り決めで、純粋かつ単純に、繊維や衣服の貿易を制限するものなの。とゆーことはだよ、カットナーは結局のところ、保護主義を交渉ネタとして見てるんじゃなくて、ずっと続く政策として見てるわけじゃん。

でも、それのどこがいけないの？　たった今、保護主義のコストはふつうに見れば大したことないのを見たばっかかでしょうに。そして、保護主義が（ときには）ほんとに有益かもしれないっていう、理論的にもまともな議論はちゃんとあるんだ。

保護主義の経済学的な根拠

経済理論は意味があるんだけれど、でもその影響ってのは必ずしもその創始者が望むようなもんじゃなかったりする。70年代に、マーチン・フェルドスタインなんかを筆頭とする公共財政経済学者たちは、当時の税制の欠陥がみんなのやる気をゆがめて、アメリカの経済成長の足を引っ張ってると主張するのに一生懸命だった。でも一部その結果として出てきた世論のせいで、サプライサイド経済学者たちは派手な減税をやって、それが巨額の財政赤字になって、それを非難する役がまたフェルドスタインたちにまわってきた。

70年代後半から80年代はじめにかけて、国際経済学者たちのグループ——ぼくもその一人なんだけど——が同じく経済学界に対し、国際貿易の基本的な考え方を見直さなきゃ、と説得してまわった。[*22] この国際貿易の再検討は、その主導者たちには教授職と学問的な権威をもたらしてはくれたんだけれどね。でも意図せざる副産物があって、それは保護貿易に新しい理論的な権威づけをしちゃったたってことだった。

それまでの国際経済学ってのは、国際貿易を国同士の根本的なちがいのせいだと考えてた。オーストラリアが羊毛を輸出するのは、その土地が羊の放牧に向いてるからだし、タイが労働集約的な製品を輸出するのは、労働力が豊富だから云々ってことね。

新しい国際経済学は、こういう伝統的な見方が大事なのは否定しない。でも、それに加えて、歴史的な状況から生み出された国としての優位性も国際貿易には反映されるんだってこと、そしてその優位性がいったんできてしまうと、開発や生産のスケールメリットのおかげで、ずっと続くか、あるいは成長するんだと主張する。

たとえば、新しい旅客機をつくるための開発費用はものすごいから、世界市場で利益をあげられる企業はほんの1、2社しかありえない。アメリカが航空機づくりでいったん先に出てしまえば、世界最大の飛行機輸出国の地位はどんどん揺らぎようがなくなってくる。だからアメリカがなぜ航空機を輸出してるのか説明したいんだったら、アメリカ経済の持つ基本的な性質なんか考えちゃいけない。アメリカがこの産業でたまたま出足のはやかった、歴史的な事情を考えるべきなんだ。

それがなぜ保護貿易を正当化できるのかって? だってさ、もし国際貿易のパターンとその特化が、本質的な国としての強みじゃなくて歴史的な状況に大きく左右されるんなら、原理的にいえば、政府の政策がそういうパターンをつくりあげて、国内経済のメリットになるようにできるわけでしょう。ジャーナリストのジェームズ・ファローズが、最近もっと強気の通商政策を要求したんだけれど、その中でこう言ってる。「高付加価値、ハイテク産業を推進する国は、いずれ推進しない国よりそういう産業部門が大きくなるでしょう」。

じゃあ国はどの産業を後押ししたらいいんだろう。一つの基準は、技術的な波及効果の可能性だね。仮にきみが、どっかの国がHDTV産業を発達させればその国のほかの産業(たとえば半導体とかコンピュータとか)がHDTVメーカーとの密接なつながりによって、外国の競争相手にくらべて競争力が高まると思ったとしようか。そうしたら、HDTV部門を後押しするだけのことはあるかもしれない——輸入品よりいつも価格が高くて、ずっと補助金が必要になったとしても。

これは昔ながらの議論なんだけど、新しい理論が正しければずっと魅力的になる。だってこの理論だと、補助金がいるのは一時的ですむかもしれないってことになるもん。比較優位ってのはつくりだされることが多くて、あらかじめ与えられてるとは限らない。だから一時的な補助金で、長続きする産業がつくれるかもしれない。

支援産業を決める別の尺度は、なまえがかっこいい。「戦略的通商政策」っていうんだ。これはすごくゆるゆるに、技術的な波及効果の話も含む意味で使われてる。こいつの本質は、ちょっと例を考えてもらうと、要点がよくわかってもらえるかな。

アメリカ企業かヨーロッパ企業でないとつくって売れない商品があったとする。どっちかの企業が単独でその商品を開発したら、大儲けができるとしよう。でも、その開発コストが大きいもんで、両方が市場にのりだしてきたら、どっちも損する。のりだしてくるのはどっちの企業かな？

この答えは、政府の介入次第で決まってくるかもしれない。もしヨーロッパの政府が地元の会社に補助金を出したら、あるいは国内市場を保護政策で守るとはっきり示したら、ヨーロッパの企業は確実に参入するし、アメリカ企業のほうは追い払える。そして独占のメリットを得るのは、アメリカじゃなくてヨーロッパの企業にしちゃえるわけ。

戦略的通商政策（これは両方の議論をさすのに使われる）は、その根っこのとこでは、保護貿易そのものを支持する議論じゃあない。むしろ、一定の政府の産業政策を支持する議論なの。慎重に狙った補助金を出す話であって、関税とか輸入制限の話じゃないよね。

でも、これは保護貿易支持者に、自分たちの立場を正当化する、新しい学問的な旗印を与えることになったし、クライド・プレストウィッツやロバート・カットナーみたいな「管理貿易」の支持者には熱心に取り上げられてるんだ。

かれらは、アメリカが戦略的通商政策をとるべきだとはいわなくても、ほかの国――特に日本――がすでにそうしてるといって、だからアメリカもなんとかしなきゃ、と語ってる。カットナーの言い方だと、「この新しい見方は議論の基盤をひっくりかえしてしまう。なぜならこれは、戦略的通商政策を実践している日本のような国は原理的に自分に有害なことをしているのだという議論の前提をなくしてしまうからだ」。政治家も学者も、この議論でつっぱしりたい誘惑は強い。自由貿易に関する古くさい考えは、窓から放りだしちゃえと主張できるからね。

ところが実のところ、新しい貿易理論をつくりだした国際経済学者たちのなかで、カットナー式の通商政策をはっきり支持してる人はほとんどいない。これは別に、かれらが自由貿易一派にたてつくのがこわいからじゃない。むしろ、戦略的通商政策が成功する見通しってのが、あまり高くないからなんだ。

またもやこれも、一部は経済的、一部は政治的な問題。純粋に経済的な話をすると、戦略的通商政策が大きなメリットを生み出せるっていう根拠なんて、ぜんぜんないんだもん。技術的な波及効果は大事かもしんないけど、でもはかるのがむずかしい。

たとえばHDTVを考えてみてよ。80年代後半には、HDTV技術の開発の主導権を日本とヨーロッパが握ったってんで、かなりみんなヤバいと思った。アメリカ版HDTV開発計画支持者の物言いは、ほとんど世紀末の予言くさかったね――たとえばジョン・グレン上院議員は、これを現在進行中の「もっとも重要で、しかも鍵となる技術的な進歩である」と表現してる。

でも一方で、議会の予算審議会はこれに反対してる。「HDTVが、エレクトロニクス部門の競争力や技術進歩に決定的な役割を果たすとは信じにくい」だって。

結局のところ、これってどうでもいい議論になっちゃったでしょ。やがて見えてきたんだけど、日本とヨーロッパで開発されてた技術はもう時代遅れだったんだ。これって、画像を基本的には今までのテレビと同じ方式で送ってたんだけど、新しい技術ではデジタル信号を使って、今のテレビチャンネルの限られた帯域幅に高画質の絵の情報をおさめるため、「データ圧縮」技術を使ってる。

　でも要するに言いたいのは、どの産業がホントに戦略的かを決めるのでみんなの意見をまとめようとしたら、まちがいなくすごくむずかしいってことなんだ——しかもそこに、利益団体が政治的な操作を横から入れてくるからなおさら。

　戦略的貿易政策で独占メリットを得る可能性はどうだろう。特定産業についてこういう政策をやったらどうなるか、ここ数年でいろいろ研究が出てきてるんだけど、大部分はかなりがっかりするような結果しか出してない。

　戦略的貿易政策のメリットの可能性を計算しようとした人たちは、だいたいこんなふうに結論する。これは自由貿易よりは儲かるにはちがいないけど、でもそのメリットの見通しはぜんぜん大したことない——これまでの保護貿易のコスト推計よりさらに小さいくらいなんだって。

　たとえばサザンプトン大学のアンソニー・ベナブルズがいろんなイギリス産業について、戦略的貿易政策の見通しをシミュレーション調査してみたんだけど、純粋なメリットはだいたいが売り上げのたった3％以下だったんだとさ。

　一方で、政治的現実ってのも考える必要がある。戦略的貿易政策がどうあるべきか、これだけはっきりしてないんだったら、それを実行しようとする試みって実は、利益団体の政治活動にちょっと毛が生えたものにしかなんないんじゃない？　そりゃほぼまちがいなくそうなる。

保護主義の見通し

保護主義は、むかしよりも学問的な基盤はしっかりしてきたし、自由貿易支持論は、ちょっと誇張されてることが多い。それでも一般的な政策としては、自由貿易を支持する議論はしっかりしてる――絶対的な理想として支持するんじゃなくて、まあ妥当な経験則として。アメリカの利益は、自由貿易の世界でたぶんいちばん大きいだろう。戦略的貿易政策の誘惑は、国際協定で手が届かないようにしといたほうがいい。でも残念ながら、そんなことは起きない。理由は2つ。

まず、ほかの大プレーヤーたちが戦略的貿易政策をとってるってのは、確かに事実ではあるのよ。もちろんその連中は、自分にとってメリットより害の大きいことをしてる公算が高い。でも、ほかの国がそうしてんのに、アメリカだけそれに手を出しちゃいけませんという立場を貫くのは、かなりきつい。特にアメリカは相対的に落ち込み傾向にあるしね。ほかの国だって、そういう政策を使いまくってるわけじゃない。でもその実例――日本のスーパーコンピュータ保護、ヨーロッパの航空機支援――は、無視するにはちょっと目立ちすぎる。

第二に、自由貿易の政治は、市場アクセスが相互にできるという信念に基づいてる――アメリカの市場が開放されてれば、それはよその市場の開放と交換になるという考え方ね。

アメリカの貿易のほとんどについて、これは成り立ってきたし、今も成り立ってる。アメリカがカナダとメキシコと自由貿易協定を協議したときには、双方にとって、アクセスが自由になったわけ。もしドイツと同じような協定を話し合うことになったら、同じことが言えるだろうね。でも、主要プレーヤーの一つがルールに従ってないという印象が広がってしかも拡大すれば、自由貿易を政治的に維持し続けるのはなかなかむずかしくなる。日本——世界第2位の市場経済で、アメリカの主要な貿易相手なのに、アメリカは輸出も投資もなかなかできないという経済——との関係は、ぼくらが直面しているいちばん大事な問題じゃないんだけれど、解決はいちばんむずかしい問題なんだ。

補足　貿易紛争のコスト

保護主義ってのがどのくらい高くつくのか、そしてそれが、みんなが考えてるよりかなり慎ましやかなもんなのかを理解してもらうには、ちょっと仮想的なシナリオを考えてもらおうか。

世界の市場経済のほとんどが貿易ブロック3つに分かれたとしよう。一つがアメリカ中心、一つはヨーロッパ共同体中心、そしてもう一つは日本中心に。そしてそのブロックが、みんなすごく保護主義になって、ブロック外からの輸入品に対してはすべて100%の関税をかけて、それでもってそういう輸入品の量は半分にまで落ちたとする。

というわけで、ここでぼくらが想定してるのは、世界の貿易を半分にしちゃうような貿易戦争だよね。この貿易戦争のコストってどのくらいだろう。

すぐにかえってくる反応は、どのブロックも、ほかのブロックへの輸出に頼ってた産業で職がなくなるというもの。確かに。でもどのブロックも、それまで輸入してた財をつくるから、ほぼ同じくらいの職がそっちで生まれる。ここで考えてるくらい派手に世界市場が細切れになっても、失業が特に増えなきゃなんないわけではない。

コストは、効率が下がることから生まれるんだ。各ブロックは、もっと安く輸入できたはずのものを自前でつくるでしょ。関税１００％ってことは、半額で輸入できたものでさえブロック内でつくるってことだ。だからこういう財の場合、これは資源のムダだよね。その額はもとの輸入額と同じになる。

でも、この議論が成り立つのは、そもそもその財が関税のないときにも輸入されてた場合だけで、しかもその場合だって、１００％ってのは見積もりの上限だよね。でもここでの仮想してる貿易ブロックは、自由貿易体制のもとでも、自分たちで使う財やサービスの10%程度しか輸入してない。

だから、国際[23]貿易を半分にまで下げて、輸入品のかわりのものをつくるので平均でざっくり50%の資源をムダにするような貿易戦争でも、世界経済へのコストは総収入の2・5%くらい（50%×5%=2・5%）[24]。

これは決して小さい額じゃあない——けど大恐慌にはほど遠い（大ざっぱに言って、失業率が1％上がるくらいのコストだ）。しかもここで考えてるシナリオはホントに極端なもので、保護主義が世界貿易に壊滅的な打撃を与える状況なのに。貿易紛争がもっと軽めなら、コストもずっと小さくなる。仮に関税率が50％で、世界貿易が3割下がるとしようか。すると、もともと消費されてた3％の財が、ブロック内のかわりのもので置き換わって、その値段は最大で5割増しになる。平均でそれが25％増しになったとすれば、この貿易紛争のコストは世界総収入のたった0・75％だ（25％×3％＝0・75％）。

11 日本[25]

87年のある社説ページのマンガに、歴史の授業をしている先生が出てくる。1こま目で、先生はこう言うんだ。「皮肉なことに、第二次世界大戦中のアメリカはソ連と協力して日本と戦争していました……」。そして2こま目でこう続ける。「……ちょうど今日と同じように」。

日本とアメリカの間の緊張の深刻さについては、みんなついつい必要以上に話をでかくしちゃいがちだ。ウォール街のエコノミストのゲーリー・シリングは、スターウォーズから貿易戦争へ、なんて言い方をするけど、これはあんましいい喩えじゃない。貿易紛争は軍拡競争よりはずっと穏やかなもんだし、ましてホントのドンパチ戦争とはくらべものにならない。でも、アメリカの政治家で、自分たちの問題を日本のせいにしちゃえという人はたくさんいるし、それに対して日本人のほうも、責任のがれにオレたちを使いやがって、とかなりカッカした反応を返してくる。これは世界最大の経済2つの関係を、ずっと脅かし続けるものではある。

なぜ日本とアメリカは、こんなにしょっちゅういがみあってるの？　いろんな意味で、この両国はお互いにすごいメリットをもたらすような経済関係を保ってるんだよ。ワシントン州の材木業者にきいてごらんよ。日本向け輸出材の値段は、アメリカの国内市場価格の倍だぜ。アメリカの財務省だってそうだ。日本の資本が入ってこなかったら、国債で今よりずっと高い利率を出さなきゃなんない。一方の日本側でも、ホンダにきけば、市場の半分がアメリカだって言うよ。日本の年金担当者にもきいてごらんよ。日本の国債よりアメリカ国債を買ったほうがずっと利率がいいんだから。

それなのに、日本が世界経済ゲームをほかのみんなとちがうルールでやってるという強い印象は、アメリカ人の多くが持っちゃってる。アメリカが経済的にも技術的にも悠々リードしてた頃は、日本についての愚痴は一部に限られてたし、そんなのは特別な利益団体の発言だってんで、あっさり無視できた。でも、日本がこんだけいろんな分野でアメリカと並ぶようになってくると、これまでのブツブツがだんだん大騒ぎになってきた。

一方で、日本はそんなの全部ただのやっかみだと見てて、アメリカが言い逃れしようとしてるだけ、と思ってる。アメリカの問題は自分が蒔いた種で、社会崩壊や人種の多様性、ダメな教育、使えない労働者、短期の利益ばっかの強調、そして全体的な知的・道徳的いい加減さ。日本人にしてみれば、アメリカの貿易についての文句は、自分の問題を人のせいにしようとしてるだけだってことになる。最初は面食らってて、それがだんだん怒りになって——そしてお返しに、今度は日本が自分の問題をアメリカのせいにしだしてる。

こっちのアメリカでは、もう線引きが始まってて、89年の『ニューズウィーク』の日本関連記事では、アメリカの専門家は「弁解派」「バッシャー」の2つに分けられちゃってる——その間はいっさいなし。

でも、実際はどうなの？ まず第一歩としては、日本について何がホントに本当なのかを見てやらないとね。それをやってはじめて、日米関係の緊張についてどうこうする話もできるようになる。

日本のちがい

日本ってホントにやり口がちがってるの？ そんなの、事実関係だけ見ればあっさり方のつく問題だと思うでしょう。でもちがうの。これ自体が、激しい議論のタネだったりする。

その理由は、日本では法律に書いてあることと、実際に起こってるとおぼしきことの間にものすごい開きがあるってことなの。紙の上では、日本の市場はかなり開放されてる。農産物に関する限り、日本は公然と、とんでもないくらいの保護主義になる——みんな牛肉やコメの値段の話は知ってるよね。*26 でも、工業製品となると、日本の関税はほかの工業国並みだし、アメリカやヨーロッパで自動車や鉄鋼の輸入を制限する「自主的輸出制限」や「調和的販売合意」もあんまりない。だから貿易政策の国際的な議論の場で、日本の役人さんたちは、自分たちは自由貿易の優等生だって胸張って言えるんだ。

この図式でおかしなところはたった一つ。もし日本がそんなに開放されてるんなら、なんでだれも日本でものが売れないわけ？

もうみんな、日本でものを売ろうとするビジネスマンの苦労話は聞いたことがあると思う——国内製品よりも安くていいものを出してるのに、日本企業はそれを検討することさえていねいに断ってくるとか、外国製品は扱わない小売業者とかね。こういう苦労話は、たいがい利害のからんだ集団のもので、だからただの負け惜しみと見ることもできる。ただ、全体で見た証拠も、こういう話を支持してるんだよね。単純きわまりない事実問題として、日本はほかのどの先進国とくらべても、収入のうちで輸入工業製品に使う額の割合が半分以下なんだもん。

ここで大事なのは、いま問題にしてるのが、日本が工業製品についてすごい黒字を出してるってことじゃないってこと。貿易収支は最終的には、国内貯蓄と投資の差で決まってくる。日本がすごい工業黒字を出してるのは、貯蓄率がすごく高いからだし、それに原料の輸入をまかなうにはどうしたって工業製品で黒字を出すしかないでしょ。

でも、日本のやり口がきたないといってみんなが日本をやり玉にあげるのは、黒字が大きいからじゃない。その黒字がどうやって達成されてるかって話。日本はどうも、輸出はするけど輸入はしない国みたいなんだ。

日本とドイツをくらべてみると、比較としてなかなかはっきりすると思う。ドイツは世

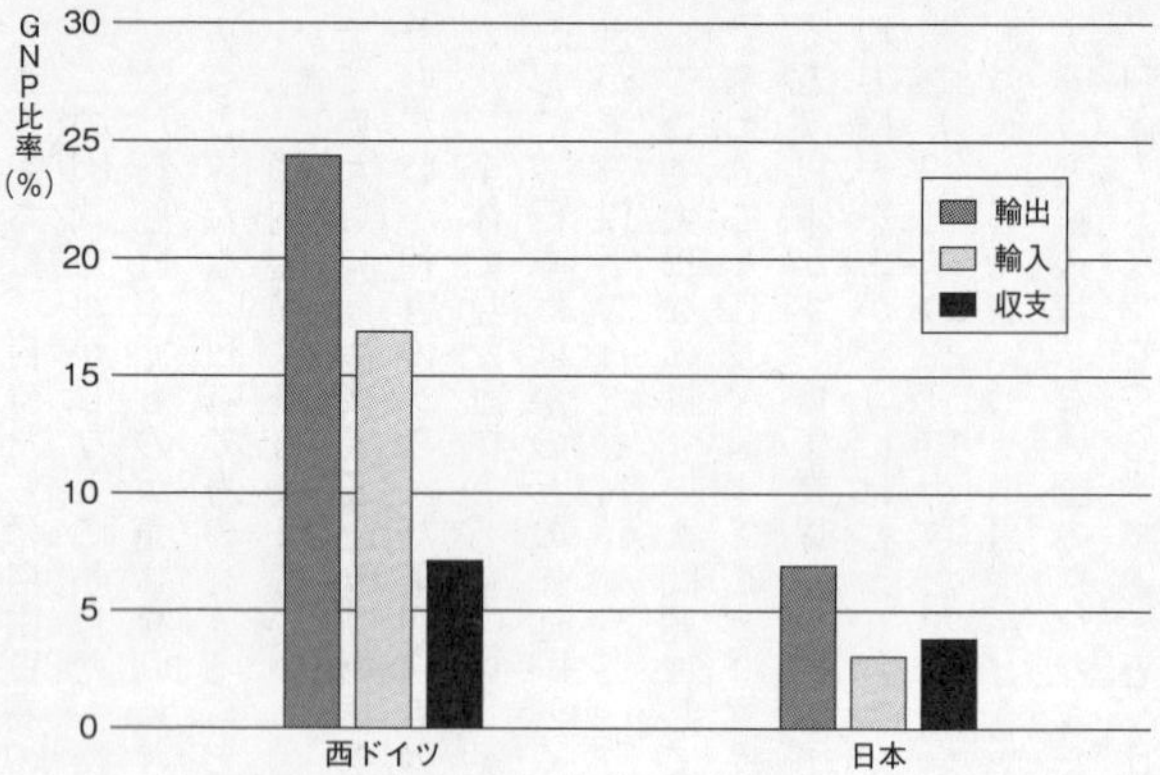

図20● 工業製品の輸出入（90年） GNP比率で見ると、実はドイツのほうが日本よりも工業製品の貿易黒字幅が大きい。

界第3位の市場経済だ。いろんな意味で、東西統一前の西ドイツと日本は似たような国だった。[*27] どっちも貯蓄率が高くて、外国に資本をたくさん輸出してた。どっちもゴミゴミした国で、原材料はあまりとれなくて、だから石油と食べ物の分を払うためだけにでも、工業製品で黒字を出すしかなかった。そしてどっちも、80年代の工業製品の黒字はすごく大きかった。実は図20を見てもらえばわかるんだけど、ドイツの工業製品の貿易黒字ってのはGNP比で見たら日本より大きかったんだよ。

でも、似てるのはここまで。ドイツは工業品の輸入という点で、世界最大の市場の一つなんだ。貿易黒字が出たのは、輸出のほうがもっと多かったというそれだけのこと。要するにドイツは、入るほうも出るほうも貿易が多いってわけ。ドイツの経済政策についていろいろ文句は出てるけど、でもアメリカも、ヨーロッパのほかの国も、ドイツがこっそり閉じた市場を持ってるなんていうケチはつけない。

日本とその擁護者たち（たとえば経済学者のゲーリー・サクソンハウス）は、それは地理的条件がちがうからだと答える。ドイツがいっぱい貿易するのはヨーロッパのど真ん中にあるからで、一方の日本はアジアの端っこに孤立してる。

この理屈にはちょっとうなずけるんだけど、でも今の交通や通信をもってすれば、距離も昔ほどは大ごとじゃなくなってる。

それに、地理の問題をちゃんと考えてあげても、日本の貿易量を細かく分析してやると、どうも日本ってふつう予想される半分くらいしか輸入してないのよ。[*28] アメリカのビジネスマンは、日本は自前でつくれるものは何一つ輸入しないとかいうけど、これは誇張。でも、全体としての証拠はこれを裏付けてはいるんだよ。

でも、関税も低いし輸入枠もないし、何が日本への輸入を制限してるわけ？ ここんとこで日本の専門家はちょっとあいまいになってくる——これはまあ、たぶんしょうがないんだろう。だって日本そのものがあいまいな社会で、特にアメリカ人が期待するようなゴリゴリした法律主義ってのはないんだもん。

日本側が持ち出してくるのは、日本での所有権の持ち合い制ね。サプライヤーと流通、銀行の長期的な関係とかさ。アメリカのなんでもありの市場よりは、むしろ昔ながらの入り組んだクラブOB会ネットワークみたいな感じの経済だね（そしてここは、アメリカでなら反トラスト法にひっかかる慣行だらけでもある）。

だからアウトサイダーにとって、この経済構造に食い込むのはむずかしい。特にそれが外人だと、もうただごとじゃないくらいむずかしいわけ。

一部の外人専門家は、日本のシステムは単に閉鎖的なだけじゃなくて、もっと陰謀じみたもので、それを密かに仕切ってるのが通産省と大蔵省のトップ官僚たちだ、という見方をしたがる。こういう見方を支持してるのは、クライド・プレストウィッツみたいなバッシャーで、この人の『日米逆転』は、日本がアメリカを犠牲にして戦略優位を組織的に追求してるんだ、という書き方をしてる。こういう見方ってのは、どんどん時代遅れになりつつあるんだけど。

70年代初期より前なら、日本のシステムがてっぺんから派手に指示を出してたのは事実。通産省と大蔵省が、資本や外貨の配分を左右して、好きな方向に経済を向かわせてたよね。でもかなり長いこと、日本企業は、外貨でも円でも手持ちの金が増えてきて、だからだんだん上からの命令を無視できるようになってきたわけ。中央の権威に従うっていう昔ながらの習慣は、まだ残ってはいるけど、でも中央集権化した「日本株式会社」のイメージは少なくとも20年は遅れてる。

今はやりの日本像っていうのは、カレル・ヴァン・ウォルフレンの本みたいに、自由競争でも中央からの指令でもなくて、むしろ個人的な関係の網や長期的な相互理解に基づく

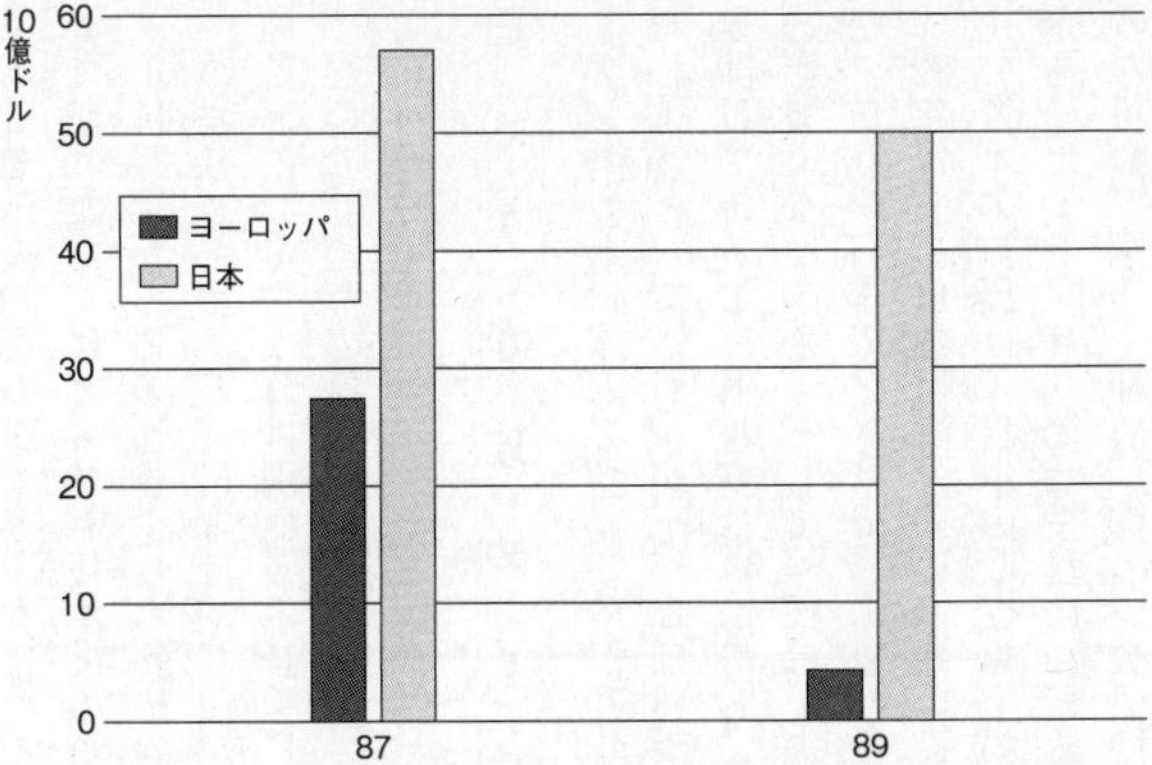

図21●アメリカの相手別貿易赤字(87〜89年)　ドル安は、ヨーロッパとの貿易赤字は下げたのに、日本との赤字にはぜんぜん影響しなかった。

経済なの――お望みならこれを陰謀と言ってもいいけど、でもそれを仕切ってる人ってのはいない。

中心的な戦略家はいないにしても、日本経済はかなりしょっちゅう、一部の人がアメリカでもやったらいいなと思うような戦略的貿易政策を、やってるように見える。日本企業集団は、新技術を使った商品の輸入、たとえばスーパーコンピュータとか、エレクトロニクスの業界用語で「アモルファス材料」とか呼ばれるものの輸入については、ものすごく強固に閉じるみたいだ。そして日本への輸入がたまに増えても(85年以降に円高が進むとそうなった)、それはあまり高度でない商品か、あるいは日本企業の海外支社からの輸入で、アメリカ企業が売りたがってるような商品ではないのよ。

ここで示唆的なのが、ドル安になるとアメリカのヨーロッパに対する貿易赤字は目に見えて減ったんだけど、でも日本との貿易赤字にはほとんど何の影響もなかったってこと。ドルは、ほかのどの通貨よりも円に対して大きく落ちたってのにだぜ。

つまりまとめると、日本はやり口がちがってるというみんなの認識は、基本的には正しいことになる。これは別に、すじ論じゃない。何が正しいとか、何がフェアとかいう話じゃないの。ただの事実の表明。日本の市場は、アメリカやドイツの市場が開放されているという意味では、外国人には開放されてないんだよ。

日本人が攻めてくる！

アメリカと日本との貿易紛争が70年代に拡大するにつれて、アメリカの役人は時間稼ぎをしようとして、ドルが下がればいずれ圧力も減ってくれると期待してた。ところがふたを開けてみると、ドル安はほかのとこではかなり効いたのに、日米の貿易にはほとんど何の影響もなかった。そして一部はその結果として、新しい緊張のネタが出てきちゃったんだ。それが日本のアメリカへの直接投資。

82年以来、日本は海外にいっぱい投資をしてきていた。それもアメリカにかなりたくさん。資本の流出は、日本の収支黒字の当然の裏っ返しだからね。86年まで、日本は主にお金を「ポートフォリオ」投資につぎ込んでいた。これは収入は生むけど、経営権はないような投資。国債や社債、株の少数保持とか。

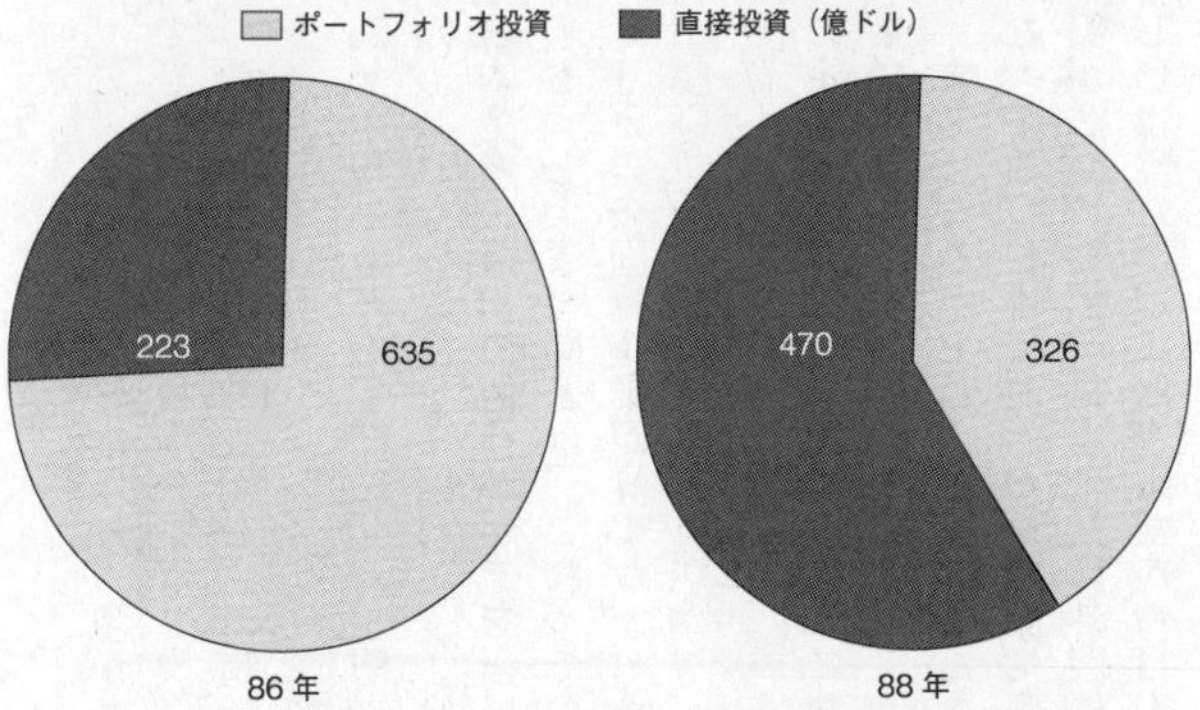

図22● 日本の海外投資の内訳　86年以来、日本は海外資産を増やすときに、単に収益をあげるためだけじゃなくて、経営権も買うようになってる。

ところがその後、まだ理由についてはいろいろ議論があるけど、日本人はやり口を変えた。日本の海外投資全体は頭打ちになったのに、それがどんどん直接投資に変わってったの。つまりこれは、経営権をうちたてようとするような投資。ソニーのコロンビア・ピクチャーズ買収は新聞のトップ記事になったよね。あれはもっと大きな波の中の目立つ一例でしかなかった。

数字を見ると、この波ははっきりわかる。85年には、日本は海外投資の3分の2を、口は出さずにお金だけもらう形のとこに使ってた。それが89年には、投資フローの3分の2を、経営権獲得・拡大に使ってる。そしてその買われる側を提供したのが、世界最大の資本輸入国アメリカだった。貿易赤字の初期には、赤字分は国債を売って穴埋めできた。80年代後半には、企業を丸ごと売るようになってた。

この売る先は、日本以外も多かった——イギリスの直接投資は今でも日本より多い——でもアメリカでの日本企業はドッと増えた。

これって、なんでこんな急に起きたの？　理由の一つは、ドルが下がって、だから日本企業の手持ち現金が、アメリカ企業のお値段にくらべてふくらんだように見えたってこと。86年の税制改革も、ぜんぜん予想もしてなかったことだけど、水門を開ける結果になったかもしれない（注を参照ね）[*29]。それと、たぶんただの群集心理ってのもあったんだろう。日本企業の最初の何社かが道を拓いたら、ほかの企業もドカドカついてきたってわけ。

もっと大事な問題は、これってのが心配すべきことなのかってことだ。20年前には、アメリカの多国籍企業がヨーロッパでのびてくると、「アメリカの脅威」に圧倒されるんじゃないかってこわがるヨーロッパ人はたくさんいた。でも結局は、アメリカのヨーロッパ投資もいずれ頭打ちになって、ヨーロッパのアメリカ企業も、そのうちまったく問題なしの企業市民として見られるようになった。だったら、アメリカでの日本企業だって同じ結果になるんじゃないの？

まあ、なるかもね。でも、またもやここでも日本はちょっとちがってて、不安のタネになってる。日本侵略とかいう話で警鐘鳴らしていい気になりたいなら、役にたちそうな事実が2つ。まず、日本企業は外国に投資するけど、日本自体に投資するのはどうもむずかしいようだってこと——だから日本企業は、ホームベースが守られているという点で、外

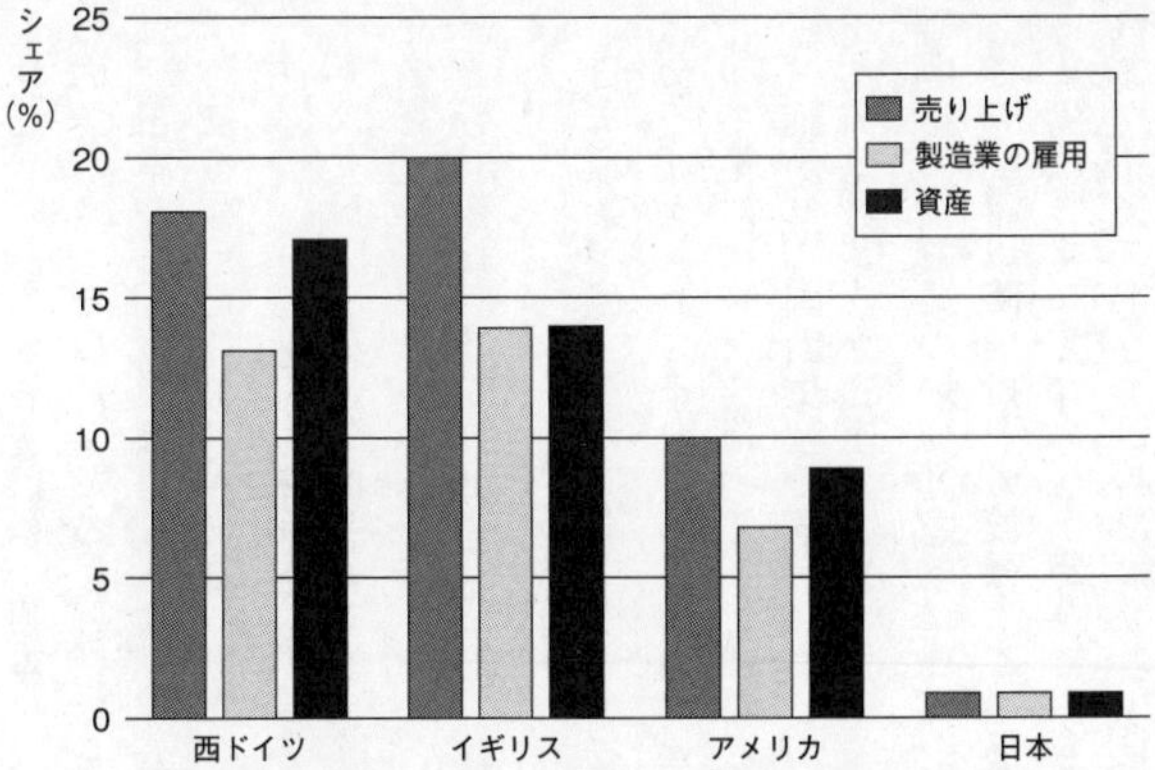

図23● 外資系企業のシェア（86年） 外国企業は、主要先進国ではどこでも大事な役割を果たすようになってる——ただし日本だけは別で、外国企業はホントに最小限だけ。

国のライバルより戦略的に有利かもしれない。第二に、アメリカ国内の日本企業も、ほかの企業とはちがった行動をとってるらしい。

外国企業が、どうも日本国内で大規模に活動できないらしいってのは、日本の輸入嫌いよりもっとショッキングな事実なんだ。図23は、日本国内での外国企業の役割を、ほかの先進国での状況とくらべたものだ。ヨーロッパ人は長いこと、外国企業に勤めるのなんか慣れっこだし、資本ストックの相当部分が外国所有なのも慣れてるし云々。アメリカだって、外国直接投資が増えてるし、状況はずいぶん似てきてる。でも日本だけは、ほとんどが外国企業の手がついてない。

直接投資についての日本の状況は、輸入品についてと同じで、ただ程度はもっとすごい。制度から見れば、日本は大股開き状態。確かに政府は、外国からの投資を止める力をちょっとは持ってるけど、でもそれが発動されることはめったにない。でも事実上は、日本の外国企業は果てしない非公式な障害に出くわすことになる。

ここで言いたいのは、日本は世界の大経済の一つになってるから、こういうアクセスの一方通行——つまり日本企業は外国に投資できるけど、外国企業は日本に投資しづらい——は、日本出身企業にとって、戦略的に見てちょっと無視できないくらい有利になるってこと。

でも、それがどうした？　日本企業が外国に行く分には、だまって受け入れればいいじゃん。

日本企業がアメリカに直接投資するとき、最初の波では製造子会社をつくった——まずはカラーテレビ、それから自動車ね。楽観論者に言わせると、こういう投資はアメリカにとって絶対にプラスだってことになる。新しい工場、新しい仕事、輸入のかわりに国内生産。確かに、国内生産の車がとってかわるのは、輸入車じゃなくて国産車なんじゃないか、という心配はずっとあったんだけど、でもまあ全体として、ほとんどの人はこういう「新規開拓」投資について好意的に見てたんだ。

でも86年以降の投資の波は、この最初のモデルとはちがってた。日本人はほとんど新しい工場はつくってない。かわりに、もとからあるアメリカ企業を買ってる。ブリヂストンはファイアストンを買った。ソニーはコロンビア・ピクチャーズを買った。日本企業がもとからあるアメリカ企業を買うんなら、その企業の経営方針が変わるかどうか、そしてその差がアメリカ経済にいいものか悪いものかを考えてやんないとね。

楽観的な見方だと、日本人は、もとの経営陣より自分たちのほうがうまく仕切れると思った企業を買うはずだから、結果としては効率が高くなるだろうってことになる。日本の自動車会社は、アメリカの工場を日本並みの生産性で運営できることを示して見せたよね。これでアメリカの労働力の効率性も上がった。直接的な形でも上がったし、デトロイトだって反省させられて、もっと努力するようになったもん。ほかの産業でだってそうなるよ、だからその意味で、アメリカ経済にとってもいいんだよ、というわけ（ただし日本企業が映画産業の経営を改善できるかとゆーと、かなり疑問ではあるけどね）。

悲観的な見方だと、日本は日本にとって都合よく企業を組み替えて、犠牲になるのはアメリカだということになる。プレストウィッツやロバート・ライシュは、日本企業は高賃金職種や研究開発、そして部品調達のほとんどを日本に持っていってしまうだろうと予想してる。この見方だと、アメリカは「ねじ回し」工場ばっかになって、そこでは低賃金のアメリカ労働者が日本製品を組み立てるだけ、という話。

日本の投資の大波はごく最近なので、その結果がどう出るか判断するにはまだ早すぎる。でも、もうここに来てる日本企業の行動から見ると、批判のうちで最初の2つについては無罪だけど、最後の1つについては有罪みたい。

図24（次ペ）を見るとわかるんだけど、いまアメリカに来てる日本企業は、アメリカ国

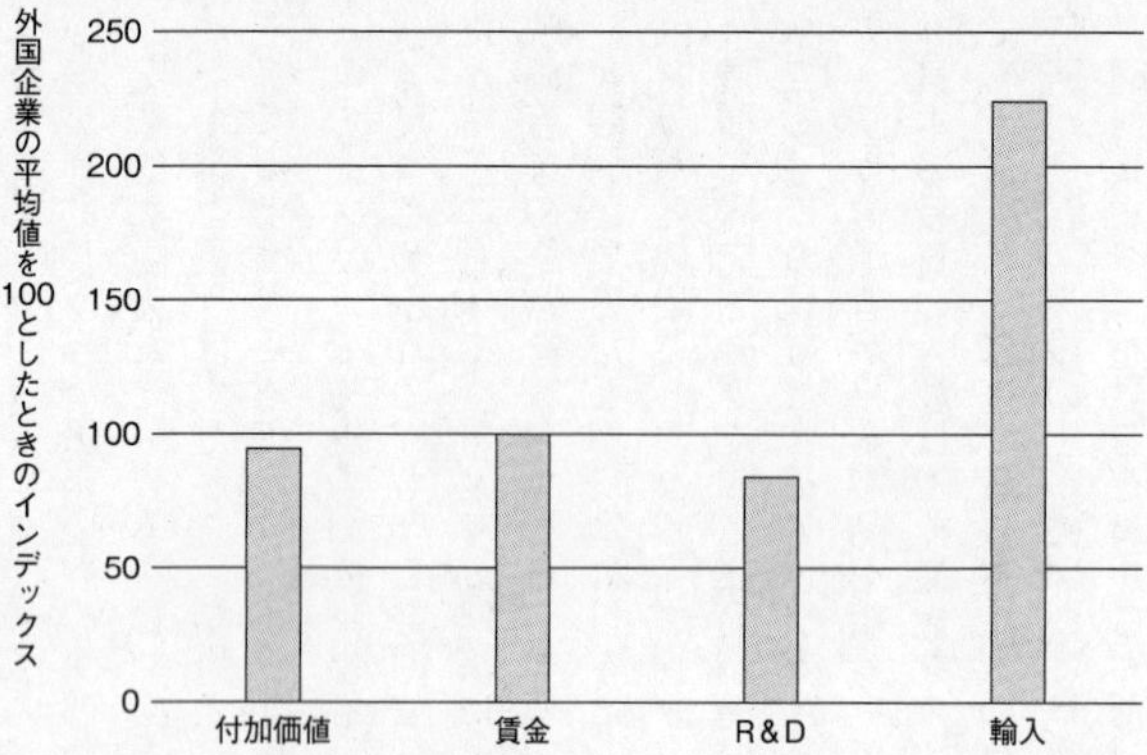

図24● 日本企業VSその他企業　アメリカの日本系企業は、労働者1人あたりの付加価値、賃金、研究開発費でみると、アメリカ企業やほかの外国企業とも遜色ない。でも、部品調達だけは現地でやらない傾向がすごく強い。

内のアメリカ企業やほかの外国企業にくらべて、払ってる給料は同じか高めだ。研究開発も同じくらいしてる。

でも残念ながら、3番目の糾弾はホントだ。日本企業は、アメリカ企業やほかの外国企業とくらべてすごくたくさん輸入するし、その大部分は日本の供給業者からなんだろう。平均するとアメリカの外国企業は、労働者1人あたりでアメリカ企業の倍以上を輸入する。日本企業は、その他外国企業平均の2倍を楽に超えてるんだ。

この輸入へのすごい頼り方については、言い訳できなくはない。特に、日本企業の子会社の輸入は、単にそいつらが新しいだけの話で、まだ地元の供給ネットワークをつくりあげるほど時間がたってないのかもしれない。

一方で、地元で調達すれば安くあがるものを、なじみの業者から買おうとするってのは、日本の産業についてのぼくらの知識からして、うなずけることではある（最近、オーストラリアでの日本企業とその他外国企業とを比較した調査が出たんだけど、やっぱり日本企業は、地元調達も世界市場での調達もいやがるってさ）。

というわけで、日本の多国籍企業に対する告訴状ってのは、あえて作るんならこんな具合になる。日本企業は地元日本が守られてるから、世界のほかの企業より戦略的に有利で、しかもその有利さを使って、海外に生産施設を持つときにも、日本製品を買う方針を貫いてる。

日本企業を誘致するメリットは、こんな文句よりも大きいかもしれない。でも、90年代のすごく緊迫した環境の中で、日本の投資が日本の貿易と同じくらいの怒りを引き起こすのは避けられない――いや、むしろ貿易より事態は悪いかもしれないよ。

そんな大きな問題なの？

70年代には、第三世界でもアメリカでも、後進国の停滞ぶりが先進国（特にアメリカ）のせいだと主張するのが過激派たちの流行りだった。だれかがこういう過激派について書いたことだけど、この人たちってアメリカがなんか宇宙船みたいなもんだと思ってて、それが第三世界の経済に殺人光線でも発射してると思ってたみたい。今じゃもうアメリカについてこんな考え方する人はほとんどいないけど、でもアメリカ人は日本をまさにそんな感じで見てる。

「ちがう日本」はアメリカにとって、どのくらい問題なんだろうか。日本の擁護者と、アメリカはリストラして黄金期に突入しようとしてるんだと信じる人たちにとっては、問題なんかぜんぜんなし。プレストウィッツみたいな警鐘屋さんに言わせると、日本の脅威はアメリカの経済的な先行きを脅かすものだ。

でも、現実はもっと退屈なの。ちがう日本はアメリカ経済にとって有害ではあるんだけど、でもそれもほんのちょっとなのね。アメリカの先行きが悪いとしたら、悪いのは東京じゃなくて、ワシントンとニューヨークなんよ。日本問題は本物だけど、でも深刻じゃないんだ。

理由は簡単。アメリカの生活水準にとっていちばん大事なのは、やっぱり自分の生産性なんだもん。貿易や国際競争が左右するのは、ほんの端っこのとこでしかない。日本経済がもっと開放されてたら、海外の日本企業がもっと地元にとけこんでくれたら、アメリカ製の財やサービスをもっといい条件で輸入品と交換できるかもしれない。そうなったら、実収入も上がることになる。でも、ほんのちょっとでしかないのよ、これって。ぼくらの経済ががっかりしちゃうほどダメなのは、圧倒的にぼくら自身の欠点のせいなんだ。

その裏返しもまた言える。日本の成功は絶対に、何か重要な点でその他世界を食い物にして成り立ったものじゃないんだよ。日本はアメリカとくらべて、収入から貯蓄にまわす割合が6倍も大きいし、子供の教育もぼくらよりしっかりしてる。日本の人口はアメリカの半分しかないのに、今年の日本の産業は合計で、アメリカ産業全体よりもたくさん投資する。貿易関係がどうだろうと、これだけの理由があれば、日本がアメリカより成長が高くて当然じゃん。

だいたい、日本の産業がただの輸出マシーンじゃないんだってことは、おぼえといてね。正反対のとんでもない誤解がえらく広まってるけどさ。日本は総生産のたった14%しか輸出してない。これはアメリカ以外のどの先進国よりも低い水準だ。だから、日本の成功はアメリカを犠牲にして「盗んだ」とか言いたがるアメリカ人が出てきたら、そりゃ日本人としては当然むかついちゃうわな。

だから日本問題については、バランスってものをわきまえとくのが大事だよね。日本はアメリカの宿敵なんかじゃない。日本の成功が傷つけるのは、むしろぼくらのプライドであって、生活水準はさほど傷ついたりはしない。

それでも、日本問題があるにはちがいない。日本は経済大国なのに、ほかの経済大国と同じ土俵で勝負しない。経済的にも、そしてそれ以上に政治的にも、この事実は見過ごせない。アメリカとしては、なんとかして日本をどうにかしなきゃなんないんだ。

どうしよう

日本をどうするかについては、意見が両極端に分かれる。一方には昔ながらの自由貿易支持者がいて、この人たちは要するに、「反対の頬を差し出せ」的な態度をとれと言う。

その反対にはバッシャーがいて、日本と全面対決して、派手な変化を要求し、さもないと……とやりたがる。

この双方の議論はえらく感情的になってきちゃってて、議論がだんだん個人攻撃のレベルにまで落ちてきてるくらい——自由貿易論者は、日本から金をもらってるんだと言われ、バッシャーは保護主義の利益団体から金をもらってるんだと言われてる。でも、それぞれの議論の論点をまずは見てやろうではないの。

自由貿易論者たち——率いるはアメリカ企業研究所のハーバート・スタインや、コロンビア大のジャグディシュ・バグワティ——は、ほかの国が何をしてようとも、国にとっては自由貿易が最高の経済政策だという一般的な前提から出発する。貿易理論には昔からの格言がある。ほかの国が保護主義だからウチも保護主義にってのは、ほかの国の海岸線が岩だらけだから、ウチも港を封鎖すべきだと言うようなもんだ、ってね。日本と対決なんかしたら、それは最終的には絶対に、アメリカの貿易政策を国内の特殊な利益団体の手に任せることになっちゃって、そいつらは自分たちの身勝手な要求を国としての利害に擬装するに決まってる、というのがこの一派の予想。

自由貿易派はまた、日本の制度上の開放市場が実際問題としては開放されてないという主張について、誇張しすぎだと言う。あるいは、ある国の中での組織的なやり方は、貿易法が口出しすべきものじゃないという法的な見方をする。そしてかれらが主張するのは、アメリカは自分たちの貿易ができるだけ自由であるように注意してればよくて、ほかの国にもそうするようにすすめて、あとはだまってそのメリットを楽しんでればいいのよ、ということ。

バッシャーはもちろん、ぜんぜんちがった見方をしてる。この人たちは、日本との非対称性のおかげで、アメリカにはえらいコストがかかってると見る。この根っこの印象は、たぶん伝統的な重商主義っぽい気分からきてるんだろうけど、バッシャーの中でも高度な人たちは、経済理論の先端の、一方的自由貿易に反対する議論をおぼえて使ってる。それだからバッシャーたちは、日本に最後通牒をつきつけろと主張してるんだ。やり口を変えろ、さもないと！

どっちの陣営にも属さない身としては、この状況は実に頭が痛い。昔ながらの自由貿易的な立場はナイーブすぎるようだ。日本の現実も、アメリカの政治的可能性も反映してないように見える。だからといって、バッシャー側の提案も同じく感心しない。だって何よりも、そもそもの発想からして失敗するのがほぼ確実なんだもん。日本だってすぐには変われないでしょ。そしたらこっちとしては、「さもないと！」をやらざるを得なくなるからね。

要するにだね、日本は陰謀で動いてるのかもしれないけど、でもその陰謀は中央から命令されてるもんじゃないわけ。何やら長老会議があって、それがそんな1年2年で日本を貿易開放国にしちゃえると思ったら大まちがい。日本ってのは本物の国で、本物の政治があって、ふつうの議員さんはアメリカのご機嫌取りなんかよりも、自分の票田（そして選挙の後援者たち）にご満足いただくほうが大事なんだ。アメリカ人はどうも、これがなかなかわかんないみたいね。

だから、アメリカ側の保護主義で脅しをかけて、日本の市場を派手に開放させようとする試みは、どうやったって、面目丸つぶれで政治的にも高くつく退却か、あるいはその脅しを実行しなきゃなんない事態になるだけなの。それがさらに進めば、世界はお互いに保護主義的にふるまうような、貿易ブロックに分断されるかもしれない——これはなかなか高くつく結果ではある。ただし、悲劇的ってほどではないけど。

中間の道を見つけるのはむずかしい。でも、90年代半ば、バッシャーにも弁解派にもなりたくない人たちは、ゴングで救われたみたい——だって、日本が突然、まるっきり脅威じゃなくなっちゃったんだもの。

日本の自爆

50年から90年にかけてほぼ40年間、日本経済は工業国の中でいちばん成長が速かった。そりゃ確かに、成長が鈍ってきたのは事実。60年代には年率9%とか10%の猛スピードだったのが、80年代にはたった4%に落ちてきた。それでも、90年代に起こったことは、だれもまったく予想してなかったことだった。いきなり日本の成長がパタッと止まっちゃったんだ。91年から95年にかけて、日本経済の成長はほぼゼロ。

この成長腰くだけの詳しい理由については、この本で扱う範囲を超えちゃう——それにどのみち、これはまだまだかなりの論争が続いてる話でもある。そこそこ近い原因ってのは、日本の土地と株価をとんでもない水準に押し上げた金融バブルが破裂したことみたい。この「バブル経済」の終わりは、ごく普通の不景気を意味したんだけど、でも日本では公式の失業率は上がらなかった。

ただわかんないのは、なぜこの不景気がいつまでも続いたのかってこと。96年には、やっと回復のきざしが見え始めてはいたけど、多くの経済学者は日本の問題ってのは、ただの需要不足よりもっと根深い理由があるのかもしれないと思い始めてる。

同時に、日本企業はほかの面でもボロが出てきた。政治的に大事ないくつかの産業で、日本企業はちょっと後退を見せてる。自動車産業では、アメリカのメーカーは生産性と品質を上げてきて、じわじわと市場シェアを(完全にではないけど)回復してきた。日本の独壇場になるとみんなが思ってた半導体産業では、日本メーカーはどうもいくつか致命的な戦略ミスをしたようだ。パソコンを動かすMPUみたいな高度なチップ生産の分野では、アメリカ企業がずっと王座を占めてるし、日本がつくってるもっとマス市場向けのチップは、韓国とかその他新興国の参入で、競合に直面しちゃってるよね。

そして、えらくこわがられてた日本の直接投資の波も、結局のところ往々にしてそんなにいい考えじゃなかったみたい。映画スタジオみたいな華々しい投資を買い込んだ日本企業は、やがて自分の買い物を後悔するようになる。ソニーはコロンビア・ピクチャーズを買ったけど、ものすごい赤字に苦しまされた。そのライバルの松下は、ついにあきらめて

ＭＣＡの持ち株を手放した。アメリカの不動産を買った日本の投資家の多くは、それをアメリカ人に売り戻した。しかも買値からさんざん買いたたかれて。

90年代前半ずっと、日本はすごい貿易黒字を出し続けた。でもこれは、一つには日本経済がすごく落ち込んでたからなのね（輸入品の需要が減るでしょ）。そしてクリントン政権も、ときには日本に対して貿易交渉で強い態度に出ることもある。94年には、自動車部品とかについて、ほとんど貿易戦争寸前って感じにはなった。

でもなんのかの言っても、96年時点のアメリカ人は、もうほんの数年前ほどには日本をこわがらなくなってた。だから日本問題も、あわててどうこうしなくてもよくなってきたんだ。

そして日本を見のがすのもやだけど、貿易戦争なんかもしたくない人たちにとっては、日本の苦しみは希望に満ちたものでさえあったりする。ひょっとして、日本もこれだけ困ったら、自発的に変わってくれるかもしれないでしょう。そしたら「日本問題」もあっさり消えちゃう、かもね。

第4部
砂上の楼閣ファイナンス

歴史上、金融市場における華々しい（そしてしばしば大惨事をともなう）切った張ったの大ばくちに彩られた時期ってのはいくつかある。20年代の大隆盛、60年代のイケイケ期とかね。

でも、80年以来あたりまえになったような金融上の狂乱ってのは、史上初と言っていいかもしれない。新しい投機方法が毎年のようにあらわれるし、昔ながらの伝統ある市場も、一日でかつての数カ月分に匹敵する取引をやってる。そしてこういう狂乱市場は、見返りの面でもリスクの面でも、ものすごい可能性をもたらした。人類が生まれて以来、これだけ短時間で、これだけ多くの人が、こんな大量の金を儲けたり——あるいはしょっちゅうある話だけど、すったり——したことはない。

なんでファイナンスの世界ってのはこんなに過熱しちゃったわけ？　テクノロジーのせいだって言う人もいる。コンピュータと電気通信が結婚して、これまで不可能だったような市場や市場の狂乱が可能になった、という話ね（87年の株式市場大暴落、いわゆるブラックマンデーは、一部はコンピュータによる自動取引のせいだった。価格が下がりすぎたら売り注文を出すようプログラムされてたんだ——でも、ここでも一番の原因は昔ながらの人間のパニック行動だったんだけど）。

でも、こういう金融市場の派手な動きの原因としていちばん大事なのは、たぶん政府がもうそこに口出ししなくなったってことだろう。規制緩和のおかげで、むかしは違法だったり、少なくともやりにくかったりしたようなやり方で、気軽にお金をもてあそべるようになったわけ。

というわけで、経済の見取り図を終えるにあたって、ファイナンスの世界の局面を3つほど見てみよう(訳注❖この訳では、出血大サービスで4つ!)。まずはセービングス&ローンの騒ぎ。中途半端な規制緩和がとんでもない規模の大惨事を引き起こすという古典的な事例だね。

次には金融市場におけるとてつもない損失のおさらい。これは個々の投資家が、自分の住んでる世界が新しくなってるのに気がつかなかったために起こったもの。

そして最後に、グローバルな金融市場を吹き荒れた、波瀾万丈だけど(少なくともアメリカにとっては)びっくりするほどどうでもいいできごとの数々を、ざっとながめることにしようか。

12 セービングス&ローン アメリカ版住専の危機

ロナルド・レーガンが80年代に開始した保守派経済プログラムは、二本柱になってた。一つは減税。もう一つは、規制緩和——政府は民間セクターのじゃまをしないようにしましょうってヤツだ。多くの経済学者は、減税なんかしても経済の刺激にはなんないんじゃないかな、と思ってた。でも、規制緩和のほうは大歓迎された。リベラル（左翼）の経済学者も、改革論者に説得されて、航空会社や運輸、銀行などの規制緩和でみんなが得をすると信じちゃったんだよ。

でも、80年代最大の経済政策上の大惨事は、規制緩和のいきちがいから生じたんだ。セービングス&ローンは、80年代初頭には150億ドル規模の問題だった。それが規制緩和のおかげで、80年代の終わりには納税者にとって最低その10倍から20倍のすっごい負担にふくれあがった。もちろん、この騒動の原因は、単に規制緩和熱が変な方向に脱線したというより深いものがあるんだけれど、経済的自由の原則なんていうおためごかしのおかげで、ホントなら一目で無責任な政策だってのがわかる代物が、隠蔽される結果になっちゃったわけ。

危機のはじまり

むかしむかしあるところにだね、セービングス&ローンというまじめでみんなに愛されている機関がありました。セービングス&ローンは、一般庶民が安全に貯金して、つつましやかな利息を稼ぐおてつだいをするためにこしらえられたのでした。おあずかりしたお金が安全であるように、S&Lの預金は連邦機関によって保証されておりましたのです。その連邦機関は連邦セービングス&ローン保険会社、略してFSLICと呼ばれておりましたとさ。

しょっぱなから、預金を保証したりするのはリスクと汚職の温床だってのは認識されてた。だって、預金保証のついた銀行の人間は、自分の銀行が安全だなんて証明しなくていいんだもん。預金者には市場よりちょっと高めの利率を提供したら、みんな預金してくれる。だれもよけいなことは聞かない——だって、みんな自分の預金がパアになったりしないのがわかってるからね。

でも、固定金利で好きなだけ借りられるってのは、ばくちをうってくださいと言ってるに等しいでしょ。つまりさ、まずセービングス&ローンを開くわな。でもって、ちょっとだけ市場金利より高い金利を提供して、いっぱい預金を集めるよね。でもって、いちばんリスクの高い(訳注✣したがってその分、リターン、つまりはうまくいったときの儲けもでかい）プロジェクトにばんばん投資しちゃえばいいわけ。プロジェクトがうまくいったら、ラッキー♪――大儲け。ぽしゃったら、そして預金者に払うだけの金が残らなかったら――ま、そりゃFSLICがどうにかする話で、あたしの知ったこっちゃありませんがな。表が出れば、オレの勝ち。裏目に出れば、納税者の負けってわけね。

もちろん預金保証がなければ、預金者はこっちがどんな投資をしてんのか調べようと思うじゃん。やばい代物にばっか手を出してると思ったら、預金してくれないでしょう。でも、保証があれば、預金者だってぜんぜん気にしない。

これはもう見え見えの問題で、81年まではその対策も見え見えだったわけだ。どんな投資をしていいかはガチガチに規制されてて、個々のS&Lには定期的に監査が入った。金を貸す相手は、主に住宅購入者に限られていて、そこでの規制も、過大なリスクをしょいこまないようにつくられてた[30]。特権（預金保証）とひきかえに、責任（低リスク投資）を負わされたってこと。そして70年代までは、これで十分にうまくいってたんだよ。

でもここで、だれも予想しなかったリスクが降ってきた。インフレ。70年代、インフレは急上昇して、市場金利もそれといっしょに上がってった。はじめのうち、セービングス&ローンは、預金者を獲得できなくなっただけだった。利率がふつうの銀行や金融ファンドなんかに負けるようになっちゃったから。

この問題を解決するために、S&Lももっと高い金利を出していいよ、ということになったんだけど、これがまた新しい問題を生んだ。預金者をつなぎとめるのに、S&L

は8%、9%、10%とかいうすごい金利を払うはめになったわけ。一方、連中の資産ってのは、インフレが上昇する前に契約した、年利4〜6%くらいの30年住宅ローンばっか。

つまり銀行ってのは、高い金利で貸し付けて、それより低い利息を預金者に払うってのが原則だよね。ところがS&Lは、資産からの稼ぎより高い利息を預金者に出すことになった。80年には、S&Lの多くは破産寸前になってたわけだ。

決まったルールが予定どおりに働いてれば、ここんとこでFSLICがご登場のはずだった。だれが悪いわけじゃないんだけれど、多くのS&Lがやった投資は、今にして思えばまちがいでございました。じゃあどうやって解決いたしましょうか？ そこをつぶして、（残った資産を競売にかけて）預金者に預金を払い戻して、足りない分はFSLICが埋めるといたしましょう。それしかないよね。ブルッキングス研究所のロバート・ライタンみたいな経済学者の見当では、本当にニッチもさっちもいかなくなってたS&Lを処分するには、連邦予算150億ドルくらいですんだらしいよ。それで話はおしまい……のはずだった。

でも、そうはなんなかったんだよねー。

すっからかんか倍付けか――81〜89年

80年以降のS&Lのお話は、ごく簡単。

議会も監督官庁も、破産したS&Lのコストを負担するのなんか、やだった。だもんで、すっからかんか倍付けかの大ばくちをうつことにしたんだ。全S&Lにかけた条件をぐっと甘くして、連中の商売を続けさせて、問題が自然に解決しちゃってくれないかなーと願ったわけ。そんなうまい話があるわきゃなくて、もうハナっから見えてた話なんだけれど、問題はさらにふくれあがっちゃった。

もちろん、当時はこんな言い方はされなかった。81年に発表された法制の変更の表向きの目的は、こうだった。「S&Lに認められた投資の種類を抜本的に規制緩和することによって、資産のさらなる生産的で有効な活用を可能にする」[31]——自由市場の原則とやらに基づいて、こんな変更も正当化されちゃったのね。

でも、本当に自由市場に移行するなら、投資の規制緩和したげるかわりに、預金保証という特権もなくすべきでしょ[32]。かわりに貯蓄機関がもらったのは、責任なしの自由ってヤツだった。いまや連中は、やばいリスキーな投資をしつつ、預金者には、あんたらの預金は連邦政府のお墨つきでっせ、と保証し続けることができるようになっちゃったんだ。

短期的には、これはうまくいった。S&Lには、大立て者実業家からの資金がどっと流れ込んできた。この人たちは、預金者への支払いは喜んで維持するから、そのかわり預金者の金でギャンブルさせてね、という人たちだったわけ。そんなわけで、S&Lはリスクテイカーになるか、あるいはリスクテイカーに買収されることになった。アメリカ全国で、S&Lは投機的な開発の出資者となり果てていった。投機的な開発ってのは、大金になるかもしれないけれど、でも大損する可能性のほうが高いようなプロジェクトだ。

もし80年代ずっと、経済の絶好調が続いてたら、石油価格が高いままだったら、実質金利があんなに上がらなかったら――そしたらこの倍付けかすっからかんかの大ばくちも、うまくいったかもしれない。でも、現実には石油価格は暴落、それにつきあってテキサスの不動産価格も急落。経済は大不況におちいって、それが回復してからも、実質金利は前よりずっと高くなってた。

だから89年には、S&Lは81年の時点に輪をかけてひどいざまになってた。本当ににっちもさっちもいかなくなってたS&Lを処分するには、いまや連邦予算1660億ドルはかかることになった。80年代頭できっちり片づけときゃよかったものを、今はインフレの分を差し引いても、納税者の負担はその6倍以上にふくれあがった計算になる。

責任のなすりあい

S&Lの惨状がどれほどすさまじいかはっきりしてくると、80年代に職権濫用した連中について、華々しいエピソードが紙面をにぎわすようになった。銀行を犠牲に私腹をこやす銀行オーナーの物語、裏取引、派手な大ばくちの話は、読み物としてなかなかエキサイティングだよね。でも、アメリカ国民は、何が起こったのかを本当に理解したんだろうか。どうも怪しいんだよな。

新聞報道だけ見てると、要するにこの問題ってのは、不道徳な連中がこの業界にいきなり謎の大侵略をかけたように読めちゃうんだ――テレビドラマ『ダラス』みたいに、ジミー・スチュアートが、J・R・ユーウィングの奸計で職場を追われるってな感じ。そういう道徳的なお題目とあわせて、新聞の報道は監督官庁の監督責任も追及したりしてた。

そりゃ確かに、汚職も監督不行き届きも山ほどあった。でも、それを強調すると、本当の問題を見失うことになる。メデリン・カルテルの悪行ばかり見ているとドラッグ問題の核心を見失っちゃうようなもんだ。損失のホントに大部分は、やばい（リスクの高い）プロジェクトに手を出したためのものであって、そんな文字どおりの横領によるもんじゃない。それにアメリカ人は一般に、昔よりよくも悪くもなってないもの。[33]

だから本当に聞くべき質問はぜったいにこうなんだ――「この業界において、社会的に有害きわまる行動を、前よりずっと魅力的にしちゃったのは、いったい何だったのか？」

もう答えはわかってるよね。80年代初期のはんぱな規制緩和のせいで、S&Lは預金者の金でギャンブルできるようになって、そのリスクは連邦政府が吸収してくれる。そうなると、S&Lは実直なビジネスマネージャーよりは、ばくち打ちにとって価値が高くなった。そこでS&Lのオーナーたちは、自らそういうばくち打ちになるか、あるいはすでにばくち打ちになってた連中にそれを売り渡した。

で、そういう責任なしの自由という特権から生じる「ビジネスチャンス」を最大限に活用できるような気質の持ち主ってのは、まああたりまえなんだけれど、平均以上の割合でごろつきや犯罪者だったりしたわけだ。でも、貯蓄産業におけるホワイトカラー犯罪という疫病は、政府がつくりだした環境の結果であって、単独のできごとなんかじゃあないわけ。

倉庫に鍵をかける

監督官庁も、議会スタッフも、経済学者も、みんなS&L問題の解決策はわかってた。S&Lの規制を強化して、オーナーたちにもっと資本を注入しろと言えばいい。資本が手に入らないってんなら、つぶしちゃえ(そして預金者には払い戻してあげる)。これは80年時点でも正解だった。今日なら、これはなおさら正解なんだ(訳注✣言うまでもなく、日本でも大正解なのね)。

でも、このあたりまえの答えを、役所も議会も、もう10年近くも避け続けてきた。89年にまとまったS&L処理策も、部分的な措置でしかない。貯蓄機関への要求はまだまだ甘すぎるし、つぶすべき機関を全部つぶすだけの金を用意しきれなかった。だからこの問題は、あと何年も尾を引くだろう——そして未来の納税者に、何千億ドルもの負担を強いることになる。今のうちに手を打っとけば避けられるのにね。S&Lの物語は、とんでもなく無責任な連邦政策のお話なんだけど、それが毎年繰り返されて、いまだに続いている。なぜ？ アメリカ政府は2つの罠に落ちちゃったからなんだ。どっちが致命的だか、何とも言い難いくらい。

まず、補助金プログラムってヤツは、どんなにそれが経済にとって高くつくものであっても、それを続けさせようという歪んだ利害を生じさせやすい。80年代のほとんどを通じて、腹黒い運営者が公共の資金でギャンブルできるような政策群が存在していたわけだ。この運営者どもは、その特権が取り上げられるとなれば、大いに反対する用意があった。この業界にはびこるようになった連中のやり口を考えれば、そういう政治的な争点を追及するときにも、もっと立派で穏健な利益団体のやり口よりもずっと傍若無人で、礼儀なんかわきまえない手口に出るのは当然だろうね。

長い目で見れば、S&L業界のごり押しはその信用を失わせるし、政治的な仲間の多くをスキャンダルでおびえさせてしまう。でも、ここで問題にしてる連中は、「長い目」なんか考えちゃいない。そして「短い目」では、こいつらのごり押しもそれなりに効く。

つまり連邦政府は、政治経済におけるフランケンシュタインの怪物のようなものをつくりあげちゃったわけ。そしてこいつは、倒されるまでにまだまだ何十億ドルもむさぼり尽くすだろう。

第二に、S&Lをつぶすと金がかかる。もっとひどいことに、すっからかんか倍付けかのゲームを続けるばからしさが見えてくるまでに、このゲームを終わらせるためのコストも上昇——そして連邦予算の削減もあわせて進行した。89年貯蓄機関プランにおいて、この問題は必要なコストを連邦予算外で処理することでなんとかかっこうをつけたんだけれど、でもこの小手先の技のおかげでプロセス全体が苦労させられてる。✣[34]

何が悲しいって、いま預金者に預金を返すのは、実は納税者にとってはコストでもなんでもないってこと。そのコストはすでに生じてしまってるんだから。納税者の金を使おうという本当の判断は、もうずっとむかしになされていたんだもん。それはつまり、損失が公的に補填されるような機関に対してリスクテイキングを連邦政府が奨励したときだよね。この判断の経済に対する本当のコストが生じたのは、そういう機関がやったいかがわしい投資がこけたとき。いま預金者の預金を払うのは、単にかれらが持ってると思ってる金を渡してやるだけの話。S&Lをつぶすコストを支払うってのは、そういうコストを単に表面化させようってだけの話なのに。[35]

どうせ避けがたいんだから、先送りにしたってしょうがない——国の貯蓄率に響くなんてのも、口実でしかない。S&Lの預金者に預金を払うため、連邦政府が借金しなきゃならないとしても、どう計算したってこれは国の貯蓄率なんかぜんぜん下げるわきゃないのよ。預金者は預金が戻ってきても、別に儲かったとは思わない——かれらは、自分がもともと当然その金を持ってると思ってたんだから——だから、別に消費を増やすはずもない。一方、ゲームをここで止めれば、連邦政府は将来の損失を減らせるわけ。これは明らかに、政府が目に見える財政赤字を縮小しようとして、それが赤字縮小によって治癒されるべき問題を逆に悪化させちゃう典型例だよね。

まだほかにもあったりする？

S&Lの話はまだ完全には終わってない。でも精算コストの大部分は、もう払いがすんだはず。興味深い、そしてすごく心配な問題は、似たような連邦政府の負債がほかにもあって、S&Lはそのほんの一部なんじゃないかってことだ。

もちろん答えはイエスに決まってる。S&Lはいちばん極端な例の一つでしかない。手始めに、ほかの銀行業を見てみようか。特に商業銀行。企業融資が専門の、シティバンクやチェース・マンハッタンみたいなとこ。こういう銀行も、S&L騒動を生んだのと同じ力に支配されてたんだよ。収益は70年代のインフレと規制緩和でがたがたになった。あまり儲かんなくなって、リスキーな貸付についつい目がいく。そして連邦政府は、投資規制をはずしてそれを奨励。

結果として怪しげな貸付がたくさん出てきた。特に多かったのが、レバレッジド・バイアウト（LBO）みたいなファイナンス方式への融資、そして投機的な不動産開発への融資。91年になると、見識ある人たちはS&L処理策と同じように、商業銀行処理策が必要になるかもしれないと警告するようになっていた。そのお値段、締めて500億から1000億ドル。

執筆時点では、この危機は別に解消はされちゃいないにしても、先送りにはなったみたい。でもそれは、たまたま運がよかっただけなんだけどね。連邦準備銀行の景気回復策で、短期の金利はすごく低くなってる。銀行が払う利息はこの金利で決まるから、おかげで銀行の収益性が上がるというへんてこな結果になっちゃったんだ。でも、たまたま風向きがよかったからって、規制上のヘマのせいで80年代の貸付がおかしくなったという結論はまったく変わらない。

それと、先々ツケがまわってきそうな、なかなか怪しげな政策はほかにもいろいろある。たとえば、年金給付保証会社（PBGC）って組織があって、これはFSLICが貯蓄機関の預金保証したのと同じように、企業年金を保証してんの。で、よく見ると、年金用に貯めとく金を少なめにして、金が不足したらツケをすべてPBGCにまわす、というようなことを企業がしたくなるインセンティブがあるんだよな。連邦行政管理予算局の推定だと、たぶんここにも300億ドルから400億ドルくらいツケが隠れてるかもしれないって。

これってずいぶん大金みたいに聞こえるけど、でも80年代には、政府赤字は3兆ドルも増えちゃってるんだ。これとくらべたらはした金でしょう。とはいえ、エヴェレット・ダークセンが連邦予算について言ったように、こっちで何億、あっちで何億とやってるうちに、やがて話がでかくなってくるんだけれどね。ここでも同じことではある。ただし、アメリカの7兆ドル経済へのインパクトを考えるんなら、こうしたアメリカ政府の隠れたツケが、どうしようもない大負担になることは、たぶんなさそうではあるんだけど。

13 まるはだか

投資するだけの金がある連中は、平均すれば過去10年に大儲けした。でも一方で、とんでもない大損の例だってあった。しかもときには、数世紀にわたる信頼の伝統と格式を持った企業組織が、身ぐるみなくしたことだってある。この章では、そういう事例を2つ見てみよう。どっちも非常に「ざまみろ」でおもしろいし、それに市場がイカレる可能性を勉強するって意味でも、とっても参考になるんだよ。

尻の毛まで抜かれて―ロイズと「顔《ネーム》」たち[✣36][*37]

保険会社をネタに映画をつくるなんて、あんまり想像できないよね。でも、映画『ロイズ・オブ・ロンドン』の主人公は、そんじょそこらの保険屋とはわけがちがう。船荷を保険するために、1688年にコーヒーハウスで創設されたロイズは、大英帝国のシンボルみたいなもんなんだから。20世紀頭には、海運保険市場を一手に握ってただけでなく、生命保険以外の世界の全保険のうち半分はここが扱ってた。

だから、この由緒正しき会社が何十億ドルもの損失をドカドカ計上しだしたときは、そりゃあみんな大ショックだったわけ。ロイズの存続そのものがやばくなりかねない金額なんだもの。

そしてもっとショッキングだったのが、この企業の損失が個人の破滅につながったってこと。本当に何千人もの人たちが、ロイズと関わり合いになるまでは大金持ちだったのに、個人資産をまるごと持ってかれちゃったんだ。

ロイズで何が起こったのか？　これを理解するには、この会社の一風変わった仕組みを理解しないとね。それで、その仕組みがときどきおかしなインセンティブをつくりだすこと、そしてその「おかしさ」が、最近はすごく重要な役割を果たすようになってることもわかってね。

ロイズ――ちょっと変わった市場

ロイズは、実はふつうの意味での企業じゃあない。むしろ、民間が運営している市場みたいなもんで、自分の抱えてるリスクをいっしょにかぶってくれる人を探しに、みんなが集まってくるところなわけ。

ロイズの基本ユニットは「シンジケート」だ。シンジケートってのは個人の集団で、その個人が通称「顔《ネーム》」。こいつらが集団として、ある種のリスクを抱えた人や企業に対し、保険を発行する。もともとのロイズのシンジケートは船荷を扱ってた。商人はシンジケートのところへ行って、保険料を支払う。で、船が沈没したら、シンジケートが損失をカバーしてくれる。

その損失をカバーする金はどこからくるの？　ある程度までは、保険料でカバーできるよね。たとえばシンジケートが船100隻に保険を出して、そのうち1隻が沈んだら、沈まなかった99隻の保険料で沈んだヤツの損失をカバーしきれるかもしれない。

でも、それじゃ足りなかったら？　そしたらシンジケートのメンバー個人の資産に手がかかる。各メンバーは、シンジケートでの立場に応じて、必要となる現金の一部を出さなきゃなんない。

ということはつまり、当然ながらだれでもかれでも「顔《ネーム》」になれるわけじゃないってことだよね。必要なときには義務が果たせるだけの資産を持ってるってことを証明できなきゃダメ。

でも、もしそれが証明できたら、ちょっと珍しい、でも伝統的にすっごく儲かるビジネスに足をつっこめるわけ。「顔《ネーム》」になるには、金は一文も出さなくていい（まあ実際にはちょっと現金をおさめなきゃなんないけど、でもそんなのはどうでもいい枝葉の話だ）。必要な場合にはシンジケートの損失の一定割合を負担します、と宣誓するだけ。これでシンジケートの利益も、同じ割合だけもらえるようになる。もしシンジケートが儲かれば（そしてほとんどのシンジケートは、これまでだいたいは儲かってきた）、基本的には何もしないで金が入ってくるわけ。だから「顔《ネーム》」になるのを認められるってのは、伝統的にめったにない特権で、しかるべき人間にしか与えられない、一種の実入りある名誉だったんだ。

でも、もしシンジケートが本当に損したら？「顔《ネーム》」はどこまで自腹を切らなきゃなんないの？　答えは……尻の毛まで抜かれる。古くからの伝統に則って、ロイズは無限個人責任ベースで運営されてる。企業の株主とはわけがちがう。株主なら、最悪でも株券が紙切れ同然になって、自分の投資分がパアになるのが関の山。でも、シンジケートが損を出したら――つまり保険料をたくさん払うはめになったら――そのシンジケートの「顔《ネーム》」は、必要額がきっちり保険料支払えるまで、自宅から何から、もうまるはだか。

そして90年代、尊敬すべき多くの人たちが、まさにそういう目にあった――ビジネスマン、未亡人、貴族、そして国会議員まで何人か含まれていて、イギリス政府の面目まるつぶれ。これで破滅した人の一部は自殺しちゃったし、残りはロイズの運営管理者を相手に猛然と訴訟を始めた。

なんでこんなことになったわけ？　ロイズの危機は、第12章で見たセービングス&ローンの危機といっしょで、一部は運が悪かったってこともある。80年代後半から90年代前半は、自然災害やその他の問題――特にアスベスト断熱材のメーカーに対するすさまじい訴訟が大きかったね――が異様にたくさん起きた時期ではあったから。でもさ、「幸運は備えある者にほほえむ」って言うじゃない。その裏返しで、不幸はそれを好きこのんではぐくむ者にいちばん手厳しいわけ。ロイズ騒動の根元は、要するにこの組織の仕組みそのものが、やばいリスクに手を出すインセンティブをつくっちゃったってことなんだ。

運営管理者VS「顔《ネーム》」

ロイズについてわかっとくべき肝心かなめのとこってのは、シンジケートを実際に運営する「運営管理エージェンシー」ってのが別にいるってことで、こいつらは代弁してるはずの「顔《ネーム》」たちとは必ずしも利害が一致してない——たとえこの運営管理をしてるのが、往々にして当の「顔《ネーム》」自身な場合でも。

運営管理エージェンシーとその雇い主の「顔《ネーム》」とで、ものごとの優先順位がそんなにちがうのかって？　うん、そういうケースは、最低でも2種類くらいは考えられる。

まず、運営管理者は、保険を売った手数料を稼ぎにしてるんだ。ということは、こいつらが手数料目当てにいかがわしいリスクをカバーする保険をいっぱい売って、それがコケたら「顔《ネーム》」に責任を押しつける、という手に出るインセンティブがあるわな。

もう一つは、目立たないけどもっと深刻で、各運営管理エージェンシーは複数のシンジケートを運営してることが多いわけ。しかもたいがい、その分野がかなり似てたりする。こうなると、悪い運営管理者は、えこひいきをしたくなっちゃうよね。つまり、安全パイのリスクは自分が「顔《ネーム》」をやってるシンジケートで引き受けて、ヤバいリスクはよそにまわしちゃう、てなことをするわけだ。

しかも、保険市場がどんどん複雑になってきて、リスクを負う機会もめちゃめちゃ増えてきたから、この手の悪さもいろんな形でできるようになってきた。

80年代のロイズは、もはやむかしみたいに船や積み荷に保険を出すような存在じゃあなくなってた。それどころか、ロイズはもうずいぶん前から、一般向けに保険を直接売ったりはしなくなってたんだ。かわりに何をしてたかっていうと、もっぱら「再保険」という商売をやってた。この商売は、もとの保険を売った連中が、でかい損失に備えて自分も保険を買って、自分のリスクをおさえようって話ね（つまりは保険の保険だわな）。たとえば、ある地域で住宅保険を売ってる会社は、自分の支払額が1000万ドルを超えたら困るなってんで、それ以上の金額を負担してくれるような保険に自分も入るわけ。で、この再保険を出す側は、確率は低いけれどすごい巨額のリスクを負うことになる。同じ地域の家が同時にそんなにたくさん破壊されるケースは、たぶんあんまりしない。でも、万が一それがあったら——たとえば台風とか——再保険屋は、突然すさまじい額の支払いを要求されちゃう。

そしてなんとまあ、80年代後半から90年代頭にかけて、予想外にでかい台風が本当にたくさん起きちゃった。その結果として生じた損失の不釣り合いにでかい部分を負担してたのが、ほかならぬロイズのシンジケートだったりした。

もちろん、リスクを負担するのはぜんぜん悪いこっちゃない。ただし、それは自分が何やってんのかわかってればの話。「顔《ネーム》」の多くは、たぶん保険の元売りにくらべて再保険ってのがどんだけやばいか、わかってなかっただろうね。

さらに、こういう甘チャンの「顔《ネーム》」をカモにする手口は、ロンドン市場超過（LMX）再保険なるものができて、もっと増えた。これは要するに、再々保険だな。たとえば、1000億ドル以上の保険金支払い請求を全額負担する、という保険を売った再保険屋は、こんどは自分が5000億ドル以上の支払いを負担してくれる保険を買うわけ。

こういうLMXは、もちろんながら、ふつうの再保険よりさらにヤバい。だって、万万が一にもこいつが発効しようもんなら、すさまじい金額を支払わなきゃならなくなるもん。

さらに、こいつのおかげで運営管理人は、手数料収入を太らせちゃえるようになった。シンジケートをたくさん動かしてる運営管理人は、自分の運営してるシンジケートのどれかで再保険を売って、手数料を取る。そしたら、その再保険を別のシンジケートで再保険して、また手数料をかせぐ。でもって、それをもう1回でも2回でも、というわけね。

このプロセスは通称「making a turn（訳注❖つけまわし、くらいの感じ）」といって、とんでもない金額になっちゃうこともしょっちゅうだった。88年に石油採掘リグがぶっとんで、14億ドルの損失を出したんだけれど、保険金支払いに再保険支払い、再々保険支払いをあわせると、これがもとの10倍以上にふくれあがった。

もちろん、ロイズにだってそれなりのルールがあって、「顔《ネーム》」がむちゃくちゃをやんないようにできるはずだった。いちばんの基本ルールは、「保険料収入制限」ってヤツで、一人の「顔《ネーム》」が関わるシンジケートからの保険の掛け金合計はその「顔《ネーム》」の資産の一定割合を超えちゃいけないってことになってた。

でも困ったことに、こんな規則は意味がなくなってたんだ。だってシンジケートが主に手を出してたのは、すっごく確率は低いけれど、起こったらとてつもないような現象の保険だったから。石油採掘リグなんて、そうそうしょっちゅうぶっとんだりはしないでしょ。だから、その保険の掛け金だってそんなに大きくはない。でも、たまさかそれが爆発したら、それを保証してるシンジケートの支払い義務は目ん玉飛び出るような代物で、シンジケートのメンバーなんか、一掃されちゃう。

どっかで聞いたような話だって？ そりゃそうよ。ロイズの問題は「モラルハザード」（訳注❖信頼を悪用することで、手軽に金をちょろまかせるようになる危険性ってことね）がらみだったわけ。だから第12章で見た、セービングス&ローンのヤツとは親戚みたいにそっくりな話なんだもん。あそこでも、経営者たちは過剰なリスクをしょいこんで、他人のお金でばくちを打つインセンティブがあったよね。ここでもそうだ。ロイズは石油採掘リグを再保険して、S&Lはショッピングモール建設に金を出してたけど、でも基本的な仕組みはいっしょ。

ただ、セービングス&ローンの場合、そういうこすい手口が可能になったのは、連邦政府が預金を保証してたからだった。だから預金者は銀行が何してんのか、チェックしようとは思わなかった。でも、「顔《ネーム》」はそんな保証はもらってなかったよね。なら、なぜ「顔《ネーム》」はみんなして運営管理者を絞め上げなかったんだろう？

答えはだねえ、ロイズはその長く華々しい歴史を重ねる間に、そりゃもう気をつかって信頼性って点での定評を築きあげてたってことなんだ。何世紀もの過程で、「顔《ネーム》」はいつだってロイズの運営管理者を信頼できたわけ。かれらが無責任なまねはしないだろうって。そしてそれはまさに、この組織が自分の定評をどんだけ重視してるか「顔《ネーム》」がよく知ってたからなんだ。で、かれらは時代が変わったってことなんか、まるで思いもよらなかった。

でも、なぜ変わっちゃったんだろう。

ロイズの凋落

全盛期には、ロイズの運営のやり方は、モラルハザードに対する強力なバリヤーを作ってた。組織全体としても、そして個々のシンジケートの運営管理人も、自分たちの評判をすごく重視する、というのがその根底にはあった。

60年代までだと、「顔《ネーム》」になるには何らかの形でロイズで働いたことがなきゃなんなかった——運営管理人でもいいし、審査でも、営業でもいい。こうすることで、「顔《ネーム》」はロイズの商売についてそれなりによくわかるようになったし、シンジケートの運営管理人の評判についても把握できてたわけだな。これが直接の効果。

それと同時に、運営管理人と「顔《ネーム》」とは、長期的に見ていろいろやりとりがあるわけだ。ある年、どっかの運営管理人が「顔《ネーム》」たちの信頼を悪用したら、翌年にその「顔《ネーム》」たちや知り合いたちがシンジケートをつくるとき、そいつには「顔《ネーム》」になるお誘いがかかんなくなっちゃうもんね。

この社会的な制裁はなかなかうまくいってたし、それに輪をかけたのが、ロイズがすごく儲かってたという点。歴史的に見てだね、ロイズのポジションってのはすっごくユニークだったから、そこにコネがあるってのはホントにおいしい特権だったわけ。運営管理人になったり、審査官になったりして、いずれ「顔《ネーム》」にしてもらえるってのは、だいたいにおいて社会的な地位と安楽な収入を約束されてるような、会員制クラブに入れてもらえるってことなのよ。一時的に手数料が増えるくらいで、それだけのポジションをふいにしようとするバカはあんまりいないよね。

この意味で、ロイズで働くってのは古きよき日々の銀行で働くようなもんだったんだな。競争から守られてるがゆえに報酬も高く、黄金の卵を産み続けるガチョウを殺したくないから、行動も慎重。ロイズが儲かってたのは、政府規制のおかげじゃなくて、市場における特殊な立場のおかげだったんだけれど、でもその効果はおんなじだった。

これがやがておかしくなったのは、もちろんながら世界が変わっちゃったからだった。従来の保険会社が、群れなしてロイズの独占商売に参入してきたし、しかもロイズの古めかしい経営体系をしょってなかったんで、ロイズよりずっと効率よかったりしたわけ。しばらくはロイズも、単純にスケールの大きさによるメリットで優位をなんとか維持できたけど、そのスケール面でだって、ほかの競合企業がちょっとずつロイズと張り合うようになってきた。一歩、また一歩と、クラブの会員でいるメリットも減ってきた——そしてそれといっしょに、定評を保つインセンティブも消え失せた。

セービングス&ローンの場合と同じく、問題が大きくなってきたのに対処しようとして規制が変わった。最初はそれで逃げ道ができたように見えたんだけれど、でも最終的にはそれが事態をずっと悪化させたってとこまで同じときてる。唯一のちがいはもちろん、こっちは政府の規制じゃなくて、社内の規定だったたってことだけ。

60年代、ロイズをもっとでかくして競争力を高めようってんで、この稼業に関わったことのない「顔《ネーム》」もシンジケートに参加できることにした――これは「外顔」(external Names)とよばれて、これまでの唯一の資本源だった「内顔」(internal Names)とは区別されたんだけど。おかげで90年代になると、ロイズの「顔《ネーム》」のうちロイズで働いてるのは2割以下。

結果として、ロイズには大量に資金が流れ込んで、ロイズの商売も拡張――でも、平均的な「顔《ネーム》」の知識量はガタガタになったし、運営管理人たちとしても「顔《ネーム》」に忠誠を誓うインセンティブは激落ち。かくして大惨事のお膳立てが整ったわけ。

ロイズの物語は、セービングス&ローンの教訓を一部繰り返すものではある。そしてこれはまた、90年代にみんなが忘れがちな点を思い知らせてくれる話でもあるんだ。今は、自由市場の力をみんな信じきっちゃって、全然疑わないようになっちゃってる。でも、まちがった政府規制だって市場をダメにするけど、政府規制なしでも市場は勝手にイカレてくれるわけ。民間だけでも、どうしようもない事態を立派に招いちゃえたりするのだ。

この点を強調しときたいから、もう一つ別のファイナンスの楼閣を見てみようか。ある企業が単独で、世界の銅市場にカオスを作り出してしまった、世にも奇妙な物語。

どうにもならない銅のはなし

95年のはじめ、138年の歴史をほこるイギリス企業ベアリングズの従業員が、投機取引で10億ドル以上をすって、文字どおり銀行を破産させたというニュースを聞いて、世界中がひっくりかえった。

シンガポール勤務の、経験の浅い28歳のトレーダーだったニック・リーソンは、日本の株式市場の先物《フューチャーズ》（つまり、未来のある日に、一定の値段で株を売るとか買うとかいう約束ですな）ですっごい投機に出た——しかもどうやら、上司からは実質的に何の監督も受けてなかったんだな。リーソンくんは、市場が上向くと思ってこういう先物をしこたま買い込んだ。それが裏目に出て市場は下がっちゃったので、かれは損を取り返そうとしてもっと買いに走り……（ここらへんは、負けを取り戻そうとするばくち打ちの心境）。やがて、負け……じゃなくて損が12・4億ドルを超えちゃったので、かれはシンガポールを脱走して、やがてドイツに身柄を拘束された。

同時期に、ジャーディン・マセソンとかほかの企業でも、規模こそちがえ、同じような出来事がたくさん起きてた。「狼藉トレーダー（rogue trader）」なることばがすぐに普及した。これはつまり、現代の金融市場の複雑さを利用して、雇い主の金でばくちを打つ従業員のことだ。
で、みんなすぐに慣れっこになった。だから96年夏に、ベアリングズなんかよりもっと大きな金融上の大惨事が表沙汰になったときも、この話題はすぐに一面から消えてしまった。これが住友商事の銅取引事件。住友商事の非鉄金属部の従業員が、銅市場で少なくとも公称18億ドル（実際の数字は40億以上といわれてる）の損失を出したというあの事件だ。「ああ、また狼藉トレーダーか」ってのが一般的な反応だった。

でも、やがてわかってきたんだけど、浜中泰男はベアリングズのニック・リーソンとはまるで別物だった。住友商事の浜中は、予測困難な市場において会社の金でばくちを打ってる、監督不行き届きの従業員なんかじゃなかったんだ。

浜中のやってたことは、もっとずっとおもしろいことだった。かれは、世界の銅市場を「コーナリング」✣[38]するという明確な企業戦略を実行にうつしてたわけ。しかもこの戦略は、最初はうまくいってて、すごい儲かってたんだぜ。

最後に浜中をひきずりおろしたのは、かれ自身の驕りだった。でも、このお話でホントに大事で勉強になるのは、かれが最後にどうして失敗したかという点じゃあない。むしろ、なぜ最初はそれがうまくいってたかという部分なんだ。

市場の「コーナリング」

住友商事が何をやってたか理解するのに、銅市場がどうしたこうしたとかいう話はあんまり知らなくてもいい。銅（そしてこの手の商品のほとんど）の基本は次のとおり――

イ　需要と供給のつりあいの点で、すっごく上下動が激しい。

ロ　商品は保存がきくので、今すぐ使いきらなくていい。

こんだけ。この2つの事実を見てわかるのは、この市場が機能するにあたっては、多少の投機は避けられないし、必要なことでさえあるってことね。みんなが安く買って高く売ろうとするのは、あたりまえだし望ましいことでもある。みんな、値段が不自然に低いと思ったら買って在庫を増やして、値段がすごく上がったと思えば、その在庫を放出して売るわけ。

ここまではオッケー。でも、むかしむかし、どっかのだれかが――これってどうせ、紀元前1000年のフェニキア人スズ商人だったりするんだぜ――十分に資金力があって、十分に賢ければ、要するに市場全体をつるしあげて身代金をせしめられるってことに気がついた。

細部はとんでもなくややこしかったりするけど、基本は簡単。コーナリングしようとする商品の供給の、相当部分を買い占める――本当にものを買ったっていいし、「先物《フューチャーズ》」を買ってもいい。先物《フューチャーズ》ってのはつまり、指定日にある値段でその商品を提供します、という約束だわな。で、その買ったものの一部（全部じゃないよ）を市場に出さないようにして、あとで売るようにするわけよ。

もしこれがうまくいったら、何が起きるかというと、人工的な品不足が生じることになる。値段はガンガン上がるから、市場に出してある商品が高値で売れて大儲けできちゃう。市場に出さなかった供給については、多少の損は覚悟しなきゃなんないだろうね。こっちはあとで安値で売るしかないから。でも、うまくたちまわれば、今の高値で派手に儲けた分で、その損失は十分に穴埋めできる。

手品みたいだって？　なぜこれでうまくいくかわからないって？　うーん、じゃあさ、銅の市場が2時点しかないと考えてみてよ。「今」と「あと」。で、「今」出まわるはずの銅の、かなりの部分を買い占めたとしよう。それを「今」の市場に出さないってことは、つまり実質的に、それを「あと」の銅市場に「輸出」してるってことだよね。

この輸出は、それだけじゃあ儲からないだろう。つまり、「あと」の銅の値段が「今」より低くなったり、高くなった場合でも、倉庫代とかその間に使えないお金の金利分とかをカバーできるほどじゃなかったりするから（なんでそう断言できるかって？　だって、もし金属を未来用にとっとくだけで儲かるんなら、みんなもうやってるはずだろ）。つまり、銅を市場から引き上げるってのは、その分の銅については多少の損をするってことになる。

でも、この「輸出」をやる価値があるのは、それが価格に影響するからなの。「今」の市場から銅を引き上げて「あと」の市場で売るってことは、「今」の価格をつりあげて、「あと」の価格を下げることになるよね。でも、それだけ買い占めてるんだから、「今」売る銅はたくさん持ってるんだな。だから値段が上がれば儲かるわけ。一方で、「あと」で売る銅はそこそこしかない。だからそこで売る銅で損しても、今の儲けを相殺するほどじゃない。

要するにだね、市場から引き上げた銅で損しても、それで今の価格をつりあげられれば、今売った分の銅で儲けられるから、たぶん十分にカバーできるってこと。

もちろん、市場から引き上げる銅が増えてくると、「今」売れる銅は減って、「あと」で売る銅が増えることになる。したがって、このゲームにも限度ってもんはある——というか正確には、未来に輸出する銅の最適量ってのがあって、これはゼロではないけれど、でもそんなに多くはない。それでも、もし一時的にせよ市場をコーナリングしちゃえたら、たいがいは大儲けできちゃう。

住友商事の成功

市場のコーナリングは、うまくいけば最高。でも、そのためにはかなり高いハードルをいくつか越えなきゃなんない。

まず、かなり大規模に売買できないとダメ——つまり、値段をつりあげられるくらいの供給量が買えないと話になんないし、値段が上がったときに売る分もたっぷり持ってる必要があるよね。

第二に、最初に買い占めているときに、みんながこっちの思惑に気がついちゃったら、この戦略はうまくいかない。だって気がついたら、向こうは値段が上がるのを見越して、すごく高い値段を要求してきて、そうしたらこのゲームは成立しなくなるから。

第三に、この種の手口は文句なしに違法なの。理由は言うまでもないよね[39]（これをやった最初のフェニキア人は大金持ちになっただろうけど、2人目はたぶんモロク神のいけにえにされちゃったと思うぜ）。

だけどおそろしいことに、住友商事はこのハードルを全部クリアしおおせちゃったんだ。まず最初のハードル。世界の銅市場ってったら膨大なんだよ。それなのに、たかが一人のトレーダーが、その市場を制覇するだけの能力と意志を明らかに持ってたわけ。

さらに第二のハードル。現代は情報化社会なんだから、こんな派手な市場操作に必要な秘密性を維持するのは不可能だと思うよね——でも、浜中はそれをやりおおせた。一部はイギリスの仲介会社を通じてだけど、主に中国企業（それも一部は国有）とこっそり手を組むことでこれを実現。

そして最後のハードルの監督省庁はといえば……うん、そういや監督省庁は、いったい何をしとったんじゃ！

ある意味で、住友商事の物語でいちばん不思議なのは、ここんとこなわけ。もし浜中が、ただの暴走社員だったんなら、だれも監督省庁の責任とかは問えない。それを監督するのは、そいつの雇い主の仕事なんだから。でも、浜中はそんな暴走社員じゃなかった。かれは要するに、雇い主の指示にしたがって価格操作の陰謀に手をそめてたわけだ。そりゃあ最初は、住友商事が何をたくらんでるのかわかんなかったかもしれない。でもしばらくしたら、「ミスター銅」とか「ミスター5パーセント」とその雇い主が、価格操作でどんな役割を果たしてるかなんて、銅市場の関係者には何年も周知の事実だったはずなのね。なんでそれがいつまでも続けられたの？

その答えの一部は、かれの活動がえらく国際的だったということもあるだろうね。おかげで、だれの責任なのかはっきりしなくなってた。住友商事の本社は日本にあるから、日本の官庁が仕切るべきだったの？　それともロンドン金属取引所があるのはイギリスだから、イギリスがやるべきなの？　あるいは住友が買い占めた銅の大半がしまわれてたアメリカの政府？

でも、この責任の所在をめぐる混乱以上に、たぶん現代の無批判な自由市場なんでも万歳的な気風のせいで、規制官庁が手を出しづらかったんじゃないか、という気はどうしてもする。だって最近はだれもかれも、自由市場にまかせておけば何でも解決します、とかいうお題目を念仏みたいに信じ込んで唱えてるじゃん。この説だと、浜中みたいなヤツを取り締まる必要はない、市場が自然にかれらの思い込みを罰してくれます、という話になっちゃうわけ。

住友商事の失敗

住友商事の戦略は、確かにやがてみっともない終わり方をした——でもそれは、たまたま浜中が大事な原則を受け入れようとしなかったんで、やっと終わっただけの話。その原則ってのは、どんなにうまく市場を操作できても、大儲けの合間に多少の損は覚悟しなきゃならないってこと。

つまり、さっきの市場コーナリングの話を思い出してよ。市場から引き上げといた分の銅（とか他の商品とか）では、あとで売るときにふつうは損しちゃうわけね。その分は、今売った儲けでカバーしようってのが基本でしょ。

でも浜中は、なんだかこの自分の戦略の基本論理を忘れちゃったみたい。手持ちの銅を売って損をかぶるかわりに、かれも倍付けかすっからかんかのばくちに出ることにしちゃった。で、最初の成功を繰り返して価格をもっとつり上げて、そのうち何も知らないバイヤーに在庫をおっかぶせようと企んだのね。

市場のコーナリングってのは、そうそういつも成功するもんじゃないわけ。でも、浜中はそこであきらめようとしなかったので、大惨事を招いた。が、かれがもうチト意固地になんなかったら、住友商事は銅市場でちょっと損を出すだけですんだし、その程度の損くらいならこれまでの巨大な、でも不正な儲けでいくらでも相殺されてたはずだよ。

住友商事事件で笑えるのは、エキゾチックな小道具――日本の名前、中国コネクションとか――をとっぱらっちゃえば、これって強盗貴族時代の物語とおんなじだってこと。ジェイ・グールドとかジム・フィスクみたいな強欲資本家どもが、日常的に市場操作して、何も知らない人々の貯金をかっさらってたのと全然変わらない。

セービングス&ローンの話を見ると、市場に悪いことが起きるのは、政府の規制が変なインセンティブをつくるときだけだとか思うかもしれない。でも住友商事の事件は、ロイズの話と同じく、政府なんかが関わらなくても市場がおかしくなることはいくらでもある、という事実を思い出させてくれるんだ——そして、そもそも政府の規制なんてものが何のために導入されたのか、ということも、この話を読んでもう一回よーく思い出してみてね。

おまけ 企業ファイナンス[40]

『フォーチュン』89年8月号は、読者の神経を逆なでする気だったのかな、「CEO第2の妻」という記事を載せた。表紙にはキャロリン・ローエム、ゴージャスな元モデルのファッションデザイナー。

この記事は、80年代終わりのアメリカ社会がどんな状態だったかについて、すごくいろいろ物語ってくれたんだけれど、たぶん編集者が意図してなかった大きな教訓は、そのカバーガールの選び方に含まれてたんだ。というのも、ローエムの旦那ってのが、これまでの伝統的な意味での産業界の親玉ってんじゃなかったのね。そいつはハリー・クラヴィス、投資会社コールバーグ・クラヴィス・ロバーツの推進力的な存在だな――専門は企業買収とLBO。つまりクラヴィスは巨額の個人資産を築いたんだけど、ふつう考えるような意味で生産力のある企業をつくったんじゃない。既存の企業の所有権を組み替える仲立ちをすることで、たくさん儲けたわけ。

この選択は偶然じゃない。80年代は、企業ファイナンスですさまじい財産が築かれた時代だった。この時代の英雄は、アップルのスティーブ・ジョブスとか、ロータスのミッチ・ケイパーとかいった事業家たちだった。でも、ホントにでかい金をかっさらったのは、取引のまとめ屋さんたちのほう。19世紀末は強盗貴族たちの時代だったけど、80年代はそれ以上の意味でファイナンスの魔術師どもの時代だった。だって、80年代にいきなり金持ちになった連中の業績は、いろんな意味で強盗貴族たちの偉業でさえチンケに見えるようなもんだったんだもの。

19世紀の大資産はゆっくりと築き上がってったし、それはその元となる企業の成長と並行してた。鉄道1キロごと、製鉄所1つずつ、石油精製所1つずつ。80年代の資産は一挙にやってきた。ときにはほんの数週間ほどで。しかもその所有者たちは、まだ十分に若くてその資産を最大限に楽しめた(『フォーチュン』の記事はそういう話ね)。

金融市場での突然財産の登場は、現代の大スペクタクルの一つだ。これがどういう意味を持ってるか理解しないと、今の経済もわかりっこない。詳しくいえば、次の3つの質問に答えなきゃなんない。

1　どこからそんな財産が湧いてきたの?
2　なぜほんの少数の人があんな派手に儲かったの?
3　なぜそれが、80年代に起きたの?

財産はどこから湧いて出たの?

少数のアメリカ人に、こんなすごい財産を生み出した金融操作は、いい加減に紙を並べ替えたってだけの話じゃあない。むしろそこには、アメリカ産業の体系的な変化が2つからんでたんだ。まず一方では、コントロールの面で大きな変化があった。もともとの企業経営者や企業所有者から、企業のコントロールが離れてったわけ。それともう一方では、資金調達（ファイナンシング）の変化があった。エクイティ（資本）調達から、負債調達に変化したんだ。

金融操作屋どもが何するかというと、今ある会社の一部か全部を、別の会社が買収する手伝いをするか（これが乗っ取り）、あるいは投資家集団（しばしばもとの経営陣を含む）がその会社の一部や全部を買収する手伝いをする（これがLBO、負債による買収[*41]）。どっちも、企業の経営のコントロールが変わる。乗っ取りでは、もとの経営陣は、買った側の経営陣にとってかわられる。LBOでは、もともとの雇われ経営陣は残るけれど、役員たちは切り捨てられる。

乗っ取りもLBOも、負債を山ほどこしらえるのがふつうだ。LBOをする連中は、手持ちの金だけで会社丸ごと買えるほどの金は持ってない。だから、借金しなきゃなんない。乗っ取りでの買い手側も、借金してその金を捻出するのが通例。だから乗っ取りもLBOも、負債を急増させるわけ。

一方で、発行株式数は減る。だってその株は、買う側の企業や投資家グループに買われちゃうから（訳注✣こいつらが株を買って、買収して、すると買った企業は自分の一部となって、自分で持ってる自分の株は無意味なので発行株式から減ってしまうってこと）。80年代は、企業が鬼のように負債発行したのと同時に、発行エクイティは純減してるのが特徴。

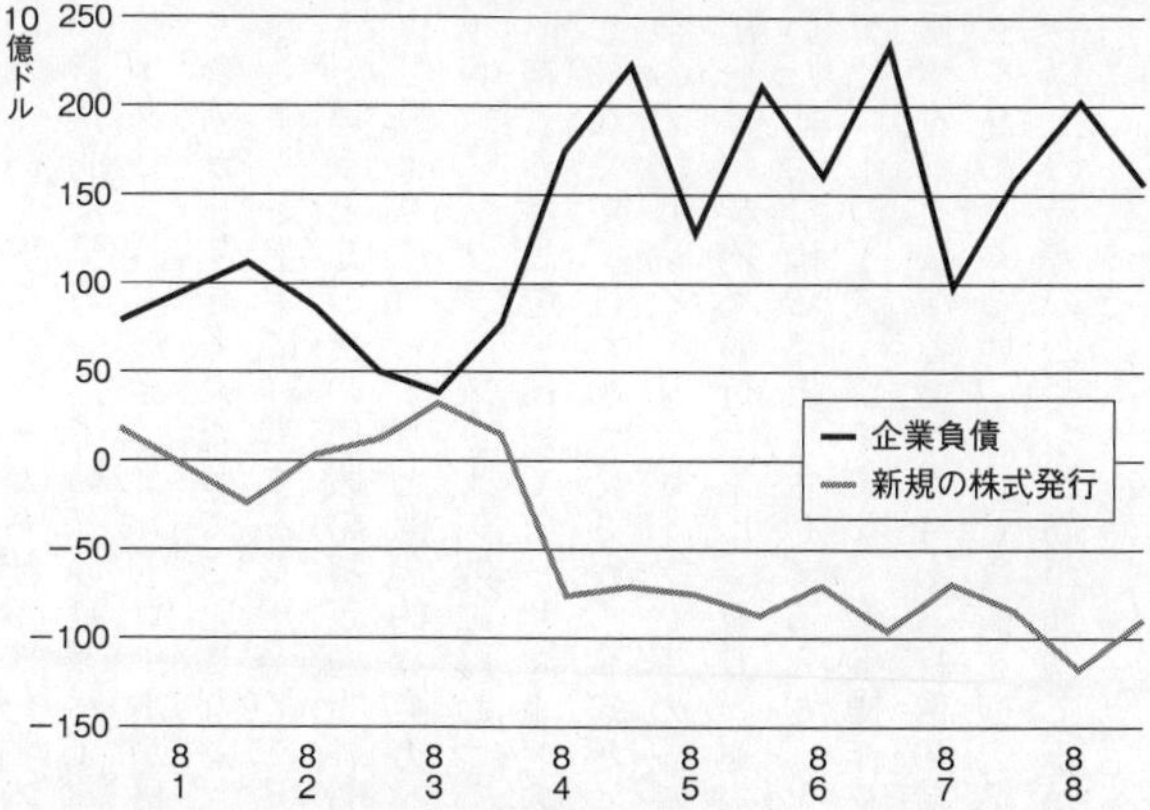

図25● 株と負債の純発行額　80年代に企業はたくさん負債を発行して、株のほうは買い戻しが新規発行を大きく上回った。

どっちの操作も、まあえらく金がかかるわな。乗っ取りやLBOで買われる株ってのは、その前の取引価格のだいたい5割増しくらいの値段にはねあがる。これに加えて、この取引をまとめる投資会社にも、相当額の手数料が上乗せされてくる。だから、いろんな人がすごく儲けることになる。もともと株を持っていた人たちは、その株の元値よりずっと高い金をもらえる。投資会社もたくさん手数料を取って、高い家をたくさん買ったり、パーティーを開いたり、奥さんをモノにしたりもできるようだね。すると不思議なのは、それだけの金はどこから生まれたんだろうか？　ということだ。

過去10年のいろんなできごとと同じく、これは専門家の間でも大いに意見が分かれる。マサチューセッツ州ケンブリッジのハーバードスクェアから徒歩5分圏内に、正反対の見方それぞれの主導者がいる。

肯定的な見方をしているのは、ハーバード・ビジネススクールのマイケル・ジェンセン。ジェンセンの説だと、コントロールが移行して生じる株価の上昇は、その会社の効率がよくなるから起きるんだってことになる。つまり、新しいオーナーたちは、もとのオーナーたちよりも上手に経営するんだってこと。市場はそれがわかってるので、LBOがあるなーと思うとその株の値段の算定を上げちゃうんだ、というわけね。

これよりずっとずっと悲観的な見方をしているのが、ジェンセンのハーバードの同僚ローレンス・サマーズ——失敗に終わったデュカキス候補大統領選の主任経済顧問で、今は財務省の最高位を占めてる。サマーズの議論だと、株価が上がるのは効率がよくなるからじゃなくて、ほかの人たちから金を奪ってるからだってことになる。サマーズとシカゴ大学のアンドレイ・シュレイファーの説だと、乗っ取りやLBOにともなう株価の上昇の大部分は「契約不履行」——つまり、過去の好意の見返りとして前の所有者や経営陣がしていた約束を破ることで生じてるんだ、と主張。これは、映画『ウォール街』のゴードン・ゲッコーのイメージですな。金融操作をする人間は、賃金カットや、職を保証されてた労働者をクビにするとか、今ある社債の持ち主がぜんぜん想像もしてなかったほど破産リスクを高めるくらい、新しく負債を抱え込んだりするとか。

以上の見方のどっちが筋が通ってるかな？　両方とも、もう少し詳しく見てやろう。

効率の向上

マイケル・ジェンセンは、乗っ取りやLBOの学会での擁護者という立場を引き受けてる。かれの見方だと、会社の再編で株主が儲かるのは、経済全体にとってもメリットがあるってことになる。実際、かれは乗っ取りやLBOによる株価の上昇を足してって、その数字を投資会社のアメリカ経済への貢献の指標に使うのが好きなんだ。

ジェンセンは、どこからその値上がり分がきてると思うんだろうか。別に買う側の経営者が、前任者たちよりも必ずしも頭がいいからじゃあない。メリットを生み出す余地は、もともと経営者たちがこれまであまりに自由裁量がありすぎたってことにある。

ジェンセンによると、多くの企業では経営者が株主利益を第一に考えなくなってる。経営トップは、収益の内部留保分を株主に戻すかわりに、自分たちの力や名声を拡大するようなプロジェクトに投資しちゃう。リターンは低いけれど体面的にはかっこいいベンチャーに投資する。現場レベルでは、厳しい労使対決をするよりも、ムダの多い労働慣行や甘い管理を認めてしまう。

どうしてこんなことがまかり通るのか？　株主があまりに分散していて、グループとしてもばらばらだから、経営陣の行動について十分把握しきれないし、しきれても効果的な行動がとれないからだ、というわけ。ジェンセンの議論だと、こういう財務リストラのプレミアム（株の値上がり分）はだいたい50%くらいだから、経営陣は平均して株主の正当なリターンの3割くらいを無駄遣いしている計算になる。

こういういい加減な経営がはびこってるところへ、この新しいファイナンスの芸術家たちがやってくるわけね。かれらは会社のコントロールを、もっと強硬な新しい手に引き渡す――あるいは経営陣を所有者にすることで、そいつらに根性を入れてやる。それと新しい会社に負債をしょわせて、経営者たちがその返済だけでも収益を最大化しなきゃなんないようにする。その結果は？ みんなが効率性を追求しなおすようになって、それがエンジニアたちには何百万ドルをもたらすんだけれど、それは会社を生き返らせたんだから当然の見返りだ、ということ。

この見方のどこがまずいだろう。みんな、会社の経営陣が怠慢で、自分をえらく見せたがってばっかで、全体として憎たらしい連中だという考えには直感的に大賛成だろうけれど、でも実際に見られるような株の値上がりが、単に紙の上で仕切りなおして効率が上がりましたというだけで説明できるというのは、ちょっと考えにくいんだよね。

そしてもっと大事な問題だけど、もし会社リストラがそんなにいいもんなら、80年以来のリストラの嵐はなぜアメリカの経済成長に対し、もっとはっきりした影響をもたらさなかったんだろう。この手の取引で、何千億ドルもが株価に加わってる。それなのに、生産性成長は70年代とくらべてほとんど上がってないし、世界におけるアメリカの経済的・技術的な立場は、どんどん後退する一方だった。稼いだわりに、ぜんぜん賢くなってないじゃないか！

ジェンセン自身は、株価とその他の経済パフォーマンス指標との乖離にかかわる皮肉には、けっこう鈍感だったりする。88年「勝者の宴会」(これはかつてのジャンクボンド(訳注❖275ページを見てね)の帝王にして、有罪判決を受けたインサイダー取引のマイケル・ミルケンの古巣、ドレクセル・バーナム・ランバート主催だった)に提出した論文で、かれは乗っ取りやLBOが実現した新しい効率の高い企業構造を、輝かしく描き出してみせた。そして、この幸せな現代的状況との対比で、株主へのアカウンタビリティを果たさない独立経営陣が、企業のキャッシュフローを勝手に横取りしていた、あの邪悪な過去が描き出される。この状況は、ジェンセンの説だと「60年代半ばから後半にかけて頂点に達した」んだってさ。

どうもジェンセンは、自分の言う60年代半ばから後半の「邪悪な日々」が、年率3%で生産性がのび、生活水準はぐんぐん上がって、アメリカの技術が君臨していた時代だったのが気にならないらしい。一方、その効率の高い現代ってのは、生産性が年率1%しかのびず、生活水準頭打ち、相対的には低下傾向の時代だってのにね。

もちろん、乗っ取りやLBOが経済効率の面でメリットをもたらすことが多いというジェンセンは、たぶんまちがっちゃいない。でも、一般的な見解や他の専門家の見解によれば、メリットのほとんどは富が増えたせいじゃなくて、それが再分配されたせいで起きたものなんだ。

契約の不履行

ローレンス・サマーズとアンドレイ・シュレイファーは「反ジェンセン」の役を買って出て、80年代の企業リストラに反対する議論を展開した。2人の議論は、ジェンセンのよりは世間の偏見にしっくりくる。でも、まずその中身を見てみようか。

サマーズとシュレイファーは、あるシナリオから始める。ある企業が、理由はなんでもいいんだけど、ずっと前から労働者によそより高い給料を払う方針になってたとしよう。で、この高賃金は、単に経営陣がヤワなだけで、良好な労使関係を株主の犠牲で買ってるだけだったとしよう。ここが企業リストラにあって、新しい厳しい経営陣がこの方針を変えた。賃下げをつきつけてそれを勝ち取って、だから企業の利益は向上して、企業の株主利益も増えた。

サマーズとシュレイファーが指摘したんだけど、この場合の株の値上がりは、アメリカ経済全体としての利益向上とは関係ないんだ。これって単に、今あるパイを分配しなおしただけなんだよね。労働者から取り上げたものを株主に渡しただけの話。これがいいか悪いかは人によって意見がちがうけど、でもどっちにしても、ジェンセンみたいに株価の値上がりを経済全体へのメリットだと考えるのは、まちがってるんだってこと。

サマーズとシュレイファーは、企業リストラによる付加価値のほとんどは、効率向上よりは収入の分けなおしからきているんだ、と主張してる。いちばんはっきりした標的は、賃金だね。たいがいの企業では、やめない最低限の賃金よりは高めの賃金をみんな払ってるし、それによくある話だけど、乗っ取りやLBOに続くのはだいたいが賃金カットだもん。

もう一つの標的は、会社の債券の持ち主。エクイティを減らして負債をもっとしょいこむから、リストラされた会社は利益が上がる可能性を増やす一方で、こけるかもしれないリスクの一部は、債権者に渡しちゃえるわけ。この人たちは、むかしこの会社にお金を貸したときには、ここがまさかこんな借金漬けになるとは夢にも思わなかったんだよね。88年にRJRナビスコがLBOの標的になったとき（これを仕組んだのがコールバーグ・クラヴィス・ロバーツ）、ここの社債の値段は一挙に16％下がった。

最低でも、サマーズ＝シュレイファーの議論によれば、ジェンセンみたいな人の議論は企業リストラからのメリットをえらく過大評価してるわけで、これでみんなが得をすると思うのは大まちがいってことになる。でも、サマーズとシュレイファーは議論をもっと進めて、長い目で見たら、ほとんどみんなが損をする結果になるかも、と言う。

かれらの議論だと、労働者や債券保持者から取り上げられた利益ってのは、かれらにとってただのお年玉じゃなかったわけ。それはむしろ、もっと長期の暗黙の約束事の一部だったのね。市場より高い賃金を払って、職を確保してやる企業ってのは、別に経営陣の性根がヤワだってだけじゃないかもしれない。労働者側が長期的に身を入れて働いてくれて、労働意欲を高く保つ代償としてそうしてんのかもしれない。負債を低くおさえておく企業は、自分たちの評判を守って、有利な金利で借金が続けられるようにしているわけだ。

要するにサマーズとシュレイファーの議論は、企業リストラに続いて起こることは、企業とその「利害関係者」――つまり株主以外でその会社に長期的な関わりを持つようになった人たち――との間の、明文化されてない契約の束を反故にしてるんだってこと。こういう明文化されてない契約は、法律的には何の効力もない。でもそれを言うなら、ほとんどのビジネス上の取引は法律の文言なんかよりは、信頼と評判への配慮に基づいてるでしょう。

契約不履行の見方からすると、80年代の企業リストラは長期的な関係の維持をまるで度外視するような代物だった。これは株主にとっては、巨大な利益が即座に手に入ることになった。収入が、かれらのメリットになるように再分配されるんだから。でも、長い目で見ると、これはつまり労働意欲みたいな目に見えない資産を築くときに、企業が苦労するようになるってことだ。結果として経済成長が下がるし、ほとんどのアメリカ人にとっては生活水準も低くなる。

この理屈は、現実とつきあわせてみるとどうだろう。企業リストラのメリットが再分配からくるものだという主張は、ジェンセンの見方よりはアメリカ経済についてのぼくたちの知識としっくりくる。もしジェンセンが正しいなら、生産性が大躍進する10年が続いたはずなんだよね。でも続いてないでしょ。

一方で、サマーズ゠シュレイファーの見方からすると、期待されるのは所得分配の不平等拡大や、特にこれまでは高賃金をもらってたブルーカラー層の実質賃金低下、そしてそれに対応して高株価だ。確かにこれは前に見たとおり。

でも、乗っ取りで起きる賃金カットが、効率いい長期的経営方針の破棄を意味するって議論になると、ちょっとまゆつばだ。これはジェンセンが未来を理想化するのと同様に、過去を理想化してるんじゃないかな。あくまで憶測だけど、乗っ取りの標的が高めの賃金を払っていたのは、たぶん効率のよい長期的取引なんかよりは、いい加減な経営陣が労働者とまじめに交渉しなかったからだと思うよ。

妥協した見方

企業リストラについてのジェンセンとサマーズ＝シュレイファーの見方には、それぞれ確かに当たってる部分があるよね。妥協した見方をすれば、80年代のアメリカ経済の構造変化は、効率を上げるのと、賃金をしぼるのと両方のやり方で企業価値を上げる機会をつくった、ということかな。何が起きたのか考えるうえで役にたつかもしれないお話を、ちょいと考えてみようか。

このお話では、80年代のアメリカ企業リストラは、主に経済リストラのニーズからきたものだった——具体的には、「煙突まみれの工業アメリカ」を解体するニーズってことだ。60年代、そして70年代でも、アメリカの経済風景は、中心工業地帯の大企業と、その労働者たちを組織する強力な組合が支配してた。このブルーカラー労働者たちは、似たような労働者がほかで稼ぐのよりもずっと高い賃金を取っていた。でも、かれらがつとめる企業たちは、長いこと価格競争を避けるようにしてたので、労働コストのツケを消費者にまわしてもぜんぜん問題なかった。

そこへ貿易赤字と国際競争の激化がやってきた。この競争を前にして、煙突まみれの工業アメリカを「ダウンサイズ」する必要が出てきた。つまり、資本をこれまでの工業セクターから抜いて、工業労働者の賃金も切るってこと。

こういう仕事は、既存の経営陣にはあまりむいてなかった。縮みゆく既存産業の経営者たちは、キャッシュフローを株主に戻したがらなかった。他の産業に、もっとリターンの高い投資機会があるときでもね。そのくせ、新分野に事業を拡大するだけの知識もなかった。そして組合と対決して、既得権の放棄を迫ったり、賃下げをのませたりする気もなかった。

負債による乗っ取りやLBOは、これを一変させた。株主は高値で株を買ってもらい、その金を捻出するために巨額の負債がしょいこまれた。この負債で、経営陣はやり方を変えられるようになった、というか、そうするしかなくなった。負債の重荷で、経営者たちは変なところに投資できるような余計なキャッシュフローがなくなっちゃったし、労働者側との交渉でも、強硬になるしかなかった。リストラされた会社は、債権者を満足させるにはスリムで強力になるしかなかったし、このスリムさと強力さはひるがえって、乗っ取りのときに払った株価の割高分を正当化することになったわけだ。

このお話には、ジェンセンとサマーズのどっちの要素も入ってる。企業リストラの価値は、経営陣にとってのインセンティブが変わることで生じるし、その増えた価値は経済にとって真のメリットになってる、という点ではジェンセンと同意している。でも、金融上の価値の大部分は、効率の向上からくるんじゃなくて、これまで高賃金をもらってた労働者の収入をカットして得られてるんだ、という点でサマーズにも同意してる。さらに、80年代のファイナンス熱と、急速な不平等の拡大とがこれで結びつくではないの。

なぜそんなに儲かるヤツがいるの？

最終的な理由について、どっちのハーバード教授が正しいかはおいとく。でも、ある会社を既存の経営陣より自分たちが仕切ったほうが、ずっと価値が高くなると思った会社や投資家グループが、80年代には記録的な数で登場したわけだ。だから、いろんな取引で、会社の持ち主が変わったのも驚くほどのことじゃない。

多少は驚くほどのことといえば、企業リストラビジネスのまわりにみるみる現れた、へんてこなファイナンス行為の新世界のほうだった。この新しい世界には「グリーンメール」だの「毒入りリンゴ」だの、「白騎士探索」だの「パックマンディフェンス」だの、これまで聞いたこともないような企業活動が出てくる。そして「リスク・アービトラージ」みたいな、えらく儲かるらしい新しい仕事をつくりだし、それまではあんまし見かけない犯罪だったインサイダー取引みたいなものが、急に大きな心配の種になった。

こりゃいったいどういうこと？　細かい話はいちいち触れてる余裕がない。特にこの分野は、アメリカきっての秀才たちが毎日新しい変種の手口を考え出してるところだから。でも、いくつか基本原則をおさえておけば、企業ファイナンスの派手な新世界が多少は見えてくるかもしれない。

出発点となるのは、ペンシルバニア大学ウォートン・ビジネススクールのサンフォード・グロスマンと、MITのオリバー・ハートという2人の経済学者が考えた、乗っ取りについての一見単純な洞察だ。グロスマンとハートは、いまや有名になった78年の論文でこう言ってる。仮にある会社が、別の企業を乗っ取ったらそいつの価値をすごく上げられると思ったとしよう——まあそうだな、買われる企業の株が、今の株の5割増しくらいの値段になるとする。さて、そこでこの会社は、標的の株を買ったげますよ、と今の株主に申し出る。この株主たちはいくら要求するだろう。もっと厳密には、乗っ取りによる値上がりのうち、買った企業ではなく元株主たちが手にする利益は、どのくらいの割合になるんだろうか？

グロスマンとハートによれば、答えは簡単。株主たちは、利益を全部かっさらって、買う側の企業には何も残らない。この株が、買い手企業にとって今の値段の5割増しの価値があると思ったら、株主としてもその値段をもらうまでは売らないよね。だから乗っ取り進行中というニュースがでまわれば、株価はすぐに上がって、乗っ取りしてもぜんぜん儲けがないことになっちゃう。

でも、乗っ取りにかかるコストは、株の値段だけじゃすまない。乗っ取り準備には、調査も必要だし、お金を工面してくる手間暇もかかるし、その他いろいろ物いりだ。残念ながらこういうコストは、買いますよという申し出をした時点ではすでに「沈んで」[42]しまってる。だからグロスマン＝ハートの分析だと、株主はそのコストの埋め合わせができるように値段をまけてやったりはしない。つまり、かれらのモデルだと、乗っ取りのための株の買い付けは、必ず損するんだ。たとえ乗っ取りで、本当に標的企業の収益性が上がったとしても。

グロスマン＝ハートの分析は、一つには乗っ取りがなぜそれまではあんまり起きなかったのかを説明するためのものだった。でも、80年代には、乗っ取りがあたりまえになった。なぜ？

答えの一部は、はしっこい買い手なら、乗っ取りしたがってるのがばれる前に、標的会社の株をかなり買い占められるからってこと。その段階で株を買えば、あとで乗っ取りがわかってからの値段よりはかなり安い。だから、もとの株主へは利益が流れない。もちろん、これをうまくやるには、こっそりやらないとダメね。乗っ取り候補が株を買いあさってるのがばれれば、株価は期待で上がっちゃうから。

標的企業の株を、できるだけこっそり買いあさらなきゃいけないってのが理解できれば、80年代企業ファイナンスの荒っぽい世界もわかってくる。まず、今日のファイナンスのスタイル――半ば軍事作戦、半ばガキのゲーム――は乗っ取りの力学の当然の結果なんだろうね。ここではスピードと意外性が大事で、情報獲得とライバルをだますのが成功への王道ってことになる。

第二に、新しいファイナンスのスタイルは新しい職業をつくりだす。ちょっと先に、ある企業の株価がどうなるかわかれば、すごく儲かる。これは昔からのことだ。以前は、これをするにはその会社の将来見通しを考える必要があった。今では、株価をいちばん大きく動かすのは、ほかの会社の動きだ。どの会社がこの先乗っ取りやLBOの標的になるかわかれば、お手軽に大儲けできるよね。というわけで、リスク・アービトラージという職業が生まれた。これは、リストラ対象になりそうな会社の株を買い占める仕事なんだ。リスク・アービトラージ屋さんは、どういう仕事をするんだろうか。原理的には、各企業の戦略として可能性のありそうなのを慎重に調べたり、乗っ取り進行中を知らせるような株価の動きを分析したり、主要なプレーヤーの動きについて、合法的に情報を集めたりするわけだ。

でもだれでもわかることだけれど、もっとはっきりした確実な方法があるよね。だれが何を買おうとしてるか知ってるヤツに、金をつかませて教えてもらえばいい。というわけで、インサイダー取引がのしあがってきた。そしてやがてアイヴァン・ボエツキーやマイケル・ミルケンみたいな人が没落への道を歩むことになる。

というわけで、一部の人が金持ちになる方法はわかった。企業ファイナンスの新世界は、他の投資家の見通しに先回りできる投資家に対しては、かつてない水準の見返りをよこしてくれるし、新手の気取った犯罪の可能性をも生み出した。でも、リスク・アービトラージとインサイダー取引という表裏一体の活動について、もう少しコメントしておこう。

まず、リスク・アービトラージというのは、正直にやったとしても、この世でいちばん非生産的な活動の一つなのね。アメリカでいちばん頭がよくてエネルギーにあふれた連中が、ほかの賢い連中が数時間先に何をするか当てっこして悠々と暮らしてるというのは、すごく残念なことではある。そしてもちろん、この生え抜きの秀才たちが、少しでも先に出ようとして非合法な手段まで使うとなると、もっと残念だよね。

一方で、リスク・アービトラージやインサイダー取引ですら、経済にとって本質的な害を及ぼすことはないともいえる。リスク・アービトラージ屋さんは何をするのかというと、乗っ取りやLBOの標的になりそうなところの株を買う。だから乗っ取りが高くつくようになる。もしインサイダー情報を持っていれば、もっと効果的にこれができる。結果としてはつまり、企業リストラがやりにくくなるってことだ。もし企業リストラが絶対に（いや、ふつうは、でもいいんだけど）よいことなら、これは困ったことだよね。でも、これまで見てきたとおり、少なくとも一部のリストラについては、あんましよくないんじゃないかというかなりしっかりした議論があるよね。だから、それが多少やりにくいからって、泣いちゃうほどのことじゃない。だからって、ローレンス・サマーズがアイヴァン・ボエツキー賛歌を歌うのは当分先のことだろうけど、でもゆがんだ形とはいえ、二人は手を組んでたりはする。

今の企業ファイナンスに組み込まれた、信頼悪用の可能性は、それがなぜこんなに儲かるのかも説明してくれる——新卒ホヤホヤのMBAが数十万ドルの給料を稼ぎ、ファイナンスの王子たちが想像を絶する金を支払われるのか。この人たちは、ちょっとしたエッジが巨大なリターンをもたらすような商売をやってるんだから、もちろん優秀な連中で、鉄のツラの皮とすばやい判断を持ってるんだろう。でも、すごく大きな誘惑にもさらされるわけだ。

銀行の経営者が高給取りなのは、別にかれらが有能だからってだけじゃなくて、チンケな給料しかもらってない人物に重い責任を負わせるのは、決してうまいやり方じゃないからなんだよ。同じように、投資銀行はたくさん稼いでて、自分たちの評判をちゃんと気にしてくれるほうが、誘惑に直面したときにも負けないでくれるだろうって信用できる。

なぜ80年代に？

アメリカ企業の派手なリストラについて、いちばん首をひねっちゃうのは、なぜあの時代に？　ということだろう。お金の出所が、効率性が上がったせいなのか（ま、お手並み拝見ってとこですか）、正直な労働者や債券保有者のパンを盗んだものなのか、それともジャンクボンドに手を出すようなごうつくばりの歯医者をカモにした結果なのかはさておき、なぜ80年代であって、それ以前ではなかったの？

仮説はいくつか考えられる。

最初の議論は、マイケル・ミルケンが時代をつくったのであって、その逆ではないのだという説。議論の分かれるところだけれど（そしてジェンセンとかは、これに賛成する議論を張ってるけど）、新しい企業ファイナンスにはいくつか重要な技術革新が必要で、それのおかげで企業は前よりたくさん負債を背負えるようになったのだという話ね（ただし蛇足ながら、これが真実だとしても乗っ取りがよいことだということにはならない、という点には注意して。そういう技術革新は、効率向上ではなく契約不履行をファイナンスしてることだってありうるんだから）。

第二の仮説は、政治的な環境の変化が新時代の幕を開いたという説。合併の多くは、70年代ならまちがいなく反トラスト法の適用を受けたような代物。ほかのだって、本当ならかつては強力だった組合が動き出すようなものばかりだし、それは連邦政府からもしっかり支援を受けただろうね。新しい富のかなりの部分が、政府が金持ちになってもいいよと判断したときに生まれたというのは、いやぁ、なかなか驚くべき偶然の一致だよね。それともホントに偶然なのかな？

そして、ありうる説明がもう一つ。この仕組み全体が、ジャンクボンドによる資金調達のリスクを甘く見ることで成立していたんだってことを考えると、要するにこの前の金融危機から十分な時間がたってるってだけの話なのかもしれない。ハーバード大学のベンジャミン・フリードマンの指摘では、金融危機のリスクはだいたいいつも一定なんだけれど、でもホントにすごくたまにしか起きないので、直近の経験にだけ基づいて確率を見積もると、極端な悲観論（危機の直後はそうなる）とまったく何の根拠もない楽観論（幸運がしばらく続くとこうなる）の間で揺れ動く。だから、80年代への道を敷いたのは、単に時間がたったってことなのかもしれない。いったん派手な買え買えムードが始まると、悲観主義者が自分の見通しにしがみつくのはどんどんむずかしくなっていって――そして、いけーっ！　となったわけだ。[43]

……そして一挙に転がり落ちた。90年代頭には、80年代のファイナンス的な大リストラブームは、かなりの部分はホントに投資家のいけいけムードだけで成り立ってたらしいのがはっきりしてきた。80年代に負債を山ほど抱え込んだ企業の多くは、90年代には資金繰りが行きづまっちゃった。結果として何が起きたかとゆーと、ジャンクボンド市場は実質的に崩壊。投資家たちは、ミルケンがあんなにはやらせたファイナンスツールに失望しちゃったんだな。

失望の度合いをはかる物差しとして使えるのが、二次市場でのジャンクボンドの冷や汗もんの値下がりぶり。90年末には、ミルケン時代に発行された債券は、平均して額面のたった半分で取り引きされてた。こういうキャピタルロスまで含めて考えると、どうもミルケンは、投資家のみなさんに損をさせた計算になりそうだ。

ジャンクボンドに対する90年代の投資家の失望ぶりは、かれらの80年代の浮かれぶりと同じくらいの過剰反応だって可能性はある。それでもこのお話全体は、ファイナンスの天才とただの押し売り屋とを見分けるのがいかにむずかしいかという耳の痛い教訓ではあるよね。

訳者のおまけのおまけ解説

企業の財務構造のかんたんなお話

　まず、企業ってのはふつう、工場とか設備とか知識とか、なんらかの資産を持ってて、それで商売をする。これはいいよね。この資産を英語ではAsset、通常はAと表現する。じゃあ、その資産（あるいはそれを買うお金）ってのはどっから出てくるの？　これは一つには、自分のポケットから出すとか、あるいは株を売ってみんなに出してもらうという手がある。でも、こういう人たちもただじゃ出さない。儲かったら配当をあげますよ、ついでに株主総会で会社の経営に口出しする権利をあげますよ、と言って出してもらうわけ。この分をEquityといって、Eで表現する。

　もう一方で、借金をする手があるよね。銀行から借りる手もあるし、債券を発行して売ってもいい。この人たちには、利息払うから貸して、といってお願いするわけだ。これが負債。DebtだからD。

　で、原則として、A＝D＋Eが常に成立してる。つまり、なんかこんな箱（次ペ一）みたいなのを考えてもらえればいい。これがバランスシートってヤツよ。

　企業は、Assetを使っていっしょうけんめい商売する。で、それが儲かったら、まずは負債（借金）の利息とか元金を支払う。それでもし余ったら、株主に配当を出すか、ある

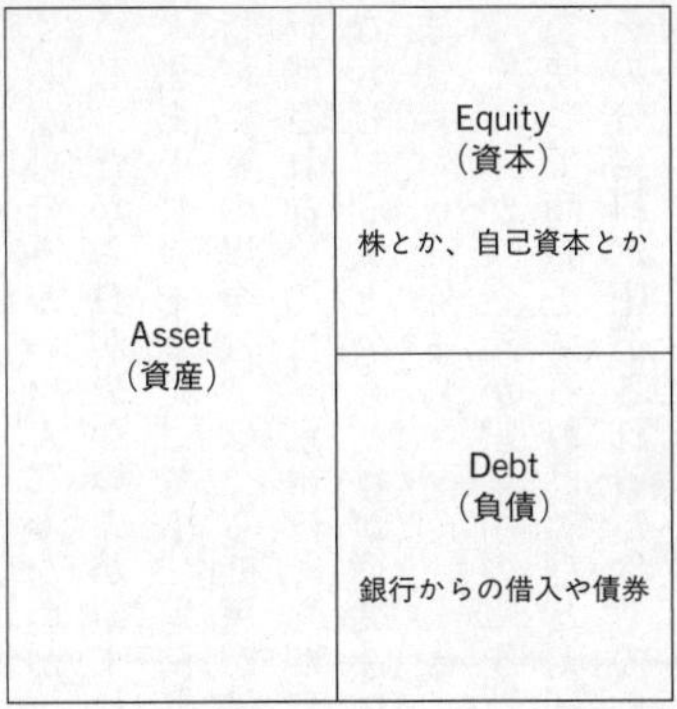

いは自分に投資して資産（つまり商売の基盤）をでかくするわけ。

では問題。あなたが会社をつくろうとするとき、お金がいるわけだ。で、それを調達しなきゃなんない。「資金調達」ってヤツだね。そのとき、Ｅを多くするのがいいの、Ｄを多くするのがいいの？　どうやって、決めればいいの？

答え…どうでもいいのだ。適当に決めればいいのよ。

ええっ？　そうなの？　でもいろんな人が、資金調達手法がとか、最適な資金構成がとか、いろいろむずかしそうな顔して能書きたれるじゃん。バランスシート分析とかすんじゃん。あれって何なわけ？　少しくらいは根拠ってあるんじゃないの？　どうでもいいって、ウソでしょ？

いやホント。資本構成ってかなりどうでもいいの。これは山形が思いつきで言ってることじゃなくて、もう常識なの。ＭＢＡとかのファイナンスの講義だと、だいたい2カ月目くらいでこれを教わる。この理論を完成させた2人の名前をとって、Modgiliani & Miller の法則、略称M&Mと呼ばれるんだけど、Finance structure doesn't matter!!

まず一般人的な感覚から言えば、借金っていうのは何か必要悪みたいなもので、なるべくしないほうがいいんじゃないか、という気がするよね。利息もじゃんじゃん取られちゃうし。だからDが少ないのが望ましいんじゃないかな？

まあそれはそうだ。でも、返済計画さえちゃんとしてれば、借金って悪いことじゃない。特に企業の場合は。ぼくら庶民が借金して（ローン組んで）車買うよね。これがあまりいい顔されないのは、別にぼくらが自家用車買ったところで、収入には何の影響もないからなわけ。収入というパイが増えないのに、ローンという支払い義務だけは増える。これはまずい。

ところが、企業が営業用の車を買うとなるとわけがちがう。企業は車を買ったら、それを使って商売をするわけ。たとえば月々のお支払い10万円で車を買うとしよう。ぼくらは、その分給料が圧迫されるだけ。でも会社なら、その車で月々15万円の儲けが出せれば、その借金はマイナスじゃない。支払い義務も増えるけど、それ以上に収入のパイが増えるんなら結構毛だらけってこと。

借金避ける理由もないし、かといって好んで借金する理由もない。資本側の参加でも同じ。だから結局、はっきりした資本構成の根拠ってのはないわけ。

細かい話はいろいろある。特に税金の話と、そうはいってもあんまし返済義務が多いのはやだから、負債はほどほどのほうがいいよな、とか。でも、その「ほどほど」ってのがどの程度なのかは、まあ同業他社を見てみましょうとか、自分たちの儲けと返済額とをくらべて、儲けがかなり上下しても余裕を持って返せるくらいの返済額で、とか（返済額の2〜3倍とか、不安定な業種なら6〜7倍あるといいな、とか）いうのはあるけれど、これも根拠ってのはあまりない。返せる範囲なら、どうでもよいのだ。

あと、現実問題として、借金と出資とどっちがやりやすいかというのはある。製鉄所とかダムとか不動産とか、担保になるものをどーんと持ってると、借金のほうがやりやすいよね。貸すほうも安心してくれるから。一方、ベンチャー企業であんまり担保になるものがなければ、まあ貸してくれる銀行がないかもしれないので、出資に頼るかもしれない（でもベンチャー出資って、別の理由で借金のほうが多いんだけど）。でもこれも、出資者がいれば出資してもらえばいいし、融資者（金を貸してくれる人）がいれば金貸してもらえばいいし、そんだけの話。

だから、前にも言ったように、ファイナンスなんてそんなすごい話ではないわけ。ファイナンスって何をするかってーと、この右側のところの話をするわけだ。資金調達は負債でやりましょか、それとも株を新規発行しましょうか、どんな割合で、いくらくらいでどう売りまひょか……でも、それは先にも書いたように、ぜんぜん本質的な話じゃない。そのときにたまたま買いそうな人がいれば、貸してくれそうな人がいれば、それでぜんぜんオッケー。

株屋には、それでも多少の価値がある。「そのときにたまたま」というのをある程度知ってるから。今は負債側でのってきたい人が多いよ、とかね。でもそんな情報って、そのうち株屋に仲介してもらわなくてもわかるようになると思わない？

便乗してどんどん脱線しちゃおう。いま書いたようなことって、たぶん徐々にみんなわかってくると思うのね。だから、そのうち今ある証券業界とか、ファイナンス業界とか、どんどん不要になって衰退してくと思う。消えることはないだろうけど（クリーニング屋と同じで、自分でもできることを代行してくれる業者はそれなりにありがたいから）、今ほどメジャーではいられないんじゃないかな。

クルーグマンも同じこと考えてて、投資銀行なんて仕事こそ今後どんどんコンピュータ化されて消えたっていい、と言ってる。金利とか収益率とか見て、差のあるとこ探して適当にアービトラージするだけなんだもん。大した人工知能もいらないよ。もし金融市場を本格的に規制緩和してったら、たぶんそういう可能性もあるはずなんだ。

それはさておき、LBOってのは、ある意味でこの「資本構成はどうでもいい」という理屈をおもいっきりつきつめたようなものだ。LBOは、だいたい次のような手順でやる。

・会社作って、たくさん債券を発行して現金をつくる
・その現金で、借金少なめで株価安めの会社の株を買い占め、経営権を手に入れる
・自分たちの借金を、その買った会社に全部しょわせる（これはしなくてもいい）

・会社の内部留保を吐き出させる
・リストラして会社の株価を上げる
・自分の買った株を売り払って、儲ける

これの前半をいかにこっそりすばやくやるかで、LBOの成否が決まってくるというのは本文にあるとおり。

さて、最初の「たくさん債券を発行」というところでは、実質的に何も事業をしていない会社が、債券売って（借金して）資産の8割とかを捻出しようってことになる。常識的にそんなのはおかしいんだけれど、でも「資本構成はどうでもいい」以上、こういうのだってありだ、ということになる。

さらに、ありだろうとなしだろうと、そんなヤバいものを買うやつはいないはずだった。最近よく耳にするけど、債券には格付けってものがある。返済能力ランキングだと思ってね。それが一定以上低いと、ジャンクボンドといってまともな投資家は買わないんだ。でも、それを買わせたのが、本文中にも出てくるマイケル・ミルケンって人。この人は、ジャンクボンド（格付けBaa以下の債券）の帝王と呼ばれてた。ミルケンは「いや、格付け低くても実は予想外にみんな返せてますよ、利回りも高いし最高っす」というのを示して、ジャンクボンド（そしてLBO）の大ブームをつくったわけ。すごいね。

ところが、もっと注意深い人が、ジャンクボンドを発行年代別に見てみようと思ったのね。そしたら、最初の数年くらいはどこもまあまあまりデフォルト（支払い不履行）になったりしないけど、年を経るにつれてその割合がみるみる上がってくことに気がついた。ミルケンの分析は、新しいのも古いのもいっしょくたにしてたし、ちょうどLBOブームの初期だったから、新しいジャンクボンドの割合がすごく高かった。それで不当に低い結果が出てたんだって。

この論文が発表された翌日、ジャンクボンド相場は一挙に数十%落ちた、という噂もかなりマジである。あと、実際にでかいところが次々に借金払えなくなったりもしたし。これでジャンクボンドも、そしてLBOも下火になったのは、本文にもあったとおり。

14 グローバルファイナンス[44]

80年代のアメリカにおけるファイナンス上の大イベントを見ると、すごく驚かされることがある。セービングス&ローンのスキャンダル、ジャンクボンド市場の興亡、そしてあまり派手さはないけれど、住宅ローン担保債券みたいなへんてこな新しい資産をもとにした巨大市場の誕生など、どれをとってもとことん国内に限られた話なのね。

セービングス&ローンはほぼ完全にアメリカだけに限られてた組織だし、それにからんだスキャンダルも、アメリカ中部の小さな都市や町が舞台になってた。LBOの波は、だいたい国内に限られてた。外国企業はアメリカ経済の中の手持ちを増やしたけれど、でもそれはほとんどが合意による買い取りで、うちの企業乗っ取り屋さんみたいな強引なやり口はあんましなかった。そしてこういう乗っ取り屋は、ほとんど外国には出てかなかった。80年代の金融上の浮かれさわぎは、自家培養だったってこと。

それがどーしたって？　だって「グローバル」とかいうことばは、経済ヒョーロンカどものお気に入りの流行語じゃん。めざましい資本の国際流動性について、神妙な顔して御託をならべるってのは、もう財界人の定石になっちゃってるではないの。で、この資本流動とやらで、世界はシームレスに一体化するってわけね。

シティバンクの元頭取ウォルター・リストンは、92年にこの新たな民間の知恵を『独立主権国家の落日――情報技術が世界を変える』なる本で表明してて、これによるとコンピュータとテレコミュニケーションは国の市場を結びつけることで、国家の政策立案をますます無効にしつつあるんだそうな。

これってほとんどウソなわけ。国際的な金融イベントは、80年以来アメリカ経済にとって、驚くほどどうでもよかったんだ。79年の原油価格高騰は、本当に大きなインパクトをアメリカ経済に与えた。でもこれだって、金融市場とはぜんぜん関係ない。とはいえ、グローバル金融市場は実際のできごとにはあまりインパクトがなくても、影響力の強い人たちがたくさんこの話をしてきた――だからそれだけでも、こうした市場の主な特徴を見てみる理由としては十分みたいなものかな。

グローバル市場ってどんだけグローバル?

年がら年中、巨額の金が世界を行ったり来たりしている。ある調査によれば、89年の外国為替取引(個人や企業が、自分の資金をある通貨から別の通貨に換える取引)は、1日あたりで5000億ドルを超えるんだって。こういう取引の大部分は、財やサービスを買うんじゃなくて、それ以外の資産を買うような話だった。つまりは、国際的に莫大な資本が動いてはいるわけだ。

でも、取引は確かに発狂したようなペースではあるけれど、だからって国境が問題でなくなったと思うのは時期尚早だな。ある意味で、各国の資本市場の結びつきは、驚くほど薄いんだよ。

まず、取引はいっぱいあっても、[45]外国市場に長期的な投資を行おうとする投資家は、そんなに多くはない。ポートフォリオの国際的な分散はえらく少ないんだ——つまりアメリカ人はめったに外国企業の株主にはならないし、その逆もいえるってこと。推定によれば、アメリカ住民が保有してる株の9割以上は、今でもアメリカ企業の株だし、日本やヨーロッパの投資家についても同じことがいえる。[46]

世界の株式市場が必ずしも連動してないのは、こんなふうに国際的な株の「持ち合い」がほとんどないせいなのかもしれない。これは90年から92年にかけて、日本の株式市場——絶頂期には、アメリカの株式市場よりも価値が高かった——がじり貧を続けたときに、みごとに実証された。この2年間で、日経平均は6割以上も下がった。資本市場がそんなに統合されてるんなら、当時世界最大の市場だったものがそんなに落ちたときに、ほかの市場もいっしょに引きずりおろすだろうと思うでしょ？ でも、同時期にアメリカの株やヨーロッパの株は、かえって上がってる。

それと、長期的な資本の移動って、びっくりするほどわずかしか生じないんだよ。これは過去の実績とくらべてもそうなの。日本は80年代に所得の18%を貯蓄した。これはほか

日本がこの貯蓄の相当部分を海外に投資するんじゃないかと思うよね。でも、平均して資本流出は、国の収入のたった2%。でもイギリスは、1913年までの40年を見ると、貯蓄の4割を海外に投資してる。これを見ると、コンピュータの時代のグローバルな資本市場は、蒸気の時代ほどの効率すらないってことになりそうだ。

だからグローバルな資本市場は、実はぼくたちが想像しがちなほどにはグローバルじゃないんだけれど、でもだからといってぜんぜん大事じゃないわけではない。というわけで、アメリカの政治家がすごく大事だと思った国際的な金融イベントを、いくつか見てみようか。

第三世界の累積債務

70年代、アメリカなんかの民間銀行は、第三世界にお金を貸すのはいいことだと思いっていた。第三世界への融資は、利息が高めにとれたので魅力的だったし、政府にお金を貸したり、政府が返済を保証してくれるところにお金を貸すのは、銀行屋さんとしてはかなり手堅い融資だと思えたわけ。シティバンクのウォルター・リストンが言ったように「独立主権国家は破産したりしませんから」というわけだ。かれはあとで、この発言を思いっきり後悔することになるんだけどね。

お金が流れ続けてる間は、首尾は上々。債務国はどんどん追加で借金して、前の借金の利子も元金も楽々返せた。ところが81年から82年、いろんな理由が重なって、みんな不安になった。同時に、お金の流れも止まった――するとこの国々は、借金を返せるだけの金をつくれなくなったんだ。結果として、債務危機が雪だるま式に拡大して、それが80年代ずっと続く結果となる。

第三世界の債務は、80年代の世界経済のいろんな面で、すごく大きな問題だった。人間的な面からみれば、これはもっともな話。南米やサハラ以南のアフリカ諸国、それとフィリピンとかその他数カ国は、この債務危機で大打撃を受けたからね。大量債務国（ＨＩＣ）の経済成長は、81年以降はずっと遅かった。失業とインフレがうなぎのぼりで、もともとすごく貧しかった家族の生活水準は、もっと下がった。南米のどん底の連中（アフリカはもっとだけど）にとって、債務危機は死ねというに等しいものだった。

でもアメリカの経済政策上の問題としては、債務問題なんか大したことなかったんだ。貧乏国のかわいそうなとこってのは、連中があんまし金を持ってないってことなのね――だから、純粋に経済的な話でいえば、まあどうでもいい存在なわけよ。問題のある債務国のＧＮＰを合計しても、世界の総生産の４％以下。払いの遅れてる債務国の借金を合計しても、貸し手諸国の資産の１％以下。その債務のローン返済額なんか、貸し手諸国のＧＮＰの４分の１％以下だぜ。だからまあ、ひどい言い方ではあるんだけどさ、アメリカとしては第三世界の債務国なんかどうなろうと、知ったこっちゃなかったわけ。

それなのに、80年代のかなりの間、第三世界債務国の問題はかなり大きな政治的課題になってた。これには大きな理由が2つ。

まず、最初の頃は、債務国のデフォルトは銀行危機の引き金を引いちゃうんじゃないかって心配があった。世界経済全体から見れば、からんでくる金額は大したことなかったけれど、でも問題のある債務国への貸付は、最大手の銀行に集中してたんだ。で、この債務危機の時期は、たまたまアメリカやヨーロッパでの深刻な不況とぶつかってたから、政策当事者としては第三世界での問題のせいで重要な「お金の中心」たる銀行がコケるんじゃないかと心配になった。

でも、西側経済が回復してくると、そんな心配もなくなったのね。だから80年代後半には、銀行の監督省庁はブラジルやメキシコからの未回収金額なんかより、不動産開発への不良債務のほうを心配するようになってた。

第二に、貸し手諸国としては、債務国の政治的な安定を保ってやるほうが自分たちのためだという雰囲気があった。債務国と銀行が取り立てで派手に対立するようになったら、過激派の活動が高まるんじゃないかと思ったわけ。82年だと、外国銀行を糾弾して借金の棒引きを要求することで反米運動がメキシコの政権の座につく、というシナリオは、そんなに絵空事ではなかった。いや、今だってその可能性がなくなったわけじゃない——今年とか来年とかいう話ではないけれど、でも金持ち国なんかクソくらえという気分が世界からなくなったと考えるのは、こりゃバカだ。

だから連邦準備銀行やアメリカ財務省やＩＭＦのお役人たちは、累積債務問題を自分たちがなんとかしなきゃ、と思った。しかし、どうすればよかったのかな?

追加融資か見逃すか

金を貸した相手がやってきて、お金を返しきれないんですと言ったとしよう。相手の言い分を調べてみて、そいつが本当のことを言ってるのがわかった。とにかく金をつくれと締め上げてもムダなのもわかった。さて、どうするね?

道は基本的に、2つあるわな。まず、返済を待ってあげることだよね。これは実質的に、返せない分の金を追加で融資してあげて、そのうち返せるようになることを祈るって手だ。もう一つの手は、そんじゃあるだけ払ってよ、それであとはチャラにしようと言ってあきらめる手(ただしこの場合、もう当分そいつに金なんか貸してやんないだろうけど)。

第三世界の債権者も、同じ選択を迫られた。その債務を追加融資してあげる——つまり支払いをのばしてやって、そのうち事態がよくなりますように、と祈る——か、支払い免除してあげる、つまりは債務の額を、相手が払えそうなところまでまけてやるか。

82年から89年にかけて、第三世界の債務についての公式政策は、追加融資だけで十分ってことになってた。債務国に時間をやれば、いずれ返せるようになるだろうって。それが89年3月、財務長官ニコラス・ブレイディは一転して債務を減免する戦略に変えると宣言。追加融資の時代には、債務国の支払い義務は3通りの方法で先送りされた。

①元金の返済が延期された。
②IMFや世界銀行みたいな公的機関が、支払い期日のきた利息分だけ、追加で融資をしてやった。
③最初にその国にお金を貸した銀行たちにお呼びがかかって、いわゆる「協調」融資というのをさせられた。これはつまり、残りの支払い利息の一部を間接的に再融資するような話。

結果として債務の返済はほとんど完全に止まった。そして公共と民間の両方から、部分的に新しい融資が行われたんだ。

この方針は、債務漬けの国をもっともっと借金まみれにしちゃうものになりかねなかったし、これははじめからそう宣言されてた。

でも、債務問題の初期だと、これはそんなにまずいことだとは考えられてなかった。債務国がそれまで達成してきた経済成長をもってすれば、そして貸し手がパッケージの一環として要求した経済改革があれば、主要債務国のほとんどは、債務問題から自力ではいあがってこられそうだったから。

言い換えると、債務は増えるかもしれないけど、債務国の収入はもっと大きく増える——だから債務国の信用も、悪化するんじゃなくて、だんだん改善するだろうって話。

でも89年には、ほとんどみんなこの方針が失敗したのを認めた。何が問題だったかって、最悪の債務国は要するにみんなの期待に応えられなかったんだ。危機の前だと、こういう国は年5%以上の経済成長を続けてた。82年のあとになると、それがほとんどゼロ。ということは、人口は増えてたから、1人あたりの収入はちゃくちゃくと下がってたんだよね。このスピードダウンがどこまで債務危機自体のせいだったのかは、まだよくわからないんだけれど、でもその結果は明々白々。債務国の国内では、借金を棒引きしろという政治的な要求が高まり、一方で成長がないので潜在的な投資家たちもよりつかない。世界の金融市場へのアクセスを回復するなんて、おとといおいでという状況。89年初期には、第三世界債権の市場での転売価格――債権者がお互いの債権を売り買いする値段――は、額面のたった3割くらい。

だもんで、89年に財務長官ニコラス・ブレイディは、第三世界債務を棒引きする方向性をうちだした。半年たたないうちに、メキシコは債務棒引きの「ブレイディ・ディール」を発表。その後3年以内に、その他の主な債務国もあとに続いた。

するとそこで、おかしなことが起きちゃったんだ。

「エマージング市場」現象

ブレイディ・ディールにともなう棒引き額ってのは大したもんじゃなかった。たとえばメキシコは、債務をたった10%ほど減らせただけだった――どう考えても、経済状況に大した差ができるほどのもんじゃなさそうでしょ。ところが、この取り決めが調印されたとたん、状況ががらりと変わった。まるで借金の棒引きは、どんな少額でも金融市場に債務国を見直せという合図だったとでもいう感じ。そして第三世界はいきなり「エマージング市場」なる新しい名前のもとに、魅力的な投資先と見なされるようになった。93年には、メキシコやアルゼンチンは70年代を上回る勢いで資本を集めていたんだ。

発展途上国へのこの新たな資本の流れは、前の波とは形がちがってた。まず、銀行からの貸付はほとんどない。かわりに出てきたのは、つぎの組み合わせだった。多国籍企業による直接投資。「エマージング」証券市場への大規模投資。そして民間企業の債券購入。これを仲介してたのは、アメリカで80年代に国内のジャンクボンドを扱ってた会社なんかだったんだけどね。

いちばんわかりやすいのがメキシコ。アメリカの自動車会社みたいな外国企業は、メキシコに工場をつくってアメリカ市場むけの製品をつくってた。投資家はメキシコ株を買ってた——88年末から91年にかけて、メキシコの株式市場は、ドル換算で400%以上も上がってる。そしてメキシコの民間投資家（大発展の北部地域に有料道路をつくったりしてる実業家グループとか）は、海外で債券を売り出してる。全体としての資本の流れは、82年から89年にかけてはゼロに等しかったのに、93年にはGDPの8%以上になってた。

なんで市場の見方がこんな急に変わったんだろう。答えの一部は、ブレイディ・ディールは債権者から「1ポンドの肉をとる」という各国の政治的なニーズを満足させて、それぞれの国が先に進めるようにしたってこと。それと答えの別の部分は、一部の債務国が財政赤字もなおして、インフレもおさえて、貿易も自由化して、国営企業を売っぱらって、なんとか自分ちをちゃんと仕切りなおしたってことだ。でも、資本はブラジルみたいな国にも流れこむようになったんだけどね。ここは財政もインフレも立て直しきれてないし、ましてまじめな長期的な改革計画なんか、ぜんぜんまとまってないんだよ。やっぱ見方が変わった背後には、相当に心理的な要素が働いてるんじゃないかという疑惑は、どうしても避けがたいよね。

テキーラ効果

94年を通じ、メキシコはいろいろやっかいな困難に出くわすようになってきた。一部は政治的な問題。この年の頭に、貧乏で取り残されたチアパス州の農民たちが武装蜂起したので、世界は大騒ぎになった。蜂起そのものは、政府の権威を揺るがすようなものじゃなかったんだけど、みんながあまり認識してなかった深い不満があるんだな、というのがこれで暴露された。

年末には、政権党の産業革命党の大統領候補者が謎の暗殺。かわりの候補者がすぐに見つかって（温厚なアメリカ仕込みの経済学者だった）、下馬評どおり選ばれたけれど、この暗殺でどうもまだきちんとおさえ切れてない部分があるな、という感じはさらに強まった。一方で、経済も期待したほどの成績はあげてなかったし。成長は停滞、失業は増え、外貨準備高も減少。

メキシコ国内の経済学者数名と、国外の多数の経済学者は、インフレは下がってるけどアメリカよりは高いので、結果としてメキシコペソは高くなりすぎた、と論じていた。この説だと、メキシコの産業は外国の産業にくらべて競争力が落ちてきてて、だからペソを切り下げてこの問題に対処しましょう、ということになる。

メキシコの役人は、議論をはぐらかした。一つには、そんな切り下げをしたら投資家のメキシコに対する信頼が揺らぐと思ったからだし、一つには選挙前にそんなことをしたくなかった、ということもある。でも、94年12月、選挙に勝ってから、実際に通貨切り下げが行われた。

結果はというと、もうボロボロ——でも、切り下げようというもともとのアイデアがダメだったのか、そのやり方がタコだったのかは、まだはっきりしない。最初の切り下げは、みんなが必要だと思ってたより小さかったので、投資家たちはそれでおしまいだと思わなかった。むしろ「はじめの一歩」みたいなもので、あとにもう何段か控えてるんだろうと思った。

さらに困ったことに、切り下げ計画のニュースが事前にメキシコのインサイダーに漏れてて、だから外国投資家は、メキシコって信用でききんのかよ、と疑問を持つようになった。これに拍車をかけたのが、新任大蔵相の傲慢不遜に見えた態度で、これで先の投資家たちは一気にキレた。だもんで、ペソはみるみるうちに、半値にまで暴落。さらにこの不安拡大は、アルゼンチンとかほかのエマージング市場諸国にも飛び火した——俗にいう「テキーラ効果」。

95年いっぱいかけて、メキシコは高金利とアメリカからの巨額の一時融資で、なんとかペソを安定させた。アルゼンチンも、1ドル1ペソの固定為替レート方式でやってたんだけど、自前の高金利政策と世界銀行からの小さめの融資でそれを守り抜いた。

でも、この金融安定化は安いもんじゃなかった。どっちの国も不況になって、メキシコなんか驚異の7%のマイナス成長。96年には、メキシコはそこそこ力強い回復途上みたいで、アルゼンチンはもっと弱い回復(でもこっちは最初の落ち込みがそんな深くなかったんだけど)。それでも、一連のできごとはあんまりいい体験とは言いがたい代物だったね。

メキシコとアルゼンチンへの投資家の熱狂が、なぜ冷えたのかは、まあすぐに説明がつく。どっちの国も、経済的な弱点をホントに持ってたし、それについては多くの経済学者が浮かれ騒ぎの間にも指摘してたんだよね(黙殺されたけど)。

でも、そんな弱点だけでは、この危機のでかさはとてもじゃないけど説明しきれない。世界銀行の経済学者ギリェルモ・カルヴォが言ったように、不思議なのはなぜ罰のほうが実際の罪よりこんなにでかかったか、ということなんだ。

いちばんまともな答えは、どうやら投資家の不安拡大が、一種の自己実現的な政治経済的危機の悪循環を生み出したってことみたい。投資家が心配したのは、経済のファンダメンタルズの状況なんかじゃなくて、自由市場に基づく改革に向けた政治的なコンセンサスが失敗するんじゃないかということなわけ。政治状況が不安だったので、投資家としてはかなり金利が高くないと、その国にお金をおいときたい気にはならなかった。でも改革に向けた政治に対する最大の危機は、経済が低迷してることだった――そしてなんで経済が低迷してたかといえば、それはまさに金利をそんなに高くしとかなきゃなんないからだったのね！

要するに投資家たちの言い分はこういうことだ。「メキシコは、政治情勢が心配だから、金をおいとくのやめた。政治情勢がやばいのは、ぼくみたいに心配してる投資家を満足させるために金利を高くしてるからなんだけど」。これは不合理に聞こえるし、投資家全員の利害を考えたら、まったく不合理ははなはだしい。でも個々の投資家の立場からすれば、これは文句なく筋が通ってる。

エマージング市場の金融危機が、最終的にはどんな形に落ち着くのかは知らないけれど、この話が持ってる意味というのはかなりこわい。もしこの危機の分析が正しいんなら、多くの国は、要するに資本市場の気まぐれでしかないものにもてあそばれかねないってことだよね。国がこまった状況になるには、別にやばい政策をとらなくったっていい。投資家たちが、理由はどうあれその国がやばいと思えばいい――そしてそれで不安が拡大したら、危機が生じて、やっぱり本当にやばかったんだ、という話になっちゃうわけだよね。

G7と政治的協調

85年に、プラザホテルでの有名な会合で、5大経済の蔵相が顔をあわせてドル安にもっていこうと決めた。で、自分たちでもいささか驚いたことに、これは成功しちゃった。その結果として、主要国同士が集まって、お互いの金融政策を議論して基本的には協調させるのは、定期的な行事になった。最初の5カ国が拡大してイタリアとカナダを含むようになり、Group of Seven（7カ国グループ）をつくった。これがいわゆるG7。G7は今では年次サミットを開くし、蔵相レベルではもっとしょっちゅう会合を開いてる。

G7会談は豪勢なイベントだし、シャッターチャンスは山ほどあるし、それに有効な国際協調ってのは、洗練されて未来に目が向いてますってな顔をしたい経済ヒョーロンカさんどものお気に入りのテーマ。ひたすらG7の話題について話し合う会合を開催する民間組織が少なくとも一つはあって、G7委員会っていうんだって。でもG7会談——それとも訳知り顔をしたい人たち風に言えば「G7プロセス」——というやつは、本当にアメリカにとって大事なんだろうか？

答えは、意外なことに、たぶんそれほど大事じゃないんだ。

相互依存の経済

先進国がマクロ経済政策を協調させるってのは、額面だけ見るとなかなかよさげな感じだよね。だって、協調性のないバラバラな政策なんて、なんかやでしょ。でもじゃあ具体的にいって、協調すると何がいいんだろう。

協調がいいんだという議論はだいたい決まってて、それはこんな話で説明できるかな。

仮に、工業国がみんな不況だったとしようか。さて、ある国が不況を脱出したくて、内需拡大をしようと思った。これは金利をカットするか、あるいは財政的な刺激策（税金カットとか公共支出拡大）をとってもいい。

でも、この国が自分だけでこれをやろうとしたら、どっちの政策もうまくいかないかもしれない。金利を下げたら、投資家はもっと高い収益を求めて、お金をほかの国に移して、その国の通貨を下げてしまうだろう――そうするとインフレになる。もし財政政策をつかって拡大しようとしたら、拡大した需要の一部は輸入品に向けられて、これは貿易赤字の拡大になる。だから、自分だけで不況を終わらせようとするのは、どの国もためらうだろう。

でも、ここで主要国が共同で協調拡大路線に合意したとしよう。こうなると話はちがってくる。各国がいっせいに金利を下げたら、投資家たちもうろうろしないから、だれの通貨も下がらないですむ。あるいはみんなが財政による拡大策に出たら、どの国も輸入と同時に輸出が増加するから、貿易赤字は増えないですむし、各国の成長は、輸出の増加によってさらに補強されることになる。つまり、国同士が集まれば、自分だけではどこもやりたがらないことが、できちゃうかもしれない。だったら原理から言えば、政策を協調しようと合意することで、各国は世界的な不況にもっと有効な対応ができるわけだ。

というわけで、国際政策協調という考え方には、概念的にはすごくしっかりした根拠がある。ただし、一つだけ問題。実際問題としてはこんなの、あんまし大事じゃないんだよね。だって世界の経済大国にとって、国際貿易の重要性ってホント限られてるんだもん。

協調の大したことない重要性

Ｇ７プロセスの重要性が大したことないってのを理解するには、アメリカとヨーロッパ連合（ＥＵ）の経済的な関係を考えてみてほしい。絶対額で見ると、両者はものすごい量の貿易をしてる。95年にアメリカは８５０億ドルをヨーロッパ連合に輸出して、だいたい同じくらいを輸入した。でも、このどっちもすごく巨大な経済なわけ。だから両者の貿易も、総生産に占める割合を見たらびっくりするほど微々たるもんなんだ。アメリカのＥＵ向け輸出は、ＧＤＰの２％以下なんだよ。

さて、ここでＥＵが巨大な公共投資と税金引き下げをして、これでＥＵ経済が10％拡大したとしよう。これはアメリカ経済にとってどんな意味を持つだろう。歴史的に見ると、２対１くらいの割合。だから、ＥＵ経済が10％拡大すると、アメリカのＥＵ向け輸出は20％増になるかもね。これはかなりご大層に聞こえる。でも、もともとＥＵ向け輸出は、ＧＤＰのたった２％しかなかったわけ。すると輸出拡大も、全体から見ればＧＤＰのわずか０・４％――大したものではあるけど、でも圧倒的に大事って感じではない。

今の例で出てきた拡張計画は、ちょっとでかすぎて、Ｇ７会談で取り決められることは絶対にない。93年に日本は、記録的な内需拡大策に合意したんだけれど、これだって日本のGDPをどれだけ上げたかといえば、わずか3％以下。おまけに、日本はG7仲間からの圧力なんかなくったって、この程度の拡大は自前でやってたはずなんだ。G7プロセスは、日本ではたぶんいつもより少し大きめの刺激策になっただろうし、これはたぶん、アメリカやヨーロッパの経済成長をちょっとだけ増やしたはずだけれど、でもアメリカ経済へのインパクトがGDPの0・1％以上だったとはとても思えない。

経済政策の協調という考え方は、過去10年で大量の経済研究のタネになった。政策協調が大事だって理由を見つけたがる動機はすごく強い。華やかなテーマだし、えらそうな会合に出られるし、政府高官としても、自分たちがいかに重要かって話は聞きたくてたまんないんだから。でも多くの調査の結論は、残念ながら否定的だった。共通の金融・財政政策をつくってみても、見返りがとにかくぜんぜんないの。

なんか悪さはするの？

G7会議が大した成果を生まないにしても、役人どもが時間をつぶす方法としては比較的無害だとはいえないんだろうか？[*47]

政府高官さんたちがやることの規模から見て、政策協調を論じる国際会議ってのは、まあ大したことない代物だ。ただし、リスクは2つ。

まずは、単純に気が散るってこと。役人たちは、聞こえは華々しいけどぜんぜん大事じゃない国際問題にばっかかまけて、国内の大事な問題に注意が向かないかもしれない。アメリカは、80年代に政府高官たちが第三世界の累積債務なんかほっといて、もっと退屈な国内のセービングス&ローンでのできごとに注意をはらってたら、今よりずっとよくなってたはず。

もう一つのリスクは、国同士がお互いにあんましお手伝いできないってことになると（まあたいがいはできないんだよね）、こんどは逆に、責任のなすりあいを始めるってこと。日本はアメリカを不況から引っぱり出せないし、アメリカだって日本の不況を救えない――でも、政府高官はかならずしもこれを理解してるとは思えない。だから、協調のメリットについて、現実的じゃないような期待を持ってたら、それはすぐに新たな国際対立のタネになりかねないんだ。

ヨーロッパの痛貨問題

国際協調は、アメリカにとっては大した問題じゃない。これは、経済大国の間の相互依存関係が小さすぎて、問題になりようがないから。でも、だからって国際金融問題がぜんぶどうでもいいってわけじゃない。それどころか、90年代初期ってのは、ヨーロッパ内ではすさまじい国際金融ドラマが展開されてた時期だった。アメリカはこのドラマではさほどメジャーな役はもらってなかったし、アメリカ経済への直接のとばっちりもほとんどなかった。でも、世界のイベントの中ではすごくでかかったので、サクッと触れとくのもいいだろう。

ヨーロッパはどこがちがうか

大経済――アメリカ、EU全体、そして日本――の間の国際政策協調は、たいして大事じゃない。でも、ヨーロッパの中を見る場合には、各国の経済政策がお互いにからみあっている点をおさえないと、最近のイベントは理解できないんだ。

その理由の一つは簡単で、ヨーロッパはすごく小さな地域なので、各国とも他の大陸相手にくらべて、お互い同士での貿易がすごく多いってことに尽きる。フランスの対米輸出は、フランスのGDPの2%以下。EU内への輸出となると、これがGDPの15%。だからフランス経済は、日本やアメリカなんかの政策よりは、お隣諸国の経済政策にずっと強く影響されんの。ちょっと前に、なぜ協調すべきかという理屈を挙げたけど、あれはグローバル経済全体よりは、ヨーロッパ内部でのほうが大問題なわけだ。

80年代、この自然な相互依存関係は、ヨーロッパの主要国が通貨政策をリンクして、ヨーロッパ通貨システム(EMS)に統合しちまおうと決めたことで、なおさら強まることになった。

ヨーロッパ通貨システムは、79年に創設された。そもそもの目的は、ヨーロッパ内の為替の変動をおさえることで、そこでの主張というのは、為替レートがふらつきすぎると企業にとってよけいな不確実さが増えると称するものだった。[*48] 紙の上では、これは事前に決めた範囲内で為替レートをおさえようという取り決めだった。たとえば92年には、1ドイツマルクに対してフランスフランは3・36フランの「セントラル・パリティ」を持ってた。もし実際の為替レートがこれを2・25％以上上回るか下回るかすると、フランスとドイツはお互いの通貨を売り買いして変動がその範囲を超えないようにする。各国は、お互い勝手にこのセントラル・パリティを変えちゃダメだ。システムの他のメンバーと会議を開いて、新しいパリティの了解をとらなきゃなんない。

実際には、EMSはただの為替レートの取り決めじゃない。外為市場に介入するだけで、政府がいつまでも通貨を安定させとくのは不可能だ。たとえばその国が、国内では内需拡大政策をとって、一方で通貨の価値を維持しようとした場合を考えてみて。国内の金利を下げたら、投資家はお金を外国に移したくなるよね。それで一方で、自分の国の通貨を外為市場で買って通貨防衛するってのは、左手でやってることを右手で戻そうとするようなもんだ。だから現実には、為替レートを安定させますという約束は、通貨防衛のためなら金利も上げちゃうぜ、という意志がともなってないとダメなんだ。

要するにEMSは、実質的にヨーロッパ諸国の通貨政策をリンクさせちゃったわけ。でも、その政策はどういうふうに協調してたんだろう。現実問題として、ヨーロッパはドイツに下駄を預けるかっこうになった。

ドイツ覇権

80年代頭のヨーロッパは、アメリカと同じで、すごいインフレに悩まされてた。主だった国はみんな、インフレ対策を優先課題にしてた。でもドイツは超くそまじめなインフレファイターとしてダントツの評価を持ってた。ドイツの中央銀行のブンデスバンクは、フランスやイタリアやイギリスの中央銀行なんかよりも裁量範囲が広いし、20〜23年のハイパーインフレもドイツ人の記憶に新しい。だからドイツは、インフレ退治のコストをはらう覚悟がちゃんとできてる国だった。

この状況でのEMSは、インフレをおさえるのがあんまし上手じゃなかった国にとってはすごくありがたかった。つまり、これはドイツの信用にのっかるチャンスだったわけ。ドイツの金融政策と足並みをそろえて、フランをマルクにペグしておけば、フランスの政治家たちは、われわれはインフレ対策に本気ですというのを債券市場や労働組合なんかに説得できるんじゃないか、と祈るくらいはできた。イタリアも事情は同じだったし、やがてスペインやイギリスもそこに加わった。デンマークやオランダみたいな小さめの国も、当然ながらのっかってきた。結果として、ヨーロッパ全体が自発的に、ドイツを通貨政策のリーダーとして受け入れることになった。みんな、物価安定に本気だってことを示したかったのね。

ここで指摘しときたいんだけど、ドイツのリーダーシップは、別にドイツが圧倒的な経済力を持ってたせいではない。ドイツは確かに、ヨーロッパ最大の経済なんだけど、でもそのGDPは第2位のフランスより25%ほど大きいだけだし、EC全体のGDPで見ても、たった28%を占めるものでしかない。もちろん、でかい経済でなければヨーロッパの通貨を仕切るわけにはいかなかったけど——だってオランダがヨーロッパの通貨を仕切るなんて想像もできないでしょ——でもドイツじゃなきゃダメってわけじゃなかった。とはいえ、ドイツがヨーロッパの通貨を仕切るという戦術的な取り決めは、ドイツとその他ヨーロッパの金利がたまたま近かったので、すごくうまくいってた。82年から90年にかけては、インフレ退治がみんないちばん大事だと思ってたので、謹厳なブンデスバンクの指導も広く受け入れられていたわけだ。

そこへ来ました大ショック。東西ドイツが89年に再統一されちゃったんだ。

ドイツ再統一とEMSの瓦解

東ドイツが共産党支配から出てきてみると、経済はボロボロだった。生産性は低いし、工場はおんぼろだし、インフラや環境改善にすごく投資も必要。西ドイツとしては、東の再建の金がいるので、巨額の財政赤字になるしかなかった。

さて、でかい財政赤字は、西ドイツでの需要を下げちゃう。これはインフレっぽいので、インフレリスクを相殺するためにブンデスバンクは金利を上げた——ドイツだけで見ると、これはごくまっとうなことだった。

でも、ドイツが金利を上げちゃうと、他のヨーロッパにとっては大問題だった。EMS

の中にとどまるには、フランスやイギリスはドイツにマッチした金利にするしかなくて、一方でドイツみたいな財政的な刺激はない。わけのわかんない結果だけど、ドイツ再統一のコストは、ドイツではなくその他ヨーロッパに不況をつくりだすことだったわけ。

論理的に何をすべきかといえば、パリティの決め直しだったはずだよね。他のヨーロッパの通貨に対してマルクの価値を上げればいい。でも政治家たちは、安定した為替レートを守り抜くという約束に自分の信用をかなりつぎ込んでたから、決め直しなんかしたくなかった。90年から92年9月まで、ヨーロッパのお金はそのままふらふらただよって、システムのひずみがうまいことなくならないかな、と期待するだけだった。

でもついにシステムが崩れた。イギリスの不況が拡大して、イギリス政府への圧力が高まった。投機家たちは、ポンド切り下げがあるだろうと思って、イギリスからお金を引き揚げだしたから、イギリス政府は通貨防衛でものすごい金を使うことになった。300億ドル相当を数日で使い果たし、92年9月17日にイギリスはさじを投げて、EMSから脱落し、ポンドを変動為替に戻した。イタリアもそれに続き、その他ヨーロッパの数カ国も通貨切り下げを余儀なくされた。

おもしろいことに（でも当然なんだけど）、EMS瓦解で、ヨーロッパ各国の実質的な経済のつながりはすぐに低下。93年夏には、イギリスは着実に回復しつつあったけど、フランスと、そしてそれをいうなら当のドイツも、不況に首まで浸かってる状態だった。[✣49]

アメリカにとっての教訓

ヨーロッパの通貨問題で、アメリカは大して興味も持たない傍観者でしかなかった。でも、何か教訓ってのはあるかな？

まず、ヨーロッパ内部での状況と世界経済全体の状況との差は、国際政策協調の限界について思い知らせてくれるよね。アメリカにとってのヨーロッパと日本は、当分の間、ヨーロッパの国同士の重要性ほどには大事なものにはならない。

次に、そのヨーロッパ内部でさえ、過去数年の強い相互依存は、経済よりは政治――マルクに対して為替レートを固定するという公約――がずっと大きかったってこと。別に経済的な理由があってヨーロッパ各国が足並みをそろえたわけじゃあない。

グローバルファイナンスの話はかっこいいし、経済ヒョーロンカにとっても政治家にとっても、すごく魅力はある。でもアメリカにとっては結局のところ、国内の問題から見ればびっくりするくらいどうでもいいってことね。

第5部

アメリカの未来

アメリカ人はもはや、経済にもそれを仕切る政治家にもあまり期待してない。大惨事さえかわして、ほとんどの人の生活水準が下がらなければ、まあ文句は言わないようだ。そして今後10年かそこらについて、いちばんありそうな予想ってのは、アメリカ人は期待どおりのものを得るだろうってこと——大惨事はないけど、特にいい知らせもない。

それでも、それ以外の可能性だってないわけじゃない。きたる10年がどうなるか自信たっぷりに予言しちゃう人ってのは、バカかペテン師かのどっちかでしかなくて、最近の歴史からわかることが一つあるとすれば、それは期待ってものがどれだけはずれるかということだものね。47年にはみんなペシミストで、大量失業の復活を予想してた。だから続く25年間の驚異的な成長には、みんな驚いた。逆に70年代初期には、ほとんどだれもがやたらに楽観的だったよね。70年代と80年代の経済上の大問題——エネルギー危機、生産性成長の低下、ヨーロッパでの失業拡大、債務危機——は、何一つ予見されていなかった。というわけで、歴史の教訓というのは、謙虚になりなさい、そしていろんな可能性を考えてみなさい、ということね。

本書の最後の部分では、3つのシナリオを描いてみよう。最初のシナリオでは、何もかもがうまくいく。第2のシナリオでは経済の鈍くさい成績にみんないらだって、ないものねだりの政策がとられ、この先10年のどっかで大経済危機がやってくる。そして最後に第

3のシナリオでは、ぼくたちは大惨事も大成功もなく、単にただよい続ける——いずれ高齢化が追いついてくるまでは。

このシナリオについて、3点ほど強調しとこう。まずは、今ありえそうな範囲でしかものを言ってないよ、ということ。すばらしいことやひどい事件はいつだってありうる——常温核融合がうまくいっちゃうかもしれないし、AIDSの拡大がとんでもない負担になるかもしれない。でもここにあるシナリオは、おおむね現実離れしてない前提に基づいている。

第二に、これはシナリオであって予測ではないってこと。2017年にふりかえってみれば、ぼくらみんな、97年の自分のまぬけぶりにはあきれちゃうだろう。どうしてこの先の時代にこんなに重要になる展開を見落としてたんだろう、とか言ってね(自由化した東欧ロシアでものすごい経済成長? セービングス&ローンなんかメじゃないほどの大政府債務が明るみに出る?)。一言で、このシナリオは、こんなことが起こるかもしれないよ、という例示であって、こんなことが起こりますという予言じゃないってこと。

最後に、ここには書かなかった4つ目のシナリオがある。有権者と政治家たちが状況を現実的に見据えて、なんとかするしかなくなるまで問題を先送りにするんじゃなくて、責任ある行動をすぐに決然ととる、というシナリオ。このシナリオを経済面から描き出すのは簡単なんだけど、まあこんなことはどう考えてもありえそうにないから、考えるだけムダってヤツだよね。

15 ハッピーエンド

競争に勝つのは必ずしも足の速いヤツじゃないし、戦いに勝つのも強者とは限らず、パンを得るのも賢い者ではないかもしれないし、そしてものわかった政策立案者のもとで経済が繁栄するとも限らない。アメリカの経済が、今後10年ですごい成績をおさめて、今の心配事なんかみんなバカらしく思え、指導者たちが、これってやっぱ自分たちのおかげかな、と勘違いするというのは十分可能なんだ。

そのカギは生産性だ。もしアメリカの生産性成長が、50年代や60年代の水準くらいにまで復活すれば、ほとんど何もかもきっちり片づく。

生産性の復活？

今後10年の生産性成長が、過去20年よりかなりマシになるという議論をするのは、そんなにむずかしいことじゃない。実は生産性楽観論者には、少なくとも4通りある。統計論、世代論、経営論、技術論。

統計から生産性復活を述べようとする議論は、この一件すべてにおいて、一つ確実に言える事実から出発する。それはつまり、なぜ生産性成長が変わるのか、だれもよく知らないという事実。具体的には、なぜ生産性が45年から73年にかけて急成長して、それ以降はすごくゆっくりしか成長しなくなったのか、だれもはっきりとは理由を説明できないわけ。なぜ成長が落ちたのかわからないんだから、それが絶対にまた加速しないとも断言できないわけだ。

20世紀のアメリカの生産性成長の歴史を見れば、なかなか勇気づけられるとも言える。図6に示した生産性成長の10年平均をふりかえってみると、これが2％前後をふらふらしているのがわかる。多いときもあるし、少ないときもあるけど、理由はこの際おいとこう。仮に、50年代と60年代がついていただけで、70年代と80年代がつきがなかっただけだったとしてみよう。次の10年のくじ運が、またこっちに向いてこないとも限らない。生産性成長が2％以上、ひょっとして3％になるかも。数字だけ見れば、これは十分実現可能な範囲内だろ。

生産性復活の技術論は、お好みのビジネス雑誌の「科学と技術」コーナーを読む人ならほとんどだれでも思いつくはず。技術的には、過去15年は驚異の連続だった。なかでも計算機はすごかったけど、通信も負けてはいない（ファックスなしでどうしてやってこられたのか、信じられないでしょ？）。革命に次ぐ革命で、こんどはバイオテクノロジーみたいな新分野も、そろそろ広範な使いものになる実用化がすぐそこまできてるようだ。それなのに経済的には、陰気な話ばっか――平均的なアメリカ労働者の稼ぎは、リチャード・ニクソンの大統領就任時の親父さんの稼ぎより使い出が少ない。

なんかこれっておかしいよね。テクノロジーって、みんなが大騒ぎするほどスゲーもんじゃないのか、あるいは新技術のインパクトがまだ経済に及びきってないのか。今後10年で、企業がコンピュータや光ファイバー、インターネットの使い方を学んで、本当に便利なことができるようになって、成長率も回復するかもしんない。50年代以前のアメリカの生産性成長は、20年代にピークを迎えた。これは自動車産業に引っ張られてた――自動車なんて、20世紀初頭から存在していたし、かなり普及もしてたんだよ。パソコンも似たような状況なのかもしれない、という説はありうる。出回ってはいるけれど、それを生産的に使って生き方を変えるのはこれからなのかもね。

高度成長についての経営面からの議論は、企業経営者が実現したと思っていることと、実際の統計上の数字との奇妙な不整合に基づいている。どの企業のトップにでも聞いてみたら、過去数年でウチの産業の生産性は大躍進をとげましたと絶対に言うんだ――新技術や新しい労働規律、品質重視、苦痛に満ちた首切りによるダウンサイジングで、「生産革命」が達成されました、とかね。イギリスの選挙キャンペーンの標語を借りれば、つらかったけれど、効果はあった、というわけ。

でも、実際の生産性の数字は、ぜんぜん加速なんかしてないの。経営者たちは、それは数字がまちがってるんだと自信たっぷりに言う――あるいは、経済構造の転換過程における一時的な調整コストが出てきただけだ、とか。今日明日にでも、生産性がぐんぐんのびていることはだれの目にも明らかになるでしょう、とかれらは断言するんだけどね。

最後に、生産性加速を世代的に論じようとする人たちは、60年代が過去のものになってきたと指摘する。生産性の最大の問題は、あまりに数多くの才能豊かな人がまちがった理想主義のためにドロップアウトして、ソーシャルワーカーなんかになろうとして年月をムダに過ごし、そして／あるいは事業や企業キャリアを避けてきたことだ、と考える人はいる。それなら、サクセス指向のポストベビーブーム世代が台頭してくれば、もっと高い成長が実現されるはずでしょ。

以上の議論のどれも、決定的なものじゃない。それに、アメリカの社会問題——下層階級の増大、そして教育の質の低下と、中流層の子女においてすら、学力低下が見られること——が今よりもっと生産性をひきずりおろすという議論だって、説得力ある形で組める。でも本当のところ、だれにもわかんないんだよね。

もし楽観論者が正しくて、生産性成長がほんとに加速したら、いい結果はいつ目に見えてくるの？　これはおもしろい点だから、ちょっと詳しく見てみようか。

生産性革命——今か、それとも決して？

92年の選挙を前に、アメリカ経済に変なことが起こった。ある指標——産出の成長——で見れば、91年から経済回復が始まってた。でもこの回復は、最初はほとんど新しい仕事を作り出さなかったし、それどころか失業率は上がり続けた。ほとんどの人の観点からすれば、「仕事なき回復」なんて回復でもなんでもなくて、この国民の不満のせいで当時の現職大統領は選挙で敗退。

でも、なぜ産出の増大が雇用の増大につながらなかったんだろう。歴史的に見ればかなり低い回復ではあったんだけど、その主な理由は生産性の回復だった。92年、生産性は3・4%成長した。76年以来最高の数字。これは、当時の政府や失業者としては、最初はあまりいい知らせではなかったけれど、でも多くの経済学者たちは、アメリカはついに生産性停滞を過去のものにしたんだと結論した。経営陣のやる気と新技術の利用が、ついに高度成長という形で実を結び始めたんだ、というわけ。

反主流派が少数ながらいた。特に、ノースウェスタン大学のロバート・ゴードンはこの生産性の増大はただのビジネスサイクルかもしれないよ、と強く警告してた。90～91年のちょっと軽めの不景気で、企業はあまり労働者をレイオフしなかったことをかれは指摘。この事実と、歴史的なビジネスサイクルでの生産性の推移とに基づいて、今回の生産性上昇は大部分が一時的なできごとなんだとゴードンは論じた。企業は、産出が減っているときにも労働者を手放さなかったから、産出が増えたときには新規に人を雇わなくても生産量を上げることができたわけ。でも、余ってた労働力が使いきられちゃったら、生産性の向上はもうそれ以上は起こらない。

ゴードンは正しかった。1年半ほどの急成長の後、生産性成長は年率1%かそれ以下にまで戻っちゃったんだ。生産性革命の宣言は、ふたを開けてみたら、ちょっとはやすぎたってわけ。

おもしろいことに、新しいデータで生産性革命なんか実は起こってなかったのが見えてくると、かなりの数の人がそのデータは信用できないと言い出した。何が起こっているのか自分たちの実感に基づいて、かれらは生産性がほんとに上がってるんだという確信があったから、じゃあ数字のほうがまちがってるんだと結論するしかなかったわけ。

さらに経済分析庁（ここは生産性の統計を出してるところ）が集計方法を変えて、これが生産性成長の推計を減らすことになったので、成長論者はますます自信を持った。この集計方法の変更で、生産性成長は80年代をちょっと上回るくらいの水準だったはずが、歴史的に見てもどん底にまで落ちちゃった。こんなのオレたちの知ってる（と思う）アメリカ経済じゃねえやっ！　というわけだ。

生産性の統計がまちがってるなんて、どうしてありえるんだろうか。大きな答えとしては、統計は技術や質の根本的な変化をつかまえるのが苦手だってこと。電話や手紙のやりとりが電子メールに置き換わったら、これによる「産出」の変化はどうやって計ればいいわけ？　だから生産性楽観論者は、生産性革命はもう始まっているのに、経済統計が古くさくて、今の根本的な技術革新の世界についていけてないから目に見えてこないんだと主張してる。

でも統計は生産性を低く見積もってるにしても、誤差はそんなに大きくないというのがほとんどの経済学者の見方だ。その根拠は、もし生産性がそんなに急成長してるんなら、それがどこに現れてるんだ、という謎がある。実収入はそんなに増えてないようだし、増えた分の産出はどこへいっちゃったわけ？

それに、テクノロジーの最近の進歩はめざましいんだけど、でも経済へのインパクトという点でそんなに本質的なもんかね、という疑問はある。インターネットは楽しいし、便利に使ってる人も多い。でも、40年代から70年代までの高い生産性を動かしてた技術進歩を考えてみてよ。自家用車、冷蔵庫、スーパーマーケット、航空旅客機（ボーイング747は69年に導入された）、直通ダイヤル方式の長距離電話。戦後世代にとって、こういうのは人が暮らし、働く方法を、まさに革命的に変えてきた。一方、最近の技術は、確かにすごいものかもしれないけれど、これに匹敵するだけのちがいを生んだといえるもんだろうか。

要するに、ここでは意見がまっぷたつに分かれてる。技術楽観論者は、生産性革命はもうすぐどころじゃない――今すでに起きてるんだ、と主張。悲観論者は、このブームをもたらすといわれる技術は誇大宣伝ばっかで、先行きもまったく希望なしだと考えてる。[✣50]

生産性急増の効果

仮に、楽観論者が正しかったとしようか。アメリカの生産性がこれからの10年で、過去15年よりずっと速く上昇したとする――そうだな、年率3％とかで。そうしたら経済はどうなるだろうか。

答え…この本で議論してきた問題の多く（全部じゃないよ）はあっさり消えちゃう。

まずはじめに、急速な生産性拡大は、平均の生活水準を上げるだろう。もしこの先10年の生産性が、60年代並みののびを見せたら、平均的なアメリカ労働者の手取りは3割増しくらいになる。所得格差がとてつもなく広がらない限り、この所得の増大はまんべんなく行き渡るはず。結果として、所得階層の底で悲惨な状態が拡大するという時代は終わりを迎えるだろう。

生産性がのびれば、貿易赤字の問題もいろんな方向から間接的におさえ込める。まず、成長率が上がれば税収が増える。公共の財布に対する支出要求も一部は増えるだろうけど（たとえばインフラ投資はもっと増やせということになるだろう）、ほかの支出項目――たとえば国防費とか債務の利払いとか――は増えない。だから財政赤字問題も消えちゃうし、結果として国の総貯蓄率も増えるから、貿易赤字も減る。

同時に、成長がはやくなったら、貿易赤字の影響も小さくなる。外国人がアメリカ経済を買うのは続く（少なくともしばらくは）けれど、でもパイが大きくなるから割合は下がるので、持ってかれる分もそんなに目立たなくなる。そしてアメリカ経済がそこそこうまくいけば、日本との摩擦も減るだろう（たとえ日本が好調に戻ったとしても）。

でも生産性の成長が上がったからって、あらゆる経済問題が解決されるわけじゃないのは当然。だから、何ができないかはしっかり頭に入れておくといいだろう。まず、これはかならずしも失業率は下げない。70年代と80年代のアメリカは、生産性成長は低かったのに、失業をおさえる点ではなかなかいい成績をあげた。でもヨーロッパは、生産性成長は圧倒的に高かったのに、失業はひどい状況だった。

それと、生産性の成長はかならずしもインフレはおさえない。アメリカのインフレが最初に拡大したのは、高度成長期の60年代で、それがおさえられたのは低成長の80年代だった。

さらに、金融危機のリスクから経済を守ってくれるわけでもない。29年の株式市場大暴落と、82年の南米債務危機の後で、それぞれの当事国は10年以上にわたり、異様に高い生産性成長を迎えたんだ。

それでも、過去の経験から見て十分にありうるくらいの気まぐれな生産性成長回復さえあれば、政治的指導者たちが役にたつ行動を何もしなくたって、アメリカが直面している経済問題のほとんどは解決しちゃうんだ、ということを認識しておくのは重要。つまり、単にツキが向いてくることだってあるってこと。まったく根拠レスではあるのだけれど、こういうハッピーエンドの可能性を見積もるなら、そうだな、確率20%くらいってとこかな。

16　急降下不時着

アメリカ国民は、おおむね国の経済の成績にあまり不満はないみたい。それでも大災厄の予言——経済崩壊本——はなかなかの売れ行きだ。この手の予言（特にいちばん売れるたぐい）はまったくの妄想だけど、その底にあるかなり広くいきわたった含みというのは、80年代の過剰——財政赤字、貿易赤字、企業負債の増加——が将来の危機の種を播いたんじゃないか、という不安だ。

そういう危機はどこからやってくるだろう。経済崩壊を告げる通俗書は、だいたいが29年から発想を得てる。企業の不安拡大が世界的な金融崩壊につながる、というわけ。でも現代世界では、29年型の危機はほとんど考えられない。その理由はすぐに説明するね。もっと可能性が高いのは、楽観的すぎる金融拡大か、財政管理のしそこないから起こる危機だろう。

29年再び？

29年のイメージは、いまだに多くのアメリカ人にとって忘れられないものだ。楽観論のバブルがいきなり破裂して、証券ブローカーが窓から飛び降り、富が一夜にして消える。あれがまた起こる可能性は？

それはその質問の意味しだい。29年みたいな株式大暴落は、また起こるだろうか？　うん、そりゃもちろん起こりうる——それどころか、もう実際に起こってる。87年のアメリカの株価暴落のときの落ち方は、最初は29年に負けないものだったし、暴落が世界に広がったときの影響は、もっと広く深かった。

じゃあ、こんな暴落がまたもや恐慌を生み出せるか？　いや。87年にも起きなかったし、次にこういう事態になったときも、ほぼ確実に恐慌なんかは起きない。

純粋に金融的な話をすれば、87年の暴落は29年の当初の金融パニックと同じくらいひどかった。アメリカ株価の最初の落ち方は、29年のほうがちょっとだけ大きかったんだけれど、でも87年の場合、外国での落ち方の追随がずっと激しかった。だから全地球的に見ると、87年のブラックマンデーは、実は29年の暗黒の木曜よりひどかったと言ってもいいくらい。

でも、ここから話は完全にちがってくる。29年の最初の暴落では、それに続いて不景気が深まり、株価低下の波がどんどん続いた。87年の暴落の後には、そこそこ急速な経済成長が続いて、それに対応して株価も上がって、最初の暴落はほとんど跡形もなくなっちゃってる。

なぜ87年は29年みたいにならなかったの？　その基本的な答えにはちょっと驚くと思う。今日では、経済政策や政府の役割についてバカにしてみせるのがえらく流行りだからね。その答えというのは、ぼくたちは29年以来ちゃんと勉強して、そして連邦準備銀行はその勉強の成果をうまく活用したってことなの。

株式市場の暴落は、実体経済急落の原因になる必要はないんだよ。29年の大暴落は、すでにできあがりつつあった不景気を強めはした。暴落の1年後にも、その不景気はいやな存在ではあったけれど、致命的ってほどじゃなかったもの。

暴落を大恐慌に変えたのは、31年の銀行システムの崩壊だった。これのせいで、出回ってる資金がすごく減った。このできごとを研究した人たちほとんどの意見では、この銀行システム崩壊は起きる必要はぜんぜんなかった。それが起きちゃったのは、連邦準備銀行がほとんど不気味なくらい受け身で、銀行破綻を止める手をなーんにも打たなかったから。おかげで30年代初期には、派手なデフレと金融崩壊が起きるはめになった。

87年には、連邦準備銀行は以前のまちがいを繰り返すまいとした。株式暴落に直面して、かれらはベースマネーの供給を急いで拡大。あとは歴史が物語るとおり。大恐慌どころか、暴落後の経済成長は、その前よりも高かった。それどころか、87年の暴落は個人貯蓄率の上昇につながったから、経済のパフォーマンスを実は改善した可能性さえあるくらい。連邦準備銀行は、実体経済を金融パニックから切り離すのは可能だってだけでなく、何の苦労もないことを実地に証明してみせたわけ。

もちろん、連邦準備銀行の方向性がまちがってたり、あるいは連中が無能だったりすれば、この先の株式暴落を何か深刻なものに変えちゃうことはいまだに可能ではある。たとえば金本位制になったり、ゴリゴリのマネタリスト的なルールにしばられてたら、連邦準備銀行は87年後半の急速な資金拡大はできなかっただろう。でも、そこそこ有能で柔軟な運営に任されてれば、29年の繰り返しを覚悟する必要はぜんぜんなさそうだ。

楽天的すぎる危機

90年代半ばのアメリカ経済政策に関する議論でへんなのは、金融政策という点で、左派と右派が中心に対して一種の連合軍をつくりはじめたってことかな。税金カットを唱える保守派、たとえば『ウォールストリート・ジャーナル』の編集者（ロナルド・レーガンに減税をさせ——そして巨大な財政赤字を出現させた経済理論を後押しした点で、ほかのだれよりも大きな役割を果たした人だよ）や、政府支出を増やせ派のリベラル、たとえばファイナンス屋のフェリックス・ロハティン（この人は、80年代から90年代の大部分を通じて、アメリカにはニューディール政策みたいな巨大公共投資がたくさん必要だと論じてたんだ）の両方が、連邦準備銀行のたててる経済成長の目標が低すぎるという点で合意するようになっていた。つまり両方とも、連邦準備銀行がもっとお金を刷ってもインフレにならないし、もうチト手綱をゆるめてもらえれば、減税したり、公共支出を増やしたりする余地ができるよ、といって握手したわけ。

ほとんどの経済学者にいわせれば、この手の「成長翼賛」議論、少なくとも3・5％成長だの4％成長だのを目指せという極端な議論は、まるでお話になんない。これまでの統計的な証拠から見て、経済成長が2・3％あたりを1％上回るたびに、失業率は0・5％くらい下がるのはかなり確実。96年の失業率は、ほんの5％ちょいってとこだったので、6年とか7年とかにわたって4％成長を達成したら、ついには失業率はマイナスになってしまうではないの。

もっと肝心なのは、NAIRUの厳密な値については議論があるけれど、でも急成長が2年続いただけでも、失業率はあらゆる推計ですごくインフレの危険が高い領域に入っちゃうってこと。

この成長翼賛論は、プロの経済学者の間ではぜんぜん相手にされなかったけど、ジャーナリストや政治家の間では広い支持を受けた。『ウォールストリート・ジャーナル』や『ビジネスウィーク』、『USニュース＆ワールドリポート』みたいな有力な出版物は、連邦準備銀行をボロクソに書いて、もっと高い成長を要求した。そしてビル・クリントン大統領なんか、連邦準備銀行の副議長にフェリックス・ロハティンを指名しようとさえしたくらい（でも議会で、リベラル派だからっていうことで否決された）。

成長翼賛論のパワーってのは、何よりも丸を四角くしたいという欲望を反映したものではあった。財政赤字をなくして、減税して、しかもいろんなものにお金を使って、でも政治的にきつい削減をほかの部分でするのはいやだ、というムシのいい話だよね。

でも成長翼賛論はこのニーズにこたえるものだった。だから今後10年のどっかで、議会やそのときの政権が、連邦政府に現実離れした高い成長目標を設定するよう要求する可能性は、十分にあるんだ。その結果何が起こるかは、何の苦労もなく予想できる。しかも単に経済理論面からだけでなく、ほかの国、特にイギリスのこれまでの経験を見ればね。

イギリスは80年代に、これまた自前の成長翼賛論を抱えてたわけ。79年から85年にかけて、マーガレット・サッチャー首相の政府は経済政策に大鉈をふるって、労働組合の力を押しつぶし、インフレを20％近くから4％以下にまで持ってきた。でも、市場の働きをよくするはずのいろんな改革にもかかわらず、失業率はすごく高い12％くらいのままだった。サッチャー派は、そろそろ見返りがあってもいいだろうと思ったんだ。

英国銀行は、アメリカの連邦準備銀行みたいには独立してない。ただのイギリス大蔵省の一部だから、政治的な指示には従うしかない。それで85年の後に消費ブームがやってきたときも、英国銀行はひたすら何もせずに、経済が成長するに任せた。

最初のうち、結果はすばらしかった。失業率はぐんぐん下がって89年には7％以下になった。サッチャー派はこれを、自分たちの政策の勝利だとして宣言。でもこのブームが進むにつれて、インフレが加速しだしてきて、やがて心理的な限界の10％を超えた。2けたインフレの再来に直面して、英国銀行としては急ブレーキをかけるしかなかった。それで

90年から92年にかけて、イギリスはすごい不況に突入して、失業率も10%以上に戻っちゃったんだ。

というわけで、経済危機の可能性として絶対にありうるのが、この寸劇のアメリカ版再演だよね。仮に、90年代の終わりに連邦準備銀行がごり押しされて、とんでもなく楽天的な拡大政策をとらされたとしよう。2、3年は、確かに急成長がもたらされるかもしれない。でもインフレがどんどん加速してくるから、政策は転換するしかなくなって、深刻な不況がやってくる。それも79〜82年の不況に匹敵するくらいすごいのが。

そしてもちろん、危険信号にもかかわらず、政府が政策を転換しないという可能性だってある——アメリカが死ぬほど深刻なインフレに突入して、南米諸国みたいに、年率何百%とか、ひょっとして何千%に突入するとか。でもそんなことは、アメリカに限ってはない……かな?

アメリカの債務危機

アメリカ政府の財政赤字も債務も、最近は派手な戦争もしてないのにえらく高い。でも今のところ、ふつうの状況で何かでかい問題を引き起こすほどには深刻じゃない。経済学者の多くは、連邦政府の財政的な健全性について、すごく心配はしてる。でもそれは20 10年以降を案じてのこと。その頃には、ベビーブーム世代が引退して社会保障とメディケアにすごい負担をかけるようになるから。でも、がんばれば政府の債務危機をあと10年以内に手配することは十分に可能。

債務危機を起こすには、まず政府債務の償還期間がすごく短くなる必要がある。償還期間ってのは、平均的な国債の償還が終わるまでの年数ね。両極端を考えてみよう。一つの極端では、政府は無期債券を発行する。これは永遠に利息分だけを払い続ける債券。この場合、政府は財政赤字を補塡するのに必要なだけ新しく国債を発行する。毎年の政府の借り入れは、財政赤字と同じ額になるわけだ。

もう一つの極端では、政府の債務がすごく短期の、たとえばひと月ものの国債だけになっちゃうとしよう。すると、政府は毎月借金を全額返さなきゃならない。これは負債を「借り換え」することで行う。つまり、満期になる負債と同じだけの国債をまた刷って、それに財政赤字の穴埋めに必要な分を足すわけ。

国債の償還期間は、今はかなり長い。平均で5年半くらい。でも、これがずっと短かったこともあった。70年代後半には、これが3年未満。そしてほかの国ではもっと短いのもある。90年代頭のブラジルなんか、債務のほとんどが1日ものの国債だった。24時間ごとに全額返済するんだぜ!

国債の満期が短くなるのは、インフレ不安のせいだ。投資家たちは、インフレが大きく加速するんじゃないかと心配なときには、絶対額の固定した長期融資にしばられたいとは思わないから。もちろん、それなりの見返りをつけてやれば、やらないことはない。でも政府はふつう、この投資家の要求に対しては償還期間の短い国債を増やすことで対応する。

だから、アメリカの債務の償還期間は、高インフレの70年代のほうが低インフレの90年代よりもずっと短かった。もしまたインフレが再燃すれば——「成長翼賛論者」の思いどおりになれば、そうなるかもね——償還期間はまた短くなるだろう。

でも、なぜそれが問題なの？　それはね、短期の負債をたくさんかかえた政府は、投資家の不安拡大にえらく左右されちゃうからなんだ。

仮にたとえば、2002年までに、アメリカ政府はGDP比率で見て今よりも負債が大きくなってて、その負債のかなりの部分を3カ月国債でまかなうようになってたとする。そして、理由はなんでもいいんだけど、民間投資家がこの負債の信用度に不安を持つようになったとする。

たとえば、インフレが加速して手に負えなくなったと思ってビビるかもしれない。あるいはドルがほかの通貨にくらべて暴落すると思うかもしれない。あるいは極端な話、アメリカが何らかの理由で支払いを滞らせるかもと心配する可能性だってある。議会と大統領とのいがみあいとかね。

でも大事なことは、政府が短期負債をたくさん持っていたら、この手の不安がすぐに拡大して、不安が不安を呼んで本当にそれが現実の事態になっちゃうってこと。

なぜかっていうと、もし投資家たちが政府にお金を貸したがらなくなって、今ある負債を貸し換えるのはいやだと言い出したら、政府は最悪の状況に追い込まれるもん。期日が迫ってる負債を全部払いきれるだけの現金は、どうやってもないよね。

ということは、政府としては支払いを踏み倒す気がもともとなくても、財政状況が「根本的には健全」でも、やばいんじゃないかという市場の不安だけで、その不安を現実にしちゃうような危機を作り出せるってことだ。

ぼくらの危機シナリオはみんなそうだけど、これにも前例はある。メキシコが94年末に危機に突入したとき、その財政状況は特に問題はなさそうだった——でも、短期の負債に大きく依存する構造になってたんだ。そして投資家の不安が急に拡大して危機が生まれ、結果的に投資家たちの不安がまったく妥当だったように見えることになった。

要するに、政府が短期の負債に大きく頼るようになったら、特に支払い能力に本質的な問題がなさそうでも、金融危機にすごく弱くなるってわけ。

アメリカ政府がそんな状況になるのは、なかなか想像しにくい事態ではある。なんといっても、今の連邦準備銀行や財務省の政策担当者は、この危険性を十分に承知してるからね。この種の危機に陥るには、経験豊かな職員の高度な判断が完全に無視されて、同時に市場が、アメリカ政府の債務こそこの世でいちばん安全な資産だと考える長い伝統を完全に振り捨てなきゃなんない。考えにくい——が、不可能じゃない。

本当のことを言えば、危機は確かに起きるけれど、アメリカ経済が直面してる大問題は、そういう危機が今後10年以内にぼくたちの繁栄を粉砕するという危険じゃない。いちばんありそうなのは、ぼくたちがまあそこそこ問題なしに切り抜けて、そしてこの期待しない時代の政策は、単にこのままただよい続けるだけ、というもの。

17 ただよう

この最後のシナリオは、予測にいちばん近いものだ。ここでのアメリカ経済は、この先10年かそこら、ここ数年と同じような感じで続く。よくも悪くも、きたる10年の経済を過去の10年からがらりと変えるような、派手な展開はない。このシナリオでは、経済政策はこれまでとほとんど変わらない状況で、大きな変化なしに続く。

ほかの国なら、こんなシナリオはひたすらバカげてるところだってある。外貨準備高がみるみるなくなってったり、インフレの歯止めがきかなくなっちゃってたりして、数カ月以内に大きな政策転換か、あるいは無政府状態に突入するしかないと断言できる国もある。でもアメリカはそんな状況ではない（少なくとも今のところは）。アメリカの財政赤字、対外債務、インフレの基本的な計算のところで、ぼくたちが今の政策であと10年やそこら続けられない要因はいっさいない。

そういうわけで、アメリカが派手な方向転換なしにただよい続けられたとしよう。そしたら経済はどんな具合になるだろう。

ただよう10年

今後10年のアメリカ国内経済について、いちばんありそうな予測は、それがかなり95～96年みたいな感じだろうってこと。あまり高くない成長、ほとんどのアメリカ人にとっては収入が微増、雇用はまあ上出来、インフレはあるけれど、問題になるほどじゃない。もし生産性成長が加速しなければ、今後10年のアメリカの経済成長は、70年代や80年代よりも遅くなる。理由は人口の年齢構成。ベビーブーム世代は今、全員が労働力の一部になってるし、女性の労働参加もそろそろ限界みたいだ。だからこの主要シナリオでは、アメリカ経済は平均で年2％ちょいくらいの成長になる。

メジアンの世帯収入は、たぶん過去20年よりはちょっとよくなるはず。一つには、世帯数が前ほど増えないし、もう一つには、所得格差の拡大がおさまりつつあるような兆候が出てきてるから。だから、平均的な世帯は、今後10年で10％くらいの所得増もありうる。そして最近のデータが示すように、技能の高い労働者と非熟練労働者の賃金格差拡大も落ち着いてきたなら、今後10年は過去15年とはちがって、貧乏人の所得も少し増えることになるだろう。

でも、いちばんどん底では、ぼくたちの知ってるすべての指標から見て、下層階級は増え続け、しかもその惨めさは増す。そこに社会福祉プログラムの削減が拍車をかけるだろう。ホントにどうしようもない絶望的な貧乏人の数は増えるし、それにともなう社会の病理も拡大する。

まとめれば、中流階級は80年代よりも90年代のほうがいい目をみるだろうけど、一方の端のすごい裕福ぶりと、もう一方の端でのひどい貧乏との醜いコントラストは、２００６年にはもっと強くなってくる。

一方、失業とインフレはたぶんかなり低いままだな。確かに、連邦準備銀行は両面から強い圧力を受けてる。批判の一部は、もっと強硬にインフレゼロを目指させたがってるけど、これは（すでに見たとおり）失業という高い（一時的にせよ）コストが必要になる。別の一部は（これまたすでに見たとおり）経済成長の目標をもっと高くさせたがってる。これはインフレ復活を招く。でも、連邦準備銀行は今のところどっちの批判にも動じる気配はないし、かれらの意に反することをさせようと圧力をかけたがってる人は見当たらない。

２つの赤字はどうだろう。貿易赤字と財政赤字。

答えは、どっちも続くけれど、そんなヤバい状況にはならない。96年の財政赤字は、ＧＤＰの２％以下だった。これはつまり、連邦政府の債務が年３％で成長してるということだ——実質ＧＤＰの成長率よりは低い数字だから、ＧＤＰに対する債務の比率は減る方向にある。今後10年で何が起きるかについては、あなたが何を信じるか次第。政治家たちは、21世紀はじめには財政収支をトントンに持ってくと約束してる。一方の予測は、かなり大規模な（そして評判の悪い）支出削減や増税をしない限り、財政赤字はまた増えるという。

でも、はっきりしてるのは、仮に悲観論者たちが正しかったとしても、今後10年でGDPに対する債務の比率はすごくゆっくり増えるだけだってこと。そしてこの比率を政府の財政的な健全さの指標に使うなら——経済学者の多くはそうする——あまり心配すべき理由はなさそうなんだ。

貿易赤字の算数は、ちょっとちがってる。アメリカはまだ、売るよりたくさん外国から買ってるので、結果として外国に保有されてるアメリカ資産は、その逆よりもぐんぐん増えてる。対外債務の増加率は、政府の債務の増え方とはちがって、GDP成長よりもかなり高い。だからアメリカ経済は、どう見ても、外国に対して借りが増えてきてる。でも、貿易赤字がこんなに続いていても、アメリカはGDP比で見たら、これまで債務危機を迎えた国よりはずっと債務が少ない。ここでも、アメリカ経済のすさまじい規模のおかげで、金額ベースの比較はあまり意味がない。たとえばメキシコがたった1000億ドルの負債で苦労してるけど、アメリカは何兆ドルの債務を背負ったってぜんぜん平気。だからアメリカは、今後10年で経済政策を派手に変えなくても、なんとか切り抜けられる見込みはかなり高い。

未来をふりかえって

かなりのアメリカ人にとって、このシナリオはそこそこよさげに聞こえるだろうね。危機はないし、ほとんどの人は暮らしが上向く。もし今後10年、経済が2%以上のそこそこ安定した成長をホントに実現すれば、もしインフレが1けた台におさまってれば、もし失業がだいたい今くらいの水準で落ち着いてれば、ほとんどの人はこの10年をうまくいったうちに入れるだろう。貿易赤字と財政赤字が大惨事をもたらすと主張してた災厄予言者たちのまぬけぶりについては、政治家やジャーナリストたちからキツい嘲笑が浴びせられるのはまちがいない。

でもこのシナリオは、これまで成功と見なされてきたような状況から見ると、不十分もいいとこなんだ。25年前には、戦後期の急速な生産性向上（そしてそれにともなう生活水準の向上）が続くのは当然と思われてた。ハーマン・カーンとその仲間たちが67年の著書『2000年の世界』でアメリカ経済の見通しを検討したとき、いちばん悲観的なシナリオでも年2・5％の生産性成長を見込んでたんだぜ——さらに、たぶん4％成長くらいが現実的だと自信満々で主張されてたもん。この同じ年、2000年に向けた一連の記事の中で、『フォーチュン』は実質所得が150％増加するという予測を出してる。

こういう予測をした人たちに、生産性成長年率1％以下、実質賃金は70年代と80年代を通じて低下、貧困者の絶対数が増加、というアメリカの現状を見せたら、何て言うと思う？　こんな実績はほとんどありえないような大惨事だと考えるだろうね。そしてものすごい政治的な反発も予想するんじゃないかな——特に今の構図に、所得階層トップの所得大躍進や、世界でのアメリカの立場後退、外国保有のアメリカ資産の増加を加えたら。

でも、このシナリオは今では完全に問題なしに見えるし、これを成功と考える人すらいるだろう。この時代について本当にびっくりすべきなのは、政治システムがここまであっさりと、こんなじり貧の見通しを受け入れちゃうってことなんだ。

終わりのゲーム

アメリカの経済政策は、今後10年ほどまったく問題なしにひたすらただよい続けられるだろう。でも、その10年の終わり頃には、何らかの政策転換がどうしても必要だってことがだんだんはっきりしてくるはず。この件についてできれば考えたくない人たちでさえ、目をふさいではいられなくなるだろう。これは紙の上だけの予想なんかじゃない。ぼくらに確実にわかっているのは、2011年には1946年に生まれた人が65歳になるってことで、そしてその人たち――そしてその後四半世紀に生まれた莫大な数の人たち――が引退しはじめたら、連邦予算は怒濤のように、支えきれない赤字に突入する。

これを書いてる時点では、アメリカの政治で「長期的な」というとき、それは7年ということだという不文律がある感じだった。それ以降に何が起こるか、だれも話そうとしない。するとこれは、アメリカ経済政策についての世論が2004年くらいにいきなり現実味を持ってくる、ということかもしれない。あるいは、見て見ぬふりや逃げ腰が、その後でさえも続くのかもしれない。でも2010年より手前のどこかで、押し寄せる年齢的な危機は、だれにでもはっきり見えるようになってくるはず。

人口高齢化の負担が無視できなくなったら、何が起こるんだろうか。現実味のあるシナリオを考えつくのはむずかしい。

引退したアメリカ人への支給額が、あっさり大幅に削られるんだろうか。引退者の政治的圧力の強さを考えると、これはなかなか考えにくい——そして人口が高齢化するにつれて、有権者に占める引退者の割合も今よりもっと大きくなるってことをお忘れなく。働くアメリカ人への税金が、高齢者への支給金を捻出しようってんでとんでもない水準に引き上げられるんだろうか？　これまた政治的に見込みなさそう。

それともアメリカ政府は、この2つの困難の板ばさみになって、とにかくお金をたくさん刷ってごまかそうとするんだろうか。そうなればすさまじいインフレになる。これも考えにくい。

でも、生産性が激増でもしない限り——そしてそんな激増の兆候はまったく見えてないんだけど——この3つの考えがたいことのうち、少なくとも1つは現実になる。ぼくたちは期待しない時代に住んでいて、ここの有権者たちは、政策がただよい続けるだけでよしとしてる。でも、やがてきたる時代には、もはやその選択肢すらぼくたちには与えられないんだ。

番外編

日本がはまった罠（一九九八年）

日本の経済的な重病は、だれよりもなによりも日本自身にとっての大問題だ。でも、ほかの人たちにも、これは問題となる。機関車役を死ぬほど求めてる苦境のアジア経済にとっても、日本の貿易黒字のおかげで仕事がやりにくくなってる西側の自由貿易支持者にとっても。そして最後に（いちばんどうでもいいけど、でも無視できる存在じゃあない）経済学者たちにとっても、日本は問題なんだ。なぜなら、こんなことは起きないはずなんだもの。

ときどき象牙の塔から出てくるマクロ経済学者の多くと同じく、ぼくも実際のビジネスサイクルはリアル・ビジネスサイクルじゃないと思ってるし、一部の（いやほとんどの）不況は、全体としての総需要が落ち込むせいで起こるんだと思ってる。ぼくを含めほとんどの学者は、こういう落ち込みは、単にお金をもっと刷れば解決できるもんだと考えがちだった。でも、今の日本は、金利はほとんどゼロだし、日銀も最近は、バランスシートを年率50％くらいでふくらませてる――なのに経済はまだ不況続き。どうなっているんだろう？

もちろん、日本がどうしてこんな、文字どおりの意味でも比喩的にも不景気な状態に陥ってしまったのかを説明しようとする試みはいくらもあったし、どうすればいいかについても日本政府は、無料アドバイスを山ほどもらってる（議論の要約として便利なのは、ノリエル・ルビーニのメモの束。ジョン・マンキンのエッセイは、この論文と同じ結論に向かっているようなのに、最後の最後になって脱線する）。でも、こういう説明や提案のほとんどは、よくてもゆるゆるの分析に基づくもので、最悪だとまったく根拠レスな暴論ばかり。ぼくたちが聞かされた話だと、日本が不況なのは会社の負債が大きすぎるせいだとか、銀行が損失（不良債権）に直面しようとしないからだとか、サービス部門の規制が多すぎるからだとか、高齢化のせいだとか。で、回復の方法はといえば、減税が必要だからとか、派手な銀行改革が必要だとか、いや経済が過剰のキャパシティをさんざん苦労して始末しきらない限り、回復なんかありえないんだとか。こういう提案の一部、いやすべては、事実かもしれない。でもそれを判断するにしても、まずは今の窮地を理解するための明快な枠組みがなければどうしようもない。

ある世代——というのはおおむねぼくより上の世代——は、この状況を分析できる理論的な枠組みを持ってはいる。日本はあの恐怖の「流動性の罠」に陥ってるんだ。ここでは金融政策が効かない。金利はゼロ以下には下がらないからだ。ヒックスの37年の名論文は、IS-LMモデルを導入していて、このモデルを論じる中で、不況状態では金融政策が効かなくなるかもしれないことを示してるんだ。そしてマクロ経済学者は長いこと、流動性の罠をだいじな理論的可能性として念頭にはおいていた。実際にお目にかかるとは思っていなかったにしても。

でもIS-LMモデルは、現実のマクロ経済政策分析ではバリバリ利用され続けているんだけれど、専門の経済学者からはいささか一家の恥みたいな扱いを受けている。上品な知的環境ではいっしょのところを見られたくない存在なんだ。というのも、そもそもIS

-LM分析は価格がなかなか変わらない（硬直的である）という急場しのぎの仮定がなければ成立しないし、それは大目に見るにしても、結局のところはこのモデルはどんなによく言っても、貯蓄とか投資のような、期間と期間の間での問題を静的な枠組みに押し込もうという、かなり荒っぽい試みでしかない（ちなみにこの点は、ヒックスもはじめから指摘していた）。

結果としてIS-LMはマクロ経済学の教科書の後ろのほうに押し込められて、ページも削られ、流動性の罠みたいな風変わりな現象は、ほとんど忘れ去られてしまったというわけ。

でも今ここで、世界第二の経済がいかにも流動性の罠らしきものにはまっている。どうしてこんなことに？　政策面でどんなことが言える？　というのもある意味で、IS-LMに対する批判は正しいんだ。あまりに急場しのぎだし、仮定そのものが、欲しい回答を引き出すために立てられている観もあるし。実際問題として多くの経済学者たちは、もっとまともなミクロ経済的基盤のあるモデルでは、流動性の罠なんかは実は起きないかもと思っているはずだ。

この論文の目的は、流動性の罠が本当にあり得るんだということを示すことにある。ミクロ経済的なiと、期間をまたがるtをきちんと考慮したようなモデルでも、ヒックス流の流動性の罠そっくりなものは実際に起きてしまえる。さらに、そうした罠が生じる条件というのは、少なくとも荒っぽく見れば、実際の日本経済の特徴と対応しているんだ。

結論を先にざっと述べると、長期の成長見通しが低い国――たとえば人口トレンドが明るくないとか――では、貯蓄と投資をマッチさせるために必要な短期の実質金利は、マイナスである可能性が大いにある。名目金利はマイナスにはなれないので、その国はインフレ期待が「必要」になる。もし価格が何の制限もなくすぐに変われるなら（硬直的でないなら）、経済は金融政策なんか関係なしに、必要なインフレを実現できる――必要とあらば、いま価格を下げて（デフレして）でも将来価格が上がるようにするだろう。でも価格があまり気軽に下がれない（下方硬直的である）とすれば、そして同時に世間が、価格は長期的には横這いだと思っているなら、経済は必要となるインフレ期待を得られない。そしてそういう状況でなら、経済は不況に陥る。しかもこれに対しては、短期的な金融拡大は、**どんなに大規模なものであっても効果はない**。

もしこの定式化された分析が、日本の直面している真の問題と少しでも対応しているとしたら、これが持つ政策的な意義はすさまじいものになる。長期的な成長率を上げるような（あるいは価格とは関係ない資金の制約をゆるめる）構造改革は、問題を軽減はするかもしれないし、赤字国債による政府支出だってそうかもしれない。でも、この不況を脱するいちばん簡単な方法は、必要とされてるインフレ期待を経済に与えてあげることだということになる。これはつまり、中央銀行はほかの状況でなら無責任きわまる金融政策になるものに、真剣で説得力ある形で取り組まなくてはならないということだ。その無責任な政策とはつまり、物価が上がりはじめても今の金融拡大方針が続くということを、民間部門に納得させるということ！

この論文は六部構成になっている。はじめは、マネー、金利、物価について、すごく図式化された完全雇用モデルを描いてみる。これはLucas（1982）の簡略版だ。次の部分では、ふつうの状況ではこのモデルの物価がマネーサプライに比例するけれど、価格が完全に自由に動けるときでさえ、中央銀行が何をしようと超えられない、デフレの最大値があることを示す。そしてこのデフレの最大値はマイナスかもしれない――つまり、ある特定のはっきり定まった状況のもとでは、経済はインフレを必要とするのであって、価格が自由に動くなら（硬直的でないなら）金融政策がどうであれ、インフレが起こってしまうんだ。

第3部では、短期的な価格の硬直性を導入する。そして、経済がインフレを「必要」とするときには、一時的な金融拡大――これは、長期的な価格水準を押し上げないような拡大と定義する――は産出増大にまったく効果がないことを示す。経済が流動性の罠で苦しむことがあるというのは、まさにこの意味での話。第4部は、この分析の図式性を少し減らしてみても――つまり投資と国際貿易を導入しても――基本的な結論は変わらないよ、と主張する。第5部は、この分析がきわめて図式的なものではあっても、それが日本の窮状をかなり明るみに出すものなんだと論じている。そして最後の部分では、その政策的な意味を考えてみる。なかでも、日本政府は今の責任ある人物がだれも提案したがらないくらいインフレっぽい政策を採用する必要があるかもしれないという一見して読みとれる政策について。

1. 産出、マネー、金利、価格水準

この論文の目的は、現実的になるよりはむしろ、可能性を示して思考をはっきりさせることだ。だからここでは、4つの主要マクロ経済指標の関係を示す一貫性のあるモデルとしていちばん簡単なものを見てやることにする。4つの指標とは、産出、マネーサプライ、金利、価格水準だ。このモデルでは、個人はすべて同じで永遠に生きるので、各世代の中や、世代の間での分配にかかわる現実的でややこしい話はない。産出は単に与えられる（つまりほどこし経済なのだ――この前提はあとでゆるめる）。そしてマネー需要は、純粋に「現金払い」の前提から生じる。つまり、人々は財を買うときに現金を要求される。

個人は、無限の時間で見たときの期待効用を最大化するものと仮定する。効用関数の具体的な形はどうでもいいのだけれど、ここでは便宜上、対数関数を想定しよう。つまり、各個人はこんなUを最大化することになる。

$$U=\ln(c_1)+D\ln(c_2)+D^2\ln(c_3)+\cdots$$

ここでc_tは時間tでの消費で、$D<1$は割引率。各時点で、各個人はy_tのほどこしを受ける。これは財が一つしかない経済だと想定するけれど、でも個人は自分がもらったもの

から買わなきゃならない。みんなそれぞれ、自分が消費する分は他人をそのまま消費することはできないとしよう。

財を買うには現金がいる。各時点の頭で資本市場ができて、そこで各個人は現金を一期間満期の債券（名目金利 i_t）と交換できる。その期間の各個人の消費は、この取引で手に入る現金の量に制約される。つまり消費の名目価値 P_tc_t は、手持ちの現金 M_t 以上にはならない。資本市場を開いたあとで、各個人は好きなだけ消費をして、同時に自分のほどこしを売って現金を受け取る。さらに、政府からの移転——正でも負でも（負なら一定額の税金）——がありうる。

最後に、政府は公開市場での操作で各期間ごとにマネーを生み出したり破壊したりする——つまり政府は資本市場で、債券を買ったり売ったりする。政府は移転を行ったり税金を集めたり（この段階ではまだ政府消費はなし）して、自分も期間にまたがる予算制約に従う。これは時間につれてのマネーサプライ増大から出てくる、お金を刷る権利も考慮する。

このモデルを分析するには一般に、個人と政府の予算制約と期間にまたがる選択を慎重に決めてやる必要がある。でも、いくつか仮定をおいて単純化してやれば、このモデルからの示唆はほとんど数学なしで引き出せる。

第2期以降の産出（ということは同時に消費も）は y^* で一定としよう。そして政府はマネーサプライを M^* で一定に保つとしよう。すると時期2以降の答えはすぐに見当がつく。

価格水準も$P^*=M^*/y^*$で一定になるし、金利もやっぱり$i^*=(1-D)/D$で一定だ。だからこれが均衡しているのはすぐにわかる。実質金利に1を足したものが、連続した2期間での限界効用の比率に等しくなる。名目金利はプラスだから、各個人はどうしても必要なだけの現金しか手にしないようにする。だからマネーはすべて消費に使われる。

ということは、第1期の価格水準と金利を決めればすべて決まってしまうわけだ。期間1の産出や消費や金利なんかをあらわすには、添え字のない変数を使うことにしよう。

最初の関係は、金融のほうからくる。ふつうの状況でなら——つまり名目金利がプラスなら——個人は自分の消費分を買うのに必要な以上は現金を持たない。だから、現金払いという制約に縛られて、価格はこうなる。

$Pc=Py=M$, つまり$P=M/y$

だからふつうの状況でなら、マネーサプライと価格水準は単純な比例関係になる。

第二の関係は、期間をまたがる選択からくる。第1期である個人が1円少なく持ったとすると、その人は第1期に$1/P$の消費をあきらめることになるけれど、でも第2期には$(1+i)/P^*$だけ余計に消費できる。最適化された状況では、この個人はどっちでもかまわないと思うはず。でも、期間1での消費の限界効用は、ここで想定した効用関数から、$1/c$になる。期間2の限界効用はD/c^*だ。

ということは、こんな関係が成立しなきゃならない。

$$c/c^*=D^{-1}(P^*/P)/(1+i)$$

ちょっと移項して、

$$1+i=D^{-1}(c^*/c)(P^*/P)$$

そして、最終的には各期間で消費と支出は同じになるから、

$$1+i=D^{-1}(y^*/y)(P^*/P)$$

これはつまり、今の価格水準が高ければ高いほど、名目金利は低くなる、ということを言ってるわけだ。これをいちばん簡単に考えてみると、つまりは均衡となる実質金利$D^{-1}(y^*/y)-1$があって、実質価格の動きがどうだろうとこの経済はこれを提供する。でも、将来の価格水準P^*は一定だとしているから、現状の価格が上がればデフレ期待が生まれる。だからPが上がればiは下がる。

この2つの関係は、図AでそれぞれMMとCCで示されてる。ここで描いたように、そ

れが点1で交わって、金利と価格水準が同時に決まる。期間1でマネーサプライが増えれば、MMが右に動いて、価格水準が上がって名目金利が下がる(でも実質金利は同じ)ことがすぐにわかる。

ふつうは確かにこうだ。でも、別の可能性がある。次にそれを見てやろう。

2. マネーがどうでもよくなるとき

さて、図Aの点1であらわされる均衡点にある経済から出発しよう。そして最初に公開市場でやりとりがあって、期間1のマネーサプライが増えたとする(この論文ではずっと、期間2以降のマネーサプライはずっと変わらないものと考える——あるいは同じことだけれど、中央銀行がありとあらゆる手をうって期間2以降の価格を安定させると考える)。最初は、すでに見たように、こういうやりとりは価格水準を上げて金利を下げる。そしてこういう金融拡大は、明らかに経済をCCに沿って下げて、図Aの点2にまで動かす。でも、もしマネーサプライがもっと増えたら？ MMとCCの交点が3あたりの、名目金利がマイナスのところにきたら？

答えは明らかに、金利はマイナスにはなれないってことだ。だってもしそうなったら、資産として債券よりお金のほうがいいってことになるから。だからそうなったら、金利をゼロにする以上のマネーサプライの増加はすべて、個人のポートフォリオ内で金利ゼロの債券に交換されて(その債券は、公開市場での売買で中央銀行が買うことになる！)、価

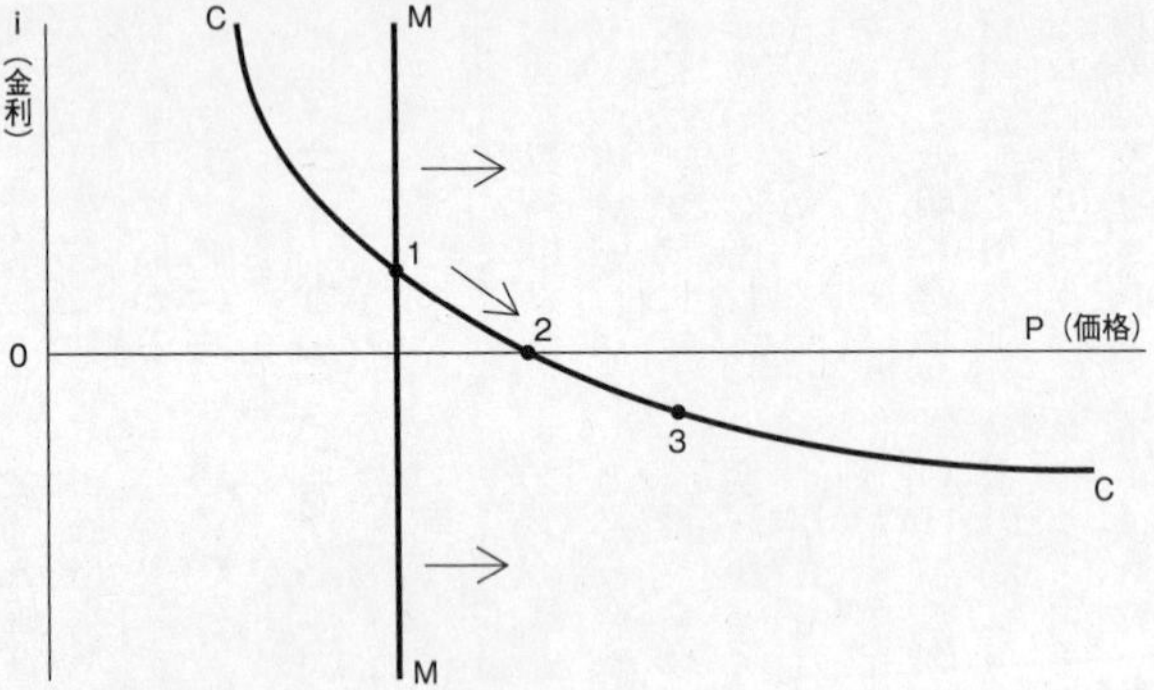

図A　産出が一定のときの期間1の状況。マネーサプライ（お金の供給）を増やすと、MMが矢印の方向に動いて、均衡点(1)も(2)の方向に動き、価格(P)が上がって金利(i)は下がる。でも、金利はマイナスにならないので、マネーサプライをどんなに増やしても(3)には行けない。

格水準にも金利にも、まるで影響しない。そして支出はもうマネーに制約されていないので、MM曲線はどうでもよくなる。経済は、マネーサプライがどんなに大きくなっても、点2にじっとすわったままだ。

たぶんここで強調しておくべきなのが、点2での金利がゼロなのは1期間ものの債券だけだってことだ。永久債みたいな長期の債券の利率はゼロにはならない。これは日本の現状とか、それを言うなら30年代のアメリカとかにこのモデルをあてはめようとするときには大事。日本の長期金利はプラスだけれど、短期金利はホントにほとんどゼロに近い。

マネーがどうでもよくなった結果を考えるには、長期的なマネーサプライがM*で固定されてて、だから長期的な価格水準もP^*で固定されてることに注目。だから中央銀行が今のマネーサプライを増やすと、マネー増大率の期待値M^*/Mを下げてるわけで、さらに——それが価格水準を上げるのに成功すれば——期待インフレ率P^*/Pも下げる。さて、ここでわかっていることとして、この完全雇用経済では中央銀行が何をしようと実質金利は変わらない。でも、名目金利はマイナスにはなれないので、この経済にはインフレの最低値かデフレの最大値があることになる。

さて、中央銀行がこの値をこえるデフレを引き起こそうとするとどうなるだろう——具体的には今のマネーサプライMを、未来のマネーサプライM^*にくらべて大きくするわけだ。すると起きるのは、この経済は現金に制約されなくなってしまって、過剰なマネーは何の影響も持たない。デフレの率は、名目金利がゼロになったときの最大値と同じになって、それ以上にはならない。

さて、今の思考実験はまぬけに思えるだろう。なんだって中央銀行がすごいデフレなんか起こしたがる？　でも、デフレの最大値はそんなに大きくないかもしれないし、プラスですらないかもしれない！　もし必要な実質金利がマイナスなら、経済はインフレを「必要」とする。そして中央銀行が価格を安定させようとすると、名目金利はゼロになり、手持ちの現金が過剰になるだけだ。

必要な実質金利がマイナスになる条件は、この簡単なほどこし経済では単純明快だ。期間2の消費の限界効用が、期間1の消費の限界効用よりも大きい場合には、金利がマイナスでないと市場がはけない。経済の将来の産出が、今よりかなり低いと期待されればこういう事態になるだろう。もっと細かくいえば、ここでの効用関数を考えた場合、以下の条件が満たされれば必要な実質金利はマイナスになる。

$$y/y^* > 1/D$$

この条件はヘンテコに見える。だって、ぼくたちはふつう、経済は成長するもので縮小するものじゃないと思ってるからだ。でもあとで、ほどこしが減るというこの考えがそんなにおかしくない現実の状況があることを論じよう——そしてその条件が日本にあてはまってることも。

もちろん、価格がすぐに変わる経済では、マイナスの実質金利が必要になっても、失業は起きない。この結論で、流動性の罠についての過去の激論を覚えている数少ない読者のみなさんはびっくりするかもしれない。過去の議論はほとんどが、賃金と価格の変わりやすさ（非硬直性）が完全雇用を回復する手段として有効かどうかをめぐってのものだったから。このモデルでは、その問題は生じない——でも、理由がちょっと風変わりだ。何が起きるかというと、経済は後にインフレを作り出すためにいまデフレを起こすんだ。つまり、今のマネーサプライが将来のよりあまりに巨大で名目金利がゼロになって、でも実質金利がマイナスにならなきゃいけなかったら、PはP*より下がる。そうなったら、世間は価格水準が上がるものと期待して、これが必要となるマイナスの実質金利を提供する。そして繰り返すけれど、この価格低下は今のマネーサプライと無関係に生じる。過剰のマネーは支出に貢献しないまままため込まれるだけだから。

この時点で、なにやら流動性の罠らしきものが手に入ったわけだ。マネーは限界のところではどうでもよくなる。でも、中央銀行は頭にくるだろうけど——かれらは価格安定を狙ってるのに、何をしようとインフレになるわけだから——この罠は実体には何の害もおよぼさない。だからこの分析を本当の問題(理論的にも、現実的な意味でも)にするため、ある程度の硬直性を導入してみよう。

3. 流動性の罠

さて仮に、消費財は単にわいてくるんじゃなくて生産されることにしよう。そして期間1の最大生産能力をy^*としよう。さらに、この生産容量は完全に使い切らなくてもいいとしよう。そして特に、期間1の価格水準があらかじめ決まっているとする——これでこの経済はケインジアン的になって、金融政策が産出を左右できる(期間2以降は、産出はまだy^*となるものと仮定する)。

こういう価格が変わりにくい(硬直的な)世界でも、期間1の消費量と産出量は同じでなきゃダメだけれど、今では産出のほうが消費に合わせてくれる。効用関数と、期間2の消費がy^*になるという仮定から、すぐに今の実質消費を示す式が書ける。これは実質産出

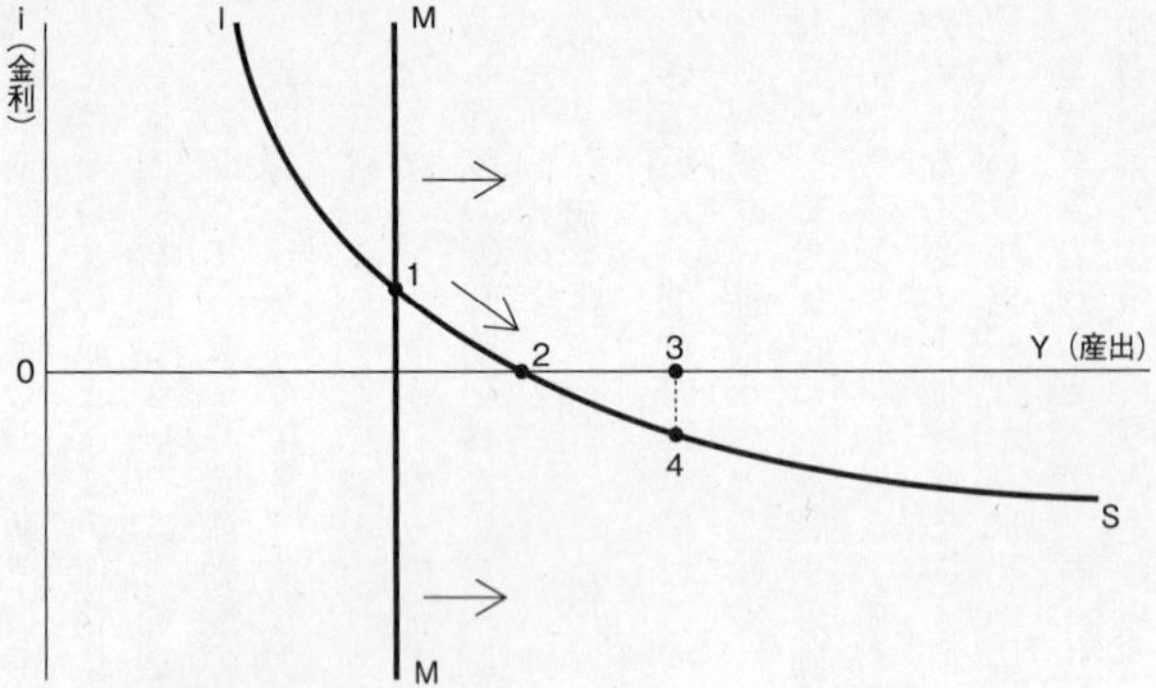

図B　産出が変わるときの期間1の状況。マネーサプライを増やすと金利（i）が減って産出（Y）が増える。だから生産能力を使いきっていない（不景気の）経済も、マネーを増やせば好況になる。でも、生産能力が（3）にあったら、金利（i）はマイナスになれないので、どんなに期間1でお金を刷っても生産能力は余ったままで、不景気も終わらない。ホントは金利をマイナスにして、（4）に行きたいところ。

を決定する「IS曲線」になる。

$$c=y=D^{-1}y^{*}(P^{*}/P)(1+i)^{-1}$$

図Bは、この場合の金利と産出量の同時決定を示したものだ。IS曲線は、いま示したとおり、産出が消費需要によってどう決まるか示す。これは金利が上がると減少する。一方、名目金利がプラスなら、現金払いの制約が効いてくるから、MM曲線が出てくる。

$$y=M/P$$

こうなると、マネーサプライを増やせば産出も増える。ただしこれにも限度はあって、増えても点2までしかいかない。でも、生産容量が点3みたいなところにあったら？　すると前節と同じ議論が成り立つ。名目金利はマイナスにはなれないから、それ以上のマネー増加は単に債券になって、支出にはまったく影響しない。だから公開市場での売買は、どれだけ派手にやっても経済を完全雇用には持っていけない。一言で、この経済は古典的な流動性の罠にはまったわけだ。

流動性の罠はどんな状況で起こるだろう。一つの可能性は、PがP*にくらべて高い――つまり人々がデフレを期待するので、名目金利ゼロでも実質金利としては高すぎる場合だ。でももう一つの可能性として、価格が安定だと期待されていても、もしy^fが将来にくらべて高かったら――あるいは別の言い方をすると、人々の期待将来実質収入が、今日の容量を使い切るのに必要な収入量にくらべて低くても、罠は起きる。この場合は、みんなにいま支出をうながすには、マイナスの実質金利が必要となる。そして価格は下がる方向には動きにくい（下方硬直的）ので、これは不可能かもしれない。

あるいはまた別の言い方をしよう。もっと応用マクロ経済学のことばに近い言い方をすれば、もし人々が将来収入についてあまり期待していなければ、金利がゼロでもみんな貯金したがって、それは経済が吸収できる以上になるかもしれない（この場合にはもちろん、経済はまったく貯蓄を吸収できないわけだ――が、この点については後述）。そしてこの場合には、中央銀行がいまマネーサプライをどうしようとも、経済をふくらませ直して完全雇用を実現することはできない。

というわけで、マネーの役割や、期間にまたがる選択の必要性をごまかさないきちんとしたモデルにおいても、流動性の罠は生じうることがわかったわけだ。

4. 地元と海外での投資

流動性の罠は、非常に簡単な経済では起きうる——投資がないから、消費者が全体として現在と未来とのあいだでトレードオフを行う手段がないような経済でなら。でも、今の生産を使って未来の消費を変えるようにしたら——地元で投資したり、外国の資産を買ったりして——それでも流動性の罠は生じるだろうか。

一見すると、投資や貿易をできるようにしたら、十分な需要をつくるのにマイナスの実質金利がいるという考えはナンセンスに見えるかもしれない。収益が逓減する場合といえども、資本の限界産出はかならずプラスだ。そして貿易黒字にしてそのあがりを使い、プラスの実質リターンを持つ外国資産を買うことだってできる。これで流動性の罠は、ただのおもしろい可能性として排除されてしまうだろうか。

投資をふくんだ厳密なモデルをつくるには、もっと長くて入り組んだ論文が必要になる。でも、もし「トービンのq」式の投資を考えたとしたら、ここでは投資の多い時期は資産も高価格になるから、資本の限界産出がプラスだからといって個人の投資リターンがプラスになる保証はない。なぜかを理解するため、なんらかの理由で今の消費者たちが収入のかなりの部分を貯金したがってるとしよう。それに相当するだけの投資を企業にさせるには、qは高い必要がある。さて、いま資本を買う投資家は、その資本に対する賃料（レント）を集めることができる——資本の限界生産がプラスなら、この賃料もプラスだ——一方で、qが今の高みからもっとふつうの水準にまで下がるときに、実質資本ロスが生じる可能性も考えなくてはならない。結果として、一時的な高貯蓄率を吸収するだけの投資を確保するには、投資家は実質リターンがマイナスになってもいいと思わなくてはならない。したがって実質金利もマイナスでなくてはならない。

貯蓄を輸出しようとする場合にも、基本的には同じ議論があてはまる。もし貿易されない財があったら、資本の輸出は通常は、実質為替レートの低下をもたらす。つまり、国内価格水準は外国にくらべて、同じ通貨ではかっても低下するということだ。だからもしある国が今たくさんの資本を輸出して、あとで回収しようと思っているなら、かれらの観点から見れば外国資産を高値で買って安く売ろうとしていることになる。外国の財で見れば、実質リターンは確かにプラスだけれど、国内消費から見た実質リターンは、十分マイナスになれるというわけ。

以上のどちらの点も、それが今の日本の状況で持つ意味をざっと考えてみれば、もっとはっきりするはずだ。仮に、実質金利がゼロでも、日本の消費者はいま大量の貯蓄を続けたがって、でもおそらく未来の時点では、貯蓄もずっと減ると考えてみよう。国内企業に貯蓄分を少しでも投資させるには、非常に高い資本コストが必要になる——たとえば日本株のP／Eがすごく高いとか。でも、実質金利がゼロでも、そんなPER（株価と一株あたり純利益の比。高いほど成長見通しが高い）は得られないかもしれない。株価は、いずれ下がるだろうという期待で抑えられるからだ。同じく、貯蓄分を全部輸出できるくらい巨額の貿易黒字をつくるには、円の実質レートがすごく低い必要がある。でも、実質金利がゼロでも（そして海外の金利がプラスでも）、通貨は十分に下落しないかもしれない。いずれ戻すだろうという見込みのせいで、今のレートが上がってしまうから。だから国内や外国での投資を認めると、流動性の罠は起こりにくくはなるけれど、不可能にはならない。

5. 日本は流動性の罠にはまってるんだろうか

さてここまでぼくは、もともと準静的なモデルから生じた流動性の罠の考え方が、動的にもきちんと解釈できるということを示そうとしてきた。でも、何かが可能だからといって、それが現実に関係あるわけじゃない。ぼくたちは本当に日本が流動性の罠にはまってると考えるべきなのか——そしてはまってるなら、どうしてはまったんだろう。

経済が流動性の罠にはまっているというのは、短期の名目金利がほぼゼロなのに、総需要が常に生産能力を下回っているということだ。日本はこの金利の基準は明らかに満たしている。執筆時点で、一日ものの資本市場金利は０・３７％だった。そしてこの経済は確かにキャパシティよりかなり下で動いてるようだ。もちろんＯＥＣＤとＩＭＦの産出ギャップ推計は、この経済が91年以降は実質成長してないことを思えば、おどろくほどつつましやかだ。でも、こういう数字は経済分析ではなく、平均化プロセスに基づいていて、不況が続けばそれを産出ポテンシャルの推計トレンドに折り込んでしまうんだ（同じ方法を30年代のアメリカに適用すると、35年のアメリカはキャパいっぱいで動いていたことになる）。日本の潜在的な成長を低く――たとえば2％くらい――見積もったとしても、この経済は確かにドツボの不況にはまってる。

でも、なぜ日本は流動性の罠にはまってるんだろう。

この論文の第1部から3部までのモデルでは、未来の生産力が今の生産力より低い場合にしか流動性の罠は生じない。この制約条件をゆるめる前に、まず考えてみよう。日本の未来の生産力が今にくらべて相対的に低くなると予想すべき根拠って何だろう。答えはすぐにわかる。人口構成だね。日本の出生率は低下してるし移民はない。するとこの先数十年は、労働力は増えるどころか減っちゃう。生産性が向上しない限り、たとえばこの先15年とか20年とかの潜在的な産出――モデルでのy^*――はまさに今のキャパシティより低くなる。さらに、人口が高齢化するので労働力は人口より落ち方が早い。だから、将来的にいずれ、1人あたりの生産キャパシティが本当に今より低くなると論じるのはすごく簡単だ。

実質金利をマイナスにしなきゃならないという議論は、個人間の差を考えて資本市場が不完全だってことを考慮すれば、もっと強化できる。どこかの時点で、一部の人は自分の未来の収入が今より高いと思い、一部の人は低いと考えるとする。完全な資本市場では、収入が上がると思う人は貯蓄をせずに金を借りる。でも、これがむずかしかったとしよう

——消費ローンがあまりないとか。すると、収入が上がると思っている人は、資金需要にあまり貢献できない。一方で、下がると思ってる人は資金供給には貢献できる。だから均衡実質金利は、もっと効率的な資本市場でのものより低くなる。ここで、日本の資本市場がことさら非効率だと論じる必要はないことに注意。これは単に、総キャパシティが実際に下がっていなくても、マイナスの実質金利が必要となる理由の一つとして見てもらえればいい。でも、日本の組織的な特徴の少なくとも一部——クレジットカードの利用が比較的少ないことや、高い家を買うのに必要な巨額の頭金（Ito, 1992 参照）はこの問題に貢献しているかもしれない。

定式化されたモデルを離れてみると、流動性の罠の見込みは投資需要にも関係する。ここでもまた人口構成が関係してくる。労働力減少の見通しは、投資の期待利回りを下げる。そして銀行システムの問題など組織的な問題も、資金不足につながって投資がおさえられるかもしれない。それに企業が過去の負債のせいで財務的に制約されていて、投資したくてもできない状況にあるかもしれない。

全体として、日本がほんとに流動性の罠にはまってるんだと論じるのは非常にたやすい。でも、なぜはまってるのかをうまく説明するのはずっとむずかしい。人口構成がいちばんの候補だ。ほかの「構造的」な理由もいろいろあがっていて、なかなか壮大な罪状一覧ができあがってはいる。でもそういうのは、ただの他愛のないミクロ経済的な非効率を引き起こすのはわかるけれど、需要が不足してることの説明にはならない。構造問題と目下の問題とのはっきりした結びつきがないというのは、政策面でだいじな意味を持ってるんだ。これは後で見てやろう。

6. ではどうしよう

日本はほぼまちがいなく、その生産キャパシティのかなり下で動いてる経済だ——つまり、日本が直面してる目下の問題は、需要の問題であって供給の問題じゃない。そしてあらゆる面から見て流動性の罠にはまってるらしい——つまり、従来型の金融政策をとことんまでやってみても、経済はまだ不景気のまま。何ができるだろう。答えは大きく分けて3つあるようだ。構造改革、財政拡大、そして従来型でない金融政策。これを順番に見ていこう。

構造改革　みんな、日本は構造改革が必要だということには同意する。銀行をきれいにしなきゃだし、サービス部門を規制緩和しなきゃ、企業の会計方式を変えなきゃとか。でも、こういうのは経済の、ミクロ経済的な効率を上げはするけれど、経済回復には役に立つんだろうか。図Bで示した罠を思い出してほしい。y^fを増やすような政策、つまり点3を右に動かすような政策は、経済がどのみち2でふん詰まってるんなら何の効果もないってことだ。日本の供給力だけ上げて、需要はそのままにしておくような政策は、状況の役には立たない。それどころか、効率が上がって失業が増えたりすれば、国としてはかえってひどいことになるかもしれない。

今の状況で役に立つためには、構造改革はなんとかしてみんなにもっとお金を使うよう仕向けなきゃならない。これが実現する可能性はいくつか考えられる。金融セクターが改革されれば、今は資金制約で動けない人や企業にお金を貸せるようになるかもしれない。規制緩和は新しい投資機会をつくりだして、投資需要を上げるかもしれない。そして改革で将来の収入が上がるという期待が生まれるかもしれないから、そうなれば今の支出も増えることになるだろう。

でも構造改革に関する議論でびっくりするのが、「これでどうやって需要（供給じゃなくて）が増えるんだろう」というのをよく考えてみると、その答えは実はかなりあやふやだってこと。少なくともぼくは、日本で提案されてるいろんな構造改革なんかぜんぜん需要は増やさないと思うし、ものすごい大改革をしたところで、経済を今の罠から押し出すのに十分だと考えるべき理由はまるで思いつかない。

財政政策　流動性の罠に対する古典的なケインズ流の見方はもちろん、金融政策はある状況では無力だから、唯一の答えは財政的にポンプに呼び水を入れる公共事業をすることだ、というもの。この論文で検討したフレームワークは、金融政策的にはちょっとちがった示唆を示すものではあるけれど、一方で確かに、財政拡大でもうまくいくかもしれないことは示している。もちろんこのモデルはリカードの中立命題にしばられているので、減税は何の効果もない。でも、期間1で政府が財やサービスを買ったら、それは部分的には民間消費支出が減って相殺されるけれど、でも確かに需要と産出を増やすかもしれない。

この政策はうまくいくかもしれないけれど、日本にとって正しいものだろうか？ 日本はすでに、ものすごい公共事業支出で経済を刺激しようとしたけど、失敗してる。しかも事業のほとんどは、どうしようもなくムダなものばかり。どうでもいいところにかかる橋や、だれも使わないような空港などなど。確かに、経済は供給に制約されてるんじゃなくて、需要に制約されてるんだから、ムダな支出でもないよりましではある。でも、政府にも予算の制約ってものがある。日本はたぶんこれを口実に使いすぎてるところはあるけど。だいたい、経済の資源を使って、人々が本当に求めているものをつくれないなんて、ホントにほんとなわけ？

金融政策 選択肢として金融政策に戻ってくるのは変に思えるかもしれない。だって、いまさっき、それが効果がないことを見てきたばかりじゃない？ でも、ぼくたちがやってきた金融上の思考実験には、特別な性質があることを認識しなきゃならない。どれもすべて、マネーサプライを一時的に変える話しかしてない、ということだ。

この点はもっと詳しく述べておこう。従来のIS－LMの枠組みは静的で、一時的な政策変化と恒久的な政策変化をまったく区別できない。そして一部はその結果として、このモデルからだと流動性の罠は永久に続くものだと示しているように見える。でもここでの枠組みは、えらく基礎的だけれど、かなりちがった見方を示してる。このモデルで価格がすぐに変わる（硬直的でない）ときには、期間1でお金と債券が完全に代替可能なときでさえ、マネーは中立的だ――つまり、すべての期間でマネーサプライを同じ割合で増やしていっても、価格はやはり同じ割合で上がる。

では、価格が期間1で決まっちゃってるときに、マネーサプライを恒久的に増やしたらどうなる？　名目金利がゼロにはりついて流動性の罠にはまってるとしても、金融拡大は未来の期待価格水準P*を上げて、結果として実質金利を下げる。言い換えると、一時的なのはダメでも恒久的な金融拡大は有効なんだ――なぜならそれは、インフレ期待を引き起こすから。

じゃあ、今の話を現実に落としてみよう。特に日本に。もちろん、日銀はベースマネーの変化が一時的かこの先も続くのかなんて発表しない。でも、民間のプレーヤーはその行動が一時的なものだと見ている、と考えていいかもしれない。みんな、中央銀行は長期的には価格の安定を目指すだろうと思ってるから。そして金融政策に効果がないのは、このせいなんだ！　日本が経済を動かせないのはまさに、中央銀行が責任ある行動をとると市場が見ていて、価格が上昇しだしたらマネーサプライを引き締めるだろうと思ってるからだ。

だったら金融政策を有効にするには、中央銀行が信用できる形で無責任になることを約束することだ――説得力ある形で、インフレを起こさせちゃうと宣言して、経済が必要としてるマイナスの実質金利を実現することだ。

これは、おかしな議論どころか、倒錯した話に聞こえる。でも忘れないでほしいんだけれど、基本となる前提——名目金利がゼロでも、十分な総需要をつくりだすには不足だという事態——は仮定なんかじゃないってこと。これはまさに今の日本の実状そのもの。だから、構造改革や金融拡大が必要なだけの需要をもたらすという説得力ある議論が展開できない限り、経済を拡大するための唯一の方法は実質金利を下げることだ。そしてそれをやる唯一の方法は、インフレ期待をつくりだすことだ。

もちろん、日本は何もしなくたってかまわない。流動性の罠の準静的なＩＳ-ＬＭ版では、不況は永久に続くように見える。でも動的分析をすれば、これが一時的な現象でしかないのがわかる——モデルでは、一期しか続かない。ただし、その「一期」がどのくらいなのかははっきりしないけれど（3年かもしれないし、20年かもしれない）。政策的な動きが何もなくても、価格調整やいいかげんな構造変化がやがて問題を解決してくれるだろう。長期的には、日本はなんとかこの罠を脱することになる。でも一方で、長期的には、われわれみんななんとやら[51]……。

参考資料

Hicks, J.R.（1937）, "*Mr. Keynes and the classics*", Econometrica.
Ito, Takatoshi（1992）, *The Japanese Economy*, Cambridge : MIT Press.

Lucas, R. (1982), "Interest rates and asset prices in a two-currency world", *Journal of Monetary Economics* 22, 3-42.

注

✣1――原著刊行当時。その後アメリカは、クリントン政権下で一時的に改善したものの、2009年時点ではイラク戦費などさらに大赤字。

✣2――サプライサイド屋というのは経済「学」の一派。「学」とカッコつきなのは、こいつらがあんましまっとうな「学」じゃなくて、本物の経済学に入れるのがちょっとためらわれるから。基本的な考えは、「稼いだ金は使うしかない、だから需要がいっせいに停滞すること（つまり不況）はありえない（わおぅ!!）、だからつくる側（つまりサプライサイド）にはバンバンつくらせよう」というもの。で、そのありえないはずの不況が現実に起きているのはなぜ、ときかれると、「それは政府が余計な規制をかけて、サプライサイドのクビを絞めてるからだ」という答えとなる。理論的な裏付けは皆無。クルーグマンはもちろんこいつらを徹底的にバカにしていて、『経済政策を売り歩く人々』（ちくま学芸文庫）では、この一派を「イカレポンチ」と呼んで嘲笑している。邦訳はガチガチの学者訳なので、もっとおかたい訳語になってるけど。

✣3――生活水準って、そんな人口1人あたりの消費額なんかで決まっちゃうの？　なんか味気ないんじゃない？　人生、お金より大事なものがあるんじゃない？　やっぱりこれから、物より心の時代でしょ？　はいはい、おっしゃる通り。ブータンの前王様は、「わが国はGNPよりもGNH、国民総幸福を目指します」と言ってて、皮肉抜きですてきだな、と思う。でも、幸福をはかる指標って、ないんだよね。そのうち脳内エンドルフィン量とか計測できるようになると別かもしんないけど。

これはとってても重要なこと。たとえばほんの数世紀前まで、世界の人口の大半はまず食うことがいちばん大事だったわけだ。だから、この人たちの生活水準というのは、カロリー摂取量と寿命とでほぼ語りつくせたわけ。今でもカロリーは無意味じゃないけど、それだけで生活水準ははかれないよね。一部の生活水準の高い人たちは、カロリーをどう削るかってんであくせくしてるんだから。その意味で、カロリーよりは消費額のほうが、まだしもいい指標だとはいえるでしょ?

それにみんな「心」とか言うけどさ、実際にやってることといえば、目の色変えてくだらんブランド品買いあさったり、要りもしないコンピュータの買い替えに精出したりしてるんじゃん。で、その卑しさを隠すために「高級ブランド品は、お金では買えない心の豊かさを与えてくれます(↑でもそれを金で買ってんじゃん)」とか言い訳してるだけじゃん。『JJ』とか『VERY』とか読めば、モロにわかる。なんだかんだ言って、生活水準のかなりの部分って、結局は消費額なわけよ。

そうは言っても、ここにはすごく大事なポイントがある。一部のすんげえ金持ち見てると、この人たちはこんなに稼いでどうすんのかなと思うでしょう。使い切れなさそう。もう金なんかあんまりいらないから、趣味の世界に生きるという人もいる。ある一定水準を超えると、消費額では生活水準とかをはかりきれなくなるんじゃないか。そろそろもっと別の指標がいるんじゃないか。そう思わない?

それが何だか、今はまだわからない。時間に着目すべきだ、という考え方の人もいる。情報に注目しましょう、とゆー人もいる。健康だ、という人もいる。妄想に注目しよう、という人もいる(笑うな!マジだよ。そしてかなり鋭い考え方なんだよ。岡田斗司夫が一時、これを言いかけた)。みんな一長一短(いや二短くらいだな)なんだけど……でもこれが見えてきたときに、21世紀の人類の方向性は決まってくるよ。

✣4——(訳注FAQ)——ここんとこですでにわからない人のために。

質問1　まず、根本的な疑問から。この前のところで、生活水準ってのは1人あたりの消費額だ、と言ってるよね。それなのに、ここでは急に「生産」の話をしてる。なんでなんで？

お答え　すっげえ鋭い質問。えーと、まず生産というのは、要するに稼ぎだと考えてね。個人なら総所得とか総収入とか（所得と収入は微妙にちがったりするんだけど、ここでは無視）。会社なら総売り上げとかさ。国全体でもそれに相当するものはあるわけだ。

さて、稼いだ金はどうするか？　これは、使うか、貯めるしかない。そうでしょ？　そしてこの「使う」分が消費だよね。一方、貯めるってのは何のために貯めるかとゆーと、増やして将来使うためだわな。で、たんすにしまっといてもしょうがないから、銀行に預けるよね。ほんのちょっとだけど利息がつくもの。で、銀行は何をしてるかとゆーと、それを他のところに投資して、払う利息の分を稼いでいるわけ。つまり、あなたの貯蓄ってのは、結局は投資になるんだ。

すると要するに、使う金（消費）を増やすには、まず稼ぐ金（生産）を増やすか、貯金（＝投資）を減らすしかないわけね。だからここでは、まず生産の話がはじまるわけだ。おわかり？

質問2　でもロは？　失業してる人を働かせればって、仕事がなかったらどうすんのさ。

お答え　おっしゃるとおり。仕事がなければ話にならない。失業が深刻なところを見ればわかるけど、職をつくるって大変だしね。でも、それはここでは考えないでよ。もしそれができたら、それ相応の職が提供できたら、とゆー前提があるってことにしといて。

❖5——言われてみればそうだな。日本ではまだオイルショックによる説明が主流で、その後は「企業努力によって石油依存体質からの脱却がはかられたので、もう当時ほどは石油価格変動の影響を受けなくなった」なーんて説明がされることが多いけどね。その筋ではどういう話になってんのかな。

❖6——この章が日本の読者にとって持つ意味は、アメリカ人の場合とはかなりちがう。前の章の生産性は、日本にとってもまったく同じ議論が成立する（時には日本のほうがさらに深刻だったりする）話だった。でも所得分配は、日本ではそんなに問題にはなってない。確かに、問題になりつつはある。東京に住んで目玉をつけてる人間なら、ホームレスの増加は実感としてわかるだろう。でも、アメリカのような恐ろしい悲惨なスラムが蔓延はしていない。ドラッグだって、増えてはきているけれど、アメリカみたいに最下層の人間が絶望的な現実逃避の手段として使って無間地獄に陥るというよりは、坊ちゃん嬢ちゃんどもの怖いもの見たさのお遊びにすぎない。日本はまだまだ、アメリカにくらべれば天国みたいに平等な国なのだ。

ただし今後、規制緩和とか能力制とかをガンガン導入するというお題目が本当なら、所得格差は拡大に向かうし、ここに書かれた状況だって出ないとは限らない。それに長期不況のおかげで、その方向性がさらに加速されていることも指摘できるな、と書いたのが98年。その後この問題は急激に拡大した。

✣7――つまり、能力あるヤツが稼いで、そうでないヤツが貧乏になるのは理の当然、何が悪い！　と考えるから。

✣8――え？　それ以外に何があるの？　社会福祉で貧乏人にお金がいけばそれでいいじゃん、と思っている人へ。それじゃ困るのよ。お金をあげたら、それで教育を受けるなり、商売始めるなりして、しばらくしたら自力更生して貧困から脱してくれないと。

✣9――どこが「たった」なんだ！　と思う人へ説明。日本の失業率って、2003年だと5％強だけど、みんな大騒ぎしている。でも、まず統計のとり方の差で、実際にはもう1％くらい高いだろう、というのが大方の見解。

あと、失業って悪いものばかりじゃないわけ。転職したりすると、必ずそこでは1カ月くらい職探しで失業してる時期ができちゃうでしょ。アメリカ人は4年に1回くらい転職する。これだけで2％だよね。

転職の少ない日本では、そういう分がない。あと、言いたかないが、まったくどうしようもなく使えないヤツってのも絶対いるわけ(そこの人、身近にいる具体的な名前を思い浮かべないように。その××氏ですら、このカテゴリーには入らないのよ。重度ドラッグ中毒、足し算もできず、英語もしゃべれない人々——アメリカにはそんなのがいくらでもいる)。前章で見た絶対的貧困者の多いアメリカでは、この部分も大きいのよ。

✣10——ある専門家曰く「かっこいい定訳はみたことがない。ぼくらは『インフレを加速しない失業率』と書くことが多い」。

✣11——サービス産業は、国際競争にはほとんどさらされない。これは大事な点。たとえば、日本の床屋は3000円してアメリカの床屋は10ドルだけど、アメリカの床屋を輸出してくるわけにはいかないので、国際競争は生じないのだ。すると経済のサービス化と国際化ってことをよくいうけど、この2つの関係ってのは……えへへ、これはなかなかおもしろい問題。考えてね。

*12——ときどき、インフレ不安があると長期金利が高くなるので、投資意欲がそがれる、というような議論がなされる。これは半分しか正しくない。インフレになるんじゃないか、と思ったら、確かに金利は上がる。でもそれは、借り手のほうが、返すときは価値の下がったドルで払えばいいんだと思って、それで金利が高くてもかまわないや、と思うからなんだよね。だからぼくたちがインフレを一掃したら——これはみんな泡くうだろうけど——インフレが実質の支払い義務を減らしてくれるだろうってんで設定された金利で借金した連中は、みんなえらい目にあうことになる。そういうわけで、インフレが名目上の金利に直接与える影響は、借金の実質コストを機械的に増やすとは限らないわけ。

✣13——この解説は同僚の山田謙次氏による。

✣14——……と言っている間に、98年度のアメリカはなんと黒字になってしまったんだよねー。第2章の最後に出てきた金持ちの増税が効いたらしい。政府支出は4%増えてるんだって。ところがブッシュ・ジュニア政権になったとたん、戦争はするわ、無茶な減税はするわで完全に元に戻ってしまった。

✣15――貧乏人向けの、政府発行の食券みたいなもの。

✣16――正確には全米各地の連邦準備銀行をとりまとめる連邦準備制度理事会ってのがあって、ここでの話はその理事会が中心。でも一般人はほぼ同じものと思っていい。

✣17――国債を持ってるというのはつまり、政府にお金を貸してるってことだよね。それを政府が買い戻してやれば、銀行として貸しているお金の総額は減る。その分、ほかの民間に貸せるでしょ。

＊18――金本位制は、フリードマンの一定ルールよりもっと極端になる。だってこれはつまり、ベースマネーを固定にしろと言っているわけだから。フリードマンは連邦準備銀行に対して、ベースマネーだけじゃなくて「通貨総量（monetary aggregates）」にも目標値を設定させたがった。ベースマネーが一定でも、こういう aggregate の大きな変動は経済を不安定にすることが、かれにはわかっていたんだ。たとえば20年代大恐慌のとき、アメリカのベースマネーは変わらなかったんだけれど、でも銀行危機のおかげでフリードマンの言う「通貨総量」は3分の1も減った。

✣19――そういえばフリードマンの『選択の自由』がベストセラーになって、テレビシリーズをやったのってこの頃だよね。背景ではそういう政策的な盛り上がりがあったのかもしれない。

＊20――この相談の仕組みってのが、だいたいはその名も高き「関税と貿易に関する一般協定」、通称GATTだ。GATTの相談は一連の「ラウンド」でやる。いちばん最近のが「ウルグアイラウンド」で、これは94年に決まった。

＊21――日本市場へのアクセスの問題は、ちょっと特殊になってくる。これは目に見える規制よりはむしろ、日本経済全体の構造の問題だからね。この話は次の章でまたやる。でも、こういう日本の輸入品に対する

「構造障壁」をなんとかできたとしても、アメリカの輸出には大して影響しない。

＊22――「新国際経済学」は、たいがい数人の経済学者をさしてる。プリンストン大学のアヴィナシュ・ディクシット、テル・アビブ大学のエルハナン・ヘルプマン、ブリティッシュコロンビア大学のジェームズ・ブランダーとバーバラ・スペンサー、そしてぼくだ。この新しい考え方のまとめとしていちばん広く読まれているのは、ぼくが編集した『戦略的貿易政策と新国際経済学』(MIT Press, 1986)。その政策的な意味についてのみごとなまとめが『だれがだれを叩いているのか』(国際経済学研究所、1992)。これを書いたローラ・ダンドレア・タイソンは、ビル・クリントンの主任経済顧問になったんだよ。

✣23――先にも書いてあるけど、最大で関税めいっぱいの100％だよね。で、なかには輸入とまったく同じ値段でつくれるものもあるから、この場合はムダはゼロだよね。すると、まあ、全部をならすとざっくり50％くらいかなという大ざっぱな話。

✣24――50％は右の説明どおり。で、5％というのは、これまで10％輸入してたけど、それが半分になったと想定してるから、10％の半分ね。

✣25――この章の意義ってのも、初版刊行時からかなり変わったのは事実。日米貿易摩擦なんて、もうみぃーんな忘れちゃってるもんね。アメリカはけっこう調子よさげだし、日本はドツボだし。だからこの章の最後に「日本問題はあっさり消えちゃうかも」と書かれた通りになったわけだ。だんだん外資も入ってきてるしね。

ただもちろん日本にとっては、これが日本がどう見られてるかというかなりバランスのとれた文になってることに注目。そしてここに書かれてる状況が残ってる限りは、似たような話はいつでも再燃する可能性はあるってことはお忘れなく。この件になると、アメリカだけじゃなくて日本でも、妙にとんがったナショナリズム入りまくりの感情論と、妙にものわかりのいい議論とが平行線をたどるだけで、結局のところどうだってのがわかんなくてさ。今だって貿易黒字がでかいとか文句きてるし、基本的な事実関係くらいはおさえとこうではないの。この文を受け入れるにしても、入れないにしても。

＊26――でも、これでさえ日本人に認めさせるのはすんごいむずかしいんだよ。日本の民間のエコノミストたちに、コメ政策が高くついてることを認めさせるのに、えらく苦労したことがある。しかも、まったくの非公式な会話のなかですら、だよ。ギリギリつめてやったら、その人たち曰く、外国人に向かって自分の政府の批判をするのは立場上まずいと思われる、だってさ。

＊27――ドイツの状況は、89年に東西ドイツが再統合されて、それ以来ちょっとややこしくなっている。

＊28――学問的な論争での決定打は、ブルッキングス研究所のロバート・ローレンスが87年に出した、日本の輸入についての論文だった。これは、日本がホントに予想外に輸入が少ないことを示した論文で、多くの経済学者はこれを見てホッとしたんだよ。『ニューズウィーク』がローレンス（かれは自由貿易の十字軍として活躍してるんだ）を「バッシャー」に分類してるのは、アメリカでの議論がいかに二分化してるかを物語ってるよね。

＊29――法人税と海外直接投資

ちょっとびっくりしちゃうんだけど、日本の投資が受け身のポートフォリオ投資から離れて、アメリカ企業の直接買収に移ったのは、86年のアメリカの税制改革も原因の一つかもしれないんだよ。この税制改革は、実質的な法人税引き上げだったんだけど。

81年には、アメリカは減価償却をすっごくたくさん認めてたので、これが企業の法人税率を、実質的にかなり下げることになってたのね。ちょっとパラドックスじみた話ではあるんだけど、これが日本企業にとっては、アメリカ企業を所有したくない理由として働いてたんだ。日本企業がアメリカ企業を所有したら、その子会社が本国の日本に送ってくる利益についてはいずれ日本政府に税金を払わなきゃなんない

――そのとき、アメリカ政府に払った税金の分はもう引かれてるわけね。
　ということは、日本企業が持ってる企業は、アメリカが持ってる企業とはちがって、低い税率のメリットを活かしきれないわけよ。だって、こっちで取られる税金が少なくなれば（そのぶん利益が増えて）、日本で払う税金が増えちゃうので、一部帳消しになるでしょ。つまり81年から86年の低い法人税のおかげで、同じ企業を日本人が持つより、アメリカ人が持ったほうが得ってことになった。
　86年の税制改革は、実質的な法人税を上げて、こういう国内保有の優遇もなくなったんだ。だからこれが、それに続く日本のアメリカ企業買収の波を生み出すのに一役買ったのかもしれない。

✣30――住宅ローンは、借りるヤツの信用調査をきっちりすれば、あんまり取りっぱぐれがないのね。しかもまず土地と家そのものが担保になって、これはめったになくなんないでしょ。だから貸す側としてはすごくリスクが低いんだよ。もちろん絶対安全じゃない。でも、そんな商業開発に投資するときみたいな、尻の毛まで抜かれるようなことは絶対にない。

✣31――いかにも今の日本にありそーだよなー。郵貯や財政投融資について、まったく同じ論調で、まったく同じ議論が、これとまったく同じせりふで行われようとしてるけど、大丈夫だろうか。

✣32――これ、規制緩和の本当にむずかしいとこだよねー。今これを日本でやろうとしたら、政府はまず規制緩和の旗振るでしょう。でも、そこで預金保証の廃止に反対すんのは左翼野党だろ。するとたぶん与党側は、別にそんなのどうでもいいやと言って（かれらの目的は、規制緩和そのものじゃなくて、ツケを先送りにすることだから）、結局はこういうゆがんだ「規制緩和」がいちばんまかり通りやすいってことになる。

✣33――つまり、どこからともなく悪人がわいてやってきたわけじゃないってこと。人間は誘惑に弱いし、もともとは善良で慎ましい人も、環境次第ではどうにでも変わってしまう。

✣34――この「小手先の技」ってのが、不良債権処理の妙策とか称してほうぼうでもてはやされてるRTCのことなのよ。

✣35――まあつまり、一発儲けようと思って、サラ金で金借りて、競馬につぎこみました。これが最初ね。本この段階ですでに、失敗したらどういうことになるかはわかってるんだから、決断はなされてるわけ。本人の腹づもりはどうであろうと。で、それがこけて、大損しました。これが次の段階。ここですでに、もう具体的な損失は発生してる。で、それがこけて、大損しました。これが次の段階。ここですでに、も間くらいかな)。そしたら、あとは金を工面して借金を返すしか手はないわけ。返すのは自分にとって損ではない。もう損はしてるんだから。

✣36――原文は"Names"。通りが悪いので、ここでは「顔」にさせて。

＊37――ここの記述は、スタンフォード・ビジネススクール用にロビン・ウェルズが書いたケース"Lloyd's of London: The Failure of a Market"に基づいている。

✣38――この場合のコーナリングは、かつての『サーキットの狼』の愛読者ならみんな知ってる、あの四輪ドリフトとか幻の多角形コーナリングとかいうコーナリングじゃないのよ。ボクシングのほうの話。相手をコーナーに追いつめて、ポールにもたれさせて、倒れたくても倒れられないようにして、パンチをガンガン浴びせるという手法ね。

✣39――意外とみんな、これってちゃんと説明できねーんだよなー。こういうのって、悪質な市場操作なのね。市場がいいのは、需給バランスを価格というメカニズムによって調整するってところにあるわけ。「市場がすばらしい」ってのは、このメカニズムが健全に機能してる場合には、というただし書きがつくんだよ。この種の操作は、このメカニズムを破壊しちゃうから、あらゆる意味で許し難いわけよ。

✣40――この章で何を理解していただきたいか。ファイナンスなんて、大して世の中の役にはたたない（いやまあ少しくらいはたつかな）場合も多いってこと。そして下手をすると、それがときには卑しく低級な、新しい価値創造に何の貢献もしてない活動にもなりかねないってこと。ホント、ファイナンスってのがえらくかっこいい、重要な活動だと思い込んじゃう危険性っていくらでもあるわけ。手軽でスマートに大儲けできるみたいに見えるし。でも、そんなのは幻想にすぎない。手元にあって本当に役にたって、自分にとって価値を生んでるものを見てみてよ。このハサミ。ホチキス。本。ビスケット。酒。その価値を生んでるのは、バランスシートの左側、つまりものを作る工場とかそれを動かすノウハウとか、資産なんだよね。でもファイナンスでいじれるのは、しょせんバランスシートの右側だけ。

もちろん、必要なときに必要なだけのお金を調達するってのは大事。それを行う方法を理解するのは悪いことじゃない。でも、そっちばかりに目を向けたらひどいことになる。LBOでボロボロにされた企業ってたくさんあるもの。ファイナンスもいいけど、それはあくまで資産をスムーズに動かす手助けなんだってことは肝に銘じといて。

この章は第3版には入ってない。最近はアメリカじゃLBOとか下火だからだろうと思う。でも、ヨーロッパでは今LBOとか買収が増えてきてる。たぶん、日本にそれが飛び火するのも時間の問題だろう。21世紀初頭ってとこじゃない？　金利も安いし、株が暴落してるし、そろそろやりやすい時期だと思うよ。それに某お役所は、M&Aを促進しよう！　なんてことをマジに言いだしてるし。くわばらくわばら。

＊41――実際には、たいがいのファイナンス取引はLBOと乗っ取りの両面を持ってる。たとえば、LBOで企業を買収したグループは、その企業の一部をすぐに売却して、自分たちのしょいこんだ負債の返済にあてたりする（訳注✣つまり、この両者にあんまり厳密な意味でのちがいはないってこと）。

✣42――「Sunk cost」――ファイナンスで、すごく大事な概念。もう使っちゃってて、戻ってこないから、今の値段には関係ないということ。隣りあわせに似たようなビルが完成して、売りに出たとする。ビルそのものは同じなんだけど片方は地盤が悪くて開発に100億かかり、片方は10億しかかかんなかったとする。でも、買う側はそんなの関係ないでしょ。この先そのビルを使ってどれだけ商売ができるか、ということにしか関心がない。だからどっちのビルにも同じ値段（たとえば15億とか）しか払わないよね。「うちは地盤が悪かったんだからもっと高く買ってくれ」と言えると思う？　そんなの知ったこっちゃないよね。地盤改良のコストは「沈んだ（sunk）」コストだから、もうとりかえしがつかないし、問題にしちゃいけないわけ。

これが開発前だと話がちがう。まだ地盤改良をしてない段階で、この開発にいくら出すという話をする場合には、地盤がまずいから、というのをちゃんと値段に織りこまないといけない。

人情としては、やっぱ100億かかったら「もとをとらなきゃ」と言って、130億もらわないと売れないとか言いたくなるよね。でも、それは不合理な考えなのよ。15億でしか売れないビルは、15億でしか売れないわけ。もう使っちゃった100億なんか、心配してもしょうがない。「失敗したな」と思ってあきらめて、15億で手を打って次の話に進まなきゃいけない。その100億は、今はもうないんだ。

ところが日本の会計では、この実在しない100億をいつまでも100億のままで帳簿にのっけとけるようになってる。それでみんな、15億で売って現金を手にして過去を清算するよりは、紙の上だけでも100億のままでほっとこうと考える。今の日本の不良債権問題って、みんながこれやってバブルの過去にしがみついてるせいで起きてるんだよ。

✣43——89年に出た本書の初版は、ここんとこで終わってた。

✣44——何事にも時代ってのはあって、この章は初版では第三世界の累積債務問題のみを扱ってた。本書とちょっぴり似たところもある、なかなか優れた経済入門書だった『一分間エコノミクス』でも、累積債務問題で経済がたちゆかなくなるかも、というのをまじめに心配している。それが本書では、一章ももらえない話題になっている。

✣45——要するに、株でも土地でもなんでも、一個だけ持ってると危ないでしょ。なんかのはずみに倒産するかもしれないし、急に事故かなんかで暴落するかもしれないし。いくつか束にして持っとけば、一つ一つの企業のお家の事情だけに影響されずに、安心してられるわけだ。でも、束で持つ場合でも、ゼネコン株だけ持ってると、ゼネコン全体にひびくような事態が起きたらまとめて落ちちゃう。ゼネコンと銀行を持っておいたほうが、ばらけるよね。でも、たとえば今の日本の不良債権問題みたいなのがあると、銀行とゼネコンがいっしょに落ちる。やっぱソニーみたいなメーカーを入れといたほうがいいかもしれない。こうして、いいポートフォリオをつくるには、ちがったふるまいをするものをいろいろそろえておきたいわけ。日本とアメリカの株が同時に落ちることはなさそうだから(でもこないだいっしょに落ちたよね)、これを束にしとくといいかもしれない。これがポートフォリオの分散化ってこと。

＊46——これをアメリカ国内の状況とくらべてみよう。カリフォルニア住民は、たとえばニューヨーク本社の会社よりもカリフォルニア本社の企業の株を好んで保有するなんてことは、まずまったくないと言っていい。

＊47——92年、『ウォールストリート・ジャーナル』紙は、「相互人」なる代物についてのすごくおかしいエセ人類学記事を載せた。これはG7会談みたいな国際会議に出席する人種。その記事では、この人種は次の2つの理念を信奉してる。「われわれは協調を高めるために協力し、協力を改善するために協調しなくてはならない」。

＊48——全体的な条約のEMSと、各国に通貨を安定させるように義務づける為替レート機構(ERM)と

には微妙なちがいがある。執筆時点ではイギリスはEMSには入ってるけど、ERMには入ってない。こういう細かい規定上の話は、ここでは無視ね。

✣49——その後、EMSは発展してユーロができ、2008年現在では特に大きな混乱もなく動いている。ここで述べられている問題は、基本的には変わっていないが、今から見ると悲観的だ。

✣50——この論争は、ITバブルの崩壊で多少落ち着きを見せて、一応決着がついた。生産性は、コンピュータのおかげでちょっとは上がったようだ。でも、一時言われていたほどすごくはなかった。

✣51——これは本気で「日本は何もしなくていい」と言ってるんじゃなくて、ケインズの「長期的にはわれわれみんな死んでいる」(だから短期的にできることをやろうではないか)という発言をふまえたもの。手をこまねいてないで、インフレ期待をつくりだそう!　と言っているわけだ。おまちがえなきよう。

あとがきと解説とか、そんなもの

総論

この本は、97年6月にアメリカのMIT Pressから出た、**Paul Krugman, *The Age of Diminished Expectations*** 第3版の全訳だ。さらに、この版では削除されていた企業ファイナンスの章を、おまけで復活させてある。日本ではこれから大事になる中身だと思うから。ついでに、クルーグマンが98年5月に書いた、日本の果てしない不景気についての試論もくっつけてある。ちょっとむずかしいけれど、この本の本編を一通り読んだら、言ってることはだいたいわかるはずなんだ。ここでの結論がいかに常識はずれな（でも筋の通った）議論か、ということも。

著者ポール・クルーグマンは、マサチューセッツ工科大学（MIT）の経済学教授で、気鋭の若手経済学者。この本の初版を書いた頃には、まだたった35、6歳だった。貿易理論や為替理論みたいな国際経済の分野では、この頃からもう若手ホープとして鬼才を発揮し続けていて、一方でレスター・サローなんかの通俗エセ経済学者たち（でも、MITでは一応の上司だったんだけどねー）をからかいつつ、一般の読者向けに最先端の経済学と経済政策を楽しくわかりやすく解説してくれる、すごく勉強になってしかも楽しく読めちゃうという神業みたいな著作でも知られる。

そしてこの本は、クルーグマンが初めてその神業を発揮した、初の一般向けの経済解説書だ。

訳者としてこの本について述べておかなきゃなんない点は、次の3つ——この本の訳文について、この本そのものの意義について、そして著者ポール・クルーグマンの業績について。

なんだね、このふざけた訳は？

一見してわかるとおり、ぼくはこの本をすごくくだけた文体で訳している。それが原文の雰囲気にいちばん近いし、もとの本が想定しているような読者層——いろんな経済論議の要点はわかりたいけれど、それ以外にやることがたくさんある経済学者でない人たち——にいちばん届きやすい文体だと思うからだ。届きやすいというのは、読んで内容を理解してもらえる、という意味。

ただし文体がくだけていても、レベルが低いわけじゃない。日本では、多くの人はくだけた文体イコールがき向けの幼稚な内容だと誤解してしまう。「はーい、いいでちゅかー、いちたしゅいちわ、にでちゅよー」というような。実際、日本に腐るほどある「入門書」

とか「必ずわかる」とかいう本は、ほとんどみんな読者をバカにしたこの手合いだ。が、この本はちがう。それどころか、ここで説明されているのは、理論的にはまさに今の経済学の最先端だったりする。ある人はこの草稿を読んで、「訳文見てもっとバカな本かと思ったら、これってすごい高度なこと書いてない？」と言った。そして「こういうのを読むような人は、こういう文体には反発するんじゃないか」と心配してくれた。うん、その気持ちはよくわかる。でも、この本の原書の狙いは、まさに「こういうのを読む人」（つまりは学者か経済屋さん）以外の人に、「こういうの」を読ませる（そしてわからせる）ことなんだ。

そもそもこの訳文は、一見して思えるほどおちゃらけたもんじゃないのよ。これをいわゆる「超訳」だと思う人がいるかもしれない。原文はもっともっとまじめでお堅い代物なんだけれど、山形がウケ狙いで無理矢理こんな文体にしちゃったんじゃないか、ってね。でも、そんなことは（ほとんど）ないんだ。ぼくがやってることの9割は、たとえば「増大する」というかわりに「増える」といってるだけなんだよ。「貿易赤字の大幅拡大が重要課題として浮上してきた」というかわりに「貿易赤字がすごく増えて、それが大問題になってきた」といってるだけなの。「日本の貿易慣行は多大な反発に直面することになった」といわずに「日本の貿易のやり口は、すっごい嫌われちゃったんだ」というとか。この本の原題にある「diminish」は、経済学者が訳すと必ず「逓減」になる。でも、diminish は英語の日常用語だけれど、逓減は経済学のギョーカイ内でしか通用しない、変なことばだ。素人にもわかるようになるべく簡単なことばで、という原著の趣旨にはふさわしくない。ぼくはよほどの理由がない限り「だんだん減る」と訳している。いずれも意味はまったく同じ。前者がまじめで信用できて、後者がおちゃらけで信用できないってのは、ただの権威主義でしかない。そしてどっちが広い読者に伝わるかといえば、圧倒的に後者だよ。

さらにだめ押しで、これが原文の文体をほぼそのまま忠実に反映させたものだ、といったら、びっくりするかな。ちょっとは遊ばせてもらってるけれど、それでも世に出まわってるクルーグマンのほかの翻訳なんかよりは、この訳のほうがずっと原文の雰囲気に近いんだよ。

これを証明するのはむずかしい。でもそうだな、たとえばこの人が多用してる軽いジョークやはなしことばに注目してみてよ。「貿易赤字」で出てくる「100%をちょっと上回るくらいまちがってる」というおちゃめな言い回し。あるいは冒頭に出てくる「ギリシャ文字式、ジェットコースター式、空港式」なんていう経済書のふざけた分類。あるいは第1部のリード文に出てくる「人生で大事なことはわずかだけど、実際に気にするのはどうでもいいことばかり——たとえば地下室を片づけるとか」みたいなオチのつけ方。つまり原文は、ふつーの人が冗談混じりで気楽に使うような、口語の文体で書かれてるんだ。最近の文になると、これがもっとすさまじい。駄洒落と罵倒がてんこ盛りで、文体はさらにくだけまくり。

たとえば、アジア経済バラ色論にいちはやく水をさした「アジアの奇跡という幻想」(『クルーグマンの良い経済学　悪い経済学』〈日本経済新聞社〉所収)にはこんなくだりがある。「こんな暴論を信じる気にはなれないかもしれないが、数字を避けて通ることはできないのだ」(邦訳209ページ)

おかたい普通の文だよね。でも原文はいささかちがうんだ。「you may not want to believe this, buster, but there's just no way around the data.」

翻訳では完全に捨てられてるこの buster ということばに注目。これは、ちょっと侮蔑をこめた呼びかけで、捨てぜりふや酒場の口論でよく出てくる表現なんだよ。これと、強調の just があることで、この文のニュアンスってのはぜんぜんちがってくるわけ。正しくは「信じたくないかもしれんがね、にーちゃん、このデータからはどうしたって逃げられないんだぜ」くらいの感じ。クルーグマンは、このくらいの言い回しを、たいがいの文でごくふつうに平気で使う人なんだ。

そしてこの文の直後に出てくる、テレビドラマ『ドラグネット』のフライデー刑事の引用。日本で言うなら、まあ「遠山の金さん」みたいなもんだ。あるいは最近の文章では ***Buffy the Vampire Slayer***(「美少女戦士セーラームーン」だと思いねぇ)の引用まで出てきて、ぼくはのけぞったね。『中央公論』や『世界』に「この桜吹雪が黙っちゃいねーぞ!」「月にかわってお仕置きよっ!」なんてのをちりばめた文が載ったところを想像してみてよ。まあ最近の『世界』は常盤貴子のインタビューをのせちゃうくらいだからわかんないけど。そのくらい原文はくだけてるんだ。そう、まさにこの翻訳並みに。でもくだけた文体は、ウケ（だけ）を狙ってるわけじゃない。読みやすさとわかりやすさを増すための仕掛けなんだ。『経済政策を売り歩く人々』（ちくま学芸文庫）とか、あるいはもっと専門的な『自己組織化の経済学』（東洋経済新報社）だっていい。みんな本書と大差ないすごく生き生きした文章で書かれてる。クルーグマンが実際に目の前に読者や聴衆をイメージして、それにどう語りかけようか、どうやって自分のメッセージを伝えようか、楽しみながらも吟味しているのがよくわかる。

それが今の翻訳では、どうしてどれも死んだ魚みたいなどんよりした文章になっちゃうんだろう。訳者にユーモアのセンスがないからかな。こういう文体で文を書いたことがないせいもあるだろうね。そして最大の原因は、既存の訳者たちが読者のほうを向いて翻訳してないってことなの。実際に目の前のだれかに何かを説明しようとして、何かを伝えようと考えて翻訳してない。翻訳を、紙の上だけの単語の置き換えだと思ってる。ことばには、文体やニュアンスや躍動感があって、それも大事な伝えるべき「意味」の一部だってことがまったく理解できていないんだ。だからそこでのクルーグマンの努力が、全部殺されてしまってる。これはクルーグマンにとっても読者にとっても、不幸なことだなと思う。

それでもこの文体は……とおっしゃるあなた。あのさ、この本の初版を書いたときのクルーグマンって、なんとたったの35歳だったんだよ。ぼくが今34（翻訳当時）。ほとんど変わんないでしょ。で、ぼくは今でも日々こういうしゃべり方をしてるわけ。ぼくの友だちもみんな、こういうしゃべり方をする。じゃあ同年代の頃のクルーグマンにこういう口をきいてもらったって、なんか文句あるかっつーのだ。

そして最後にだめ押し。この訳がお気に召さないのなら、むかしの訳を探して読む手がある。本書の初版にはすでに翻訳があるんだ。『予測——90年代、アメリカ経済はどう変わるか。』(TBSブリタニカ、長谷川慶太郎監訳)。監訳者の名前を見た瞬間に信頼の瓦解を感じるのは人情だし、訳もそれ相応のものでしかないけれど、伝統的な小難しい翻訳に慣らされてしまってる不幸な人は、こちらを読んでいただければ幸甚。初版から三版への原文の中身は、特に第4部のファイナンスがらみの部分がたくさん変わってるのと、へルスケアの章がつけ加わったのが大きな変更点。あとはちょっとした加筆にとどまっている。

この本はなぜクールか

本書がクールだってことは、あのポール・サミュエルソンも序文で断言してる。「試練をくぐりぬけて能力を実証してみせた研究家が書いたもので、強調すべき要点をきちんと選び出して、それを筋が通るようにまとめてくれて、しかも読んだ人に自信と理解をつけさせるような本」。そのとおりなんだ。

ホント、ぼくたちが暇つぶし以外で本を読むときに求めるのは、そういう本でしょ。何がだいじで何がそうでないかをきちんと選り分けて、しかもそれを、素人にもわかるように説明してくれる本。経済についての本質的な考え方や見方を教えてくれる本。経済学（いや経済に限らず）という学問がつくってきた、現実に対する思考の成果と力を、さわりだけでも分けてくれる本。

　もちろん経済入門と称する本は山ほどある。でも、こういうのの多くは、経済について教えてくれるものじゃない。インチキ扇情「ビジネス」書なんかそもそも論外だけど、それ以外でもほとんどは経済「学」について書いた本なんだ。「需要と供給で云々」で始まって、それが実際の政策にどう影響しているのかはいつまでたっても見えてこない。むしろ経済理論を説明するためにいろんな現実の現象が引き合いに出される感じだ。あるいは基礎概念解説書みたいなものでは「ＧＤＰ成長率」と「内外価格差」と「地価」と「規制緩和」なんていう、レベルのまったくちがうものが、整理もされずに同列にずらずら並んでいるだけで、何が大事なのかわかりゃしない。

　さらに、「入門書」と称する本の多くは、えらく一方的な書き方しかされていない。著者の見解だけが「こうですっ！」と結論として述べられてて、反対意見が紹介されていても、ハナからバカにすべきものとして扱われてるだけ。もちろん、著者のわかることしか書かれていないし、あらゆることがさも重要でむずかしそう。

　そしてきわめつけは、現状がいいとか悪いとかは言うことがあっても、なぜそれが現状になってるか、あるいはどういう可能性があるかについては、何の説明もないこと。規制緩和がそんなにすばらしいなら、なぜそもそも規制があるの？　土地の流動化が大事なら、なぜそうなるようにしないの？　何が望ましくて、何が障害なの？　それがわからなければ、ぼくたちは何もできない。

この本では、何もかもがちがう。まず、本書は「経済学」の本じゃない。「経済」の本だ、経済のトピックがまずあって、「学」はあくまでそれを説明するツールだ、というのが貫徹されている。経済で見るべき物事の序列ってのが、有無をいわさず明らかになってる。いろんな問題について、学問の分野や政策の分野で戦わされている議論が公平に紹介されていて、同じ問題のいろんな側面や、そうした立場にいたる道筋がはっきりわかる。ひたすらおバカな議論と、クルーグマン自身は賛成しないけど傾聴すべき意見とがきちんと仕分けされている。さらにそれをとりまく政治的な立場までが説明されて、ほんとの経済政策の場で働いてる力関係もうまく示されてる。これを読めばわかるじゃん。なぜ事態が今みたいになっているのか。この先、どういう展開があるのか。そこでぼくたちが注目すべきなのは何かってことが。

そしてこの本で最高なのは、わかってないことについては、もったいつけずにちゃんと「わかってないよ」とはっきり書いてくれることなんだ。だいじじゃないことは「だいじじゃないよ」と説明してくれることなんだ。

ぼくはこの本を読んで、目からうろこが山ほど落ちた。そうなのぉ⁉　生産性って、どうして上がったり下がったりするのかわかってないの⁉　インフレって経済大崩壊への序曲じゃないわけ⁉　G7国際サミットって、そんなどうでもいい代物なの？　日米貿易摩擦ってのも、大騒ぎするほどのもんじゃないわけ？　保護貿易っていいものではないけど、悪魔の尖兵でもなかったのね⁉　欧州通貨統合ってのも、そんな怪しげな代物でしかないのぉ⁉

だって世の中の論調ってぜんぜんちがうじゃないか！　情報投資で生産性バリバリってな話を、みんな腐るほど読まされてるんだぜ。G7はいかにも重要そうな扱い受けるじゃん。貿易摩擦も大騒ぎするではないの。あれはいったい何なんだ！（ちなみに本書は、ごていねいなことにそれも説明してくれるのだ）。

この本は、結論だけを声高にどなったりしない。結論よりは、その結論にどうやって到達するか、その思考のプロセスを伝えてくれる。だからこそ、アメリカについての本なのに、その中身は日本でも十分に通用するんだ。

クルーグマン自身の結論に、あなたはかならずしも賛成しないかもしれない。それでいいんだ。でもこの本を読み終えたあなたは、もう今までと同じ目では新聞や雑誌を見ないだろう。日経が何をどうあおろうと、「ユーロの脅威」なんて報道をまじめに読んだりはしないはず。どこでつっこみを入れればいいか、わかるようになってるはずだから。「新規産業分野育成」なんて話も、眉にたっぷりツバをつけて読むようになるだろう。「自由化」「規制緩和」も、それだけでは手放しで喜んだりしないだろう。不良債権問題での大蔵省の小手先対応にも、ちゃんと首をかしげられるようになっているだろう。そして世のインチキ経済ヒョーロンカが、いかにトンチンカンなことを口走っているかも、よっくわかるようになるだろう。ここまでのことをしてくれる本が、ほかに1冊でもあるか？　クールってのは、こういう本のことをいうんだよ。

クルーグマンせんせぃのこと

この訳の草稿を読んでくれたモルモット諸君に、クルーグマンの専門って何なんですか、と聞かれたことが何度かあった。たしかにこの人はえらく手広いので、邦訳の解説を見ても、まとまった説明がぜんぜんないのだ。仕方ない。ぼくがやる。

〈貿易に関するはなし〉

なんといっても、クルーグマンは貿易理論がメインだ。かれは新貿易理論の旗手の一人としてその名を馳せた人なんだよ。

ここでのかれの主張は、この本の第10章「自由貿易と保護貿易」にまとまってる。そもそもなぜ貿易なんか起きるの？　それまでの貿易理論は、各国には地理や資源面で差があるからだ、と答えていた。ある国はリンゴをつくるのに適してる。ある国は石油がとれ、ある国は飛行機づくりが得意。いちばん得意なものに特化してそれを交換するのが貿易だ、というわけ。

これはこれで正しい。でも、石油やリンゴはさておき、「飛行機をつくるのに適してる」って何だ？　特にソフトやサービス産業。映画はハリウッド産が多いけど、別にハリウッドじゃなきゃならない決定的な理由はないじゃないか。

　こういうのは、たまたま最初にそこで何本か映画が作られて、それで関連人材が集まってきて、それで映画がもっと作りやすくなって、また人が集まって……という、集積効果がある。地理条件や資源は同じでも、ちょっとした偶然による差がだんだん拡大して、その差が貿易を生むことも（も、だよ。これまでの理論が否定されたんじゃないよ）ある、というのがクルーグマンたちの理論だ。

　あたりまえの話だよね。でも、それまではこの「あたりまえ」をモデル化する方法がなかった。クルーグマンたちはそれを、すごく単純きわまりないモデルであっさり描ききって、新しい対象を経済学がとりあげる突破口を切り拓いたんだ。ここらへんの話はかれの***Rethinking International Trade*** (1990, MIT Press) に入ってる論文を読んでね。


〈為替がらみのはなし〉

　貿易を考えるのに、為替レートがだいじなのはあたりまえなんだけど、でも両方やってる人はほとんどいない。クルーグマンはその例外の一人。

　70年代半ばまでは為替レートは固定だった。でもこの体制が投機屋さんの攻撃に耐えきれなくなって（これはたとえば97年のアジア各国みたいな状況だ）、変動為替制が導入された。これで投機屋さんたちの出番はなくなって為替は安定し、国力（そんな急に変わるもんじゃない）にあわせて緩やかに変化する……はずが、それ以来1日で10％も動くような、むちゃくちゃな変動を繰り返してるのはご承知のとおり。なぜだ！

新聞では為替レートが動くたびに、やれナントカ筋に不安が広がったとかもっともらしい話が出るけど、あんなのは理由でも説明でもなんでもない。ただの後づけの言いわけ。いずれ落ち着く先がわかってるなら、なぜみんな、そんな一瞬ごとにびくびくするんだろう。

これは、従来の経済学では説明できなかった。クルーグマンの答えはこうだ。一つには、市場の統合が不完全であること（グローバル経済ってのが実はそれほどグローバルでないってのは、本書でも何度か指摘されてるよね）。そしてそれと関連して、企業が為替レートの変化にすぐには対応できない／しない。だって為替レートはあまりにしょっちゅう変わるから、「しばらく様子を見よう」というのがいちばんいい手だったりするものね。そしてその対応の遅れのため、最初のちょっとした変化は大きく増幅されてしまうんだ。この細部には立ち入らないけど、「レートが派手に振れるからみんな様子を見る↓みんな様子を見るから派手に振れる」という堂々めぐりの構造の指摘——これは、クルーグマンの十八番だ。

この研究をする中で、かれは外国為替市場での投資家の動きが、短期的にも長期的にも合理的（経済学的な意味で）じゃないことを指摘する。つまり今の為替相場は、いつもバブルでぶくぶくしてるんだ。だから、通貨危機はいつでも起こりうる。これと発展途上国の累積債務の問題とからめて、クルーグマンは通貨危機についてもいろいろ研究を発表している。

こういう話については、***Exchange-Rate Instability***（1989, MIT Press. 短くてやさしいよ）と ***Currency and Crisis***（1992, MIT Press）を読んでね。そしてもちろん、本書の「ドル」とか「グローバルファイナンス」とかの章は、ここととダイレクトに関わる内容だ。

もちろん最近のかれは、アジアの97年の通貨危機についていろいろ論文を出している。アジアで猖獗を極めてる、血縁がらみの腐った銀行システムが人々に甘い見通しを抱かせ（「どうせスハルトがなんとかしてくれるよ」等）、それがバブルにつながったのが原因、という理論。おもしろいよ。こういうのはかれのホームページで読める。

〈立地と都市に関するはなし〉

これはかれの貿易論から出てきた方向性。貿易の話は、最初のちょっとしたちがいが、やがて大きなちがいを生んでそれが貿易につながる、という話だった。待てよ、だったらその「大きなちがい」というのを地上に落としてみれば、地域ごとの差ってのがなぜできるか（つまり国でも都市でも、なぜ特定箇所にいろんなものが集中するか）を説明できるじゃないか！

これがかれの経済地理論だ。最初のちょっとした差が拡大するのと、たまたま歴史の偶然で生じた差が、地域差を生むのに非常に大事な役割を果たす、ということ。もちろんここでも、この手の話はみんな知ってはいた。実務レベルではもちろん出てくる。でも、理論的な枠組みがないと、しょせんそれは整理されないお話の固まりで、具体的な見通しを出すには弱いのだ。

実は経済学（あるいは都市論）の中で、いろんなものがなぜ集中するかについて、ちゃんとした理論はあんましないんだ。たとえばなぜ証券会社はウォール街や兜町や日本橋に集まるんだろうか。フェイス・トゥ・フェイスのコミュニケーションが大事だと言うけど、実際に集まってる企業を調べたら、そんなしょっちゅうツラつきあわせてるわけじゃない。それに、もし集積するメリットがホントにあるなら、それにあわせてもっと地価や賃料が上がって、結局はそのメリットをうち消しちゃうはずではないの。なぜそうならないの？既存の「東京一極集中」に関する本を読むと、「集中してるからにはいいことがあるはずだ」と繰り返すだけで、そこのロジックをちゃんと詰めたものはほとんどない。

クルーグマンもそれをまだきちんと詰めきったわけではないんだけれど、それを可能にしてくれるかもしれない切り口を示している。最近ではこれをさらに発展させて、ほとんど同じ初期条件から、わずかな差がどんどん拡大して大都市がウニウニッと集積して盛り上がってくるようなモデルをかれは作っていて、こいつはなかなかおもしろい。そしてそれが、複雑系理論なんかとも関わる部分を持ってる、というのが近著 ***The Self-Organizing Economy***（1996, Blackwell）のテーマだ。

この手の話は、まず手軽な ***Geography and Trade***（1991, MIT Press、邦訳『脱「国

境」の経済学』（1994年、東洋経済新報社）と、ちょっとむずかしいけど ***Development, Geography and Economic Theory***（**1995, MIT Press**）から入るのが、王道。さらに最近、その集大成ともいうべき ***The Spatial Economy***（**藤田．ベナブルスと共著, 1991, MIT Press**、邦訳『空間経済学』（2000年、東洋経済新報社））が出た。

〈アジアに関するはなし〉

98年頃のクルーグマンは、アジア経済危機を予言した男として妙に持ち上げられていたけれど、これはかれの専門じゃないし、研究成果があるわけでもない。唯一、「アジアの奇跡という幻想」（『クルーグマンの良い経済学　悪い経済学』所収）で、アジアの成長は人や資本をガンガン突っ込んでるだけだから、このままだといずれ息切れするよ、という他人の研究を紹介したのが手柄かな。

しかも97年に実際に起きたのは、このエッセイで指摘されていたような話ではなかったのね。むしろかれの通貨や為替についての研究に近い話だった。というわけで、この件はそっちを見て。

〈複雑系のはなし〉

あー、まず一言。「複雑系」ということばそのものには何の意味もないんだってことはよく理解してね。なんかの聞きかじりで「これからは複雑系です」なんて発言（いるんだ、こういうこと得意げに口走るヤツが）に対しては、冷たい目で「それがどーした」と言ってやってね。問題は、それで何ができるか、ということなんだから。

さて、『自己組織化の経済学』とゆー本を書いたことで、クルーグマンは一部で複雑系経済学野郎にされちゃってる。でもかれにとって複雑系ってのは別に独立した分野じゃない。そもそも経済学自体が、もとから複雑系的な考え方を含む学問なの。

ただしその中でも、上で述べた貿易理論や立地論や為替理論で、ものごとの規模が大きくなるほど活動コストが下がること（いわゆる収益逓増ってヤツ）や正のフィードバックの影響に注目して、それを明快にモデル化してきたのがクルーグマンの強みだったのは確かだ。これって世間でいう「複雑系」ってのと似てるじゃん、その中でも都市の成長とかバブルとか、雪だるま式に大きくなるいろんな現象に通じる自己組織化の原理ってつかえそうじゃん、というのを実際にモデルを作って説明してるのが『自己組織化の経済学』の中身。

でも、クルーグマンは軽薄な痴的流行がむかしから大嫌いな人で、そういうのは機会あるごとに徹底的にバカにしてけなしてきた。ゼロサム社会とかグローバル化とか情報化とか、ニューエコノミーとか、アジアの奇跡とか。かれはこれまでの堅実な学問の力を信じているし、それを否定するものは容赦なく嘲笑し、ボコボコにけなす。「複雑系」だって例外じゃない。最近になってかれは、同じく「複雑系」経済学者として知られるブライアン・アーサーをこっぴどくこきおろした文を書いている。曰く、「複雑系」経済学といっても、それはこれまでの経済を否定するものじゃない。今までの経済学の上に築かれてるもので、それをほんの一歩進めるにすぎないんだ、だからだれか（アーサーとか）が一人果敢に旧態然とした経済学エスタブリッシュメントに反旗を翻して「複雑系」経済学を打ち立てました、みたいな図式はやめんかぁっ！

この文自体は、必要以上にむきになってる観もあったけれど、それでもかれの憤りはよくわかるのだ。こんなこともあって、これからしばらくは「複雑系」だの「自己組織化」だのを前面に打ち出した仕事は減るんじゃないかな。かれの仕事すべてに、これからもそうした要素が含まれ続けるのはもちろんなんだけれど。

さて、クルーグマンの論文すべてに共通する特徴は、この本からもわかると思う。かれはいつも、一般常識的には当然だけれど経済学ではほとんど取り上げられてこなかった現象を選び出す。そしてすごく簡単なモデルをつくり（クルーグマンに対する批判の多くは、「あいつはなんでもかんでも単純にしすぎる」というものだ）、それまでの経済常識とかなりちがう結論を引き出す。そしてそれがすべて、とっても大きな政策的意味を持っているんだ。

かれはケインジアンだ。人も市場も完全には合理的じゃないし、情報は不完全で、だから市場が機能しなくなって不況も起きる。だから、市場原理はすばらしいけど、市場に任せれば万事オッケーではないし、民間がつねに高効率ですばらしいわけでもない。まともな規制は絶対に必要だし、財政政策や公共事業みたいな経済政策ってのは（ちゃんとやればある程度は）役にたつし必要だという立場。だからかれにとって、（結果的に）政策決定に関わる研究をすることは重要なんだ。

〈その他雑文〉

クルーグマンのもっと気軽な文章ってのはいろいろあって、とっても楽しい。主なところは『クルーグマンの良い経済学 悪い経済学』や ***Accidental Theorist*** (1998, **W. W. Norton**) で読める。なかでも注目したいのが、『良い経済学 悪い経済学』に入ってる「技術の復讐」ってヤツ。この文でこの人は、人間が世界の主役でなくなる日を本気で考えている。「『知的』な仕事なんてコンピュータでもじゅうぶんにできる。人間にしかできない仕事ってのは、実は掃除とかメンテナンスとかの肉体労働的な雑用だ！」。半分はホラ話としてだけど、半分以上はまじめに。スタニスワフ・レムやウィリアム・ギブスンが直感でつかんだのと同じ未来を、かれは経済学者としての視点で見通してる。なにげなく書かれているこの文章の重みを、あなたはどう受け止めるね。ぼくたちは今、霊長類ではなくなりつつあるんだ。いずれこの時代を振り返って、だれか／何かが言うだろう。車は人間に運転と整備をさせ、コンピュータは人を使って計算力を上げていった、機械が人間という家畜を獲得したのが20世紀末から21世紀だったのだ、と。

今後数十年で、かれのこの洞察がもっともっとだいじな意味を持ってくる。いちばん近々生じる具体的な帰結としてかれがはっきり述べているのが、高等教育の価値低下であり、肉体労働の復権だ。教育や人的資源を重視するゲーリー・ベッカーなら何と言うかな。

あと、かれは公式ホームページを持ってる。97年以降のかれの書いた文章は、ほぼすべてここで読める（http://web.mit.edu/krugman/www/）。自伝めいた文章もいくつかあって、なぜ経済学者を志したか、なんて話が出ているんだが……実はかれはSFファンで、アイザック・アシモフの『ファウンデーション』シリーズが大好きだったそうな。「だからぼくは、10代の頃は実は心理歴史学者になりたかったんだけれど、そんなものは（まだ）なかった。仕方ない、いちばん近いものってことで、経済学者になったんだ」。

おお！　かれもまたハリ・セルダンを奉じる同志であったか！　と、同じくSF少年だったぼくは、感涙にむせぶのである（とはいえぼくはひねくれ屋だからミュールが好きなのだ）。

おまけについて

さて、おまけでつけた「日本がはまった罠」について一言。いま、日本で人が経済書なんかを手にする一番の理由は、今のこの不景気について知りたいからだと思う。これをどう考えればいいのか、どう脱出すればいいのか。

クルーグマンの今の時点での結論が、この論文になる。すごく単純化された、簡単なモデル、軽い文体、そしてそのモデルから導かれるはっきりした説明と、それが持つ異様なほど意外な結論というパターンはここでも健在だ。「日本は本気でインフレを目指すべきだ！」。

これが現実問題としてどんなに突拍子もない提案か、この本を一通り読んだあなたにはわかるはず。一方で、インフレには極端な害はない、というのもわかってるよね。うーん、ホントかよ……でもその是非はさておき、こういうことをまじめに言えてしまう知的な確信ってすごいよね。ふつうの人なら、思ってもこういうことはこわくて口にしないもん。

これは本編よりも、「ギリシャ文字」式の文だ（それでもこの程度だけど）。だから訳もちょっと固めにしておいた（アルデンテね）。でも、本編を一通り読んで理解してれば、十分にわかるはずなんだ（わかんなければ、「インフレ」の章と「激闘！ 連邦準備銀行」の章とを読み直してからもう一回挑戦してみて）。

数式が出てくるので、それだけで逃げ腰になる人もいるだろうけど、こわがらずに見てみて。数式は人を惑わすためにあるんじゃない（場合が多い）。ある考え方のエッセンスを取り出すための方便にすぎないんだ。

わかんないのは、目玉だけで式を追っかけようとするから。手で書いてみて。自分でその数式を組んでみて。「えーと、お金が全部でMあって、それが価格と比例するんだから……」。そこで言われてるのが、ほんとに簡単なことだってのがよくわかるはず。式とか図面とかプログラムとか文とか、自分で手を動かしてからだでおぼえないヤツには絶対つかめないけど、その手間を惜しまなければ、必要なのはほんのちょっとしたコツだけだ。

それにこの論文では、数式をふつうのことばで言い直すとどういうことになるのか、というのもちゃーんと書いてある。

クルーグマンだって、常に正しいわけじゃない。97年にかれが書いた「日本さん、どうしちゃったの?」というエッセイがあって(日経に載ったはずなんだけど、見つからない)、ここではかれは、「日銀がバブルなんかにビビらずに、もっと金を刷れば?」という話をしてた。この論文は、そのエッセイのまちがい(というか不十分さ)をきちんと反省したうえで書かれてる。だから、結論だけ見ないでね。そこに至る考え方をきちんと理解してね。

一方で、それ以外にいま各方面から出てる景気対策なんてのが、ほとんど無意味な代物だというのも、まあほぼ確実みたいね。やれやれ、すると当分この調子、うまくいってもインフレ、ということはぼくたちの防衛策としては……

おわりに

この本の編集は、メディアワークスの穂原俊二氏と斎藤真理子氏が担当された。こんな本を出すってのは、いろんな意味で英断。感謝します。また、最初の読者/モルモットとなって、いろいろコメントや賛辞をくれた同僚や友人たちにも感謝。なかでも、ぼくが不詳の医療分野について解説してくれた山田謙次氏には特にお礼を。ありがとうございました。

今でこそわかったような口をきいているけれど、実はぼくの経済の知識なんてこの本に少し枝葉をつけただけの泥縄みたいなもんだ。そりゃ限界費用がどうしたとか効用最大化が云々とか、エッジワースボックスでパレート最適ってな話くらいは知ってた。インフレとかマネーサプライがうだうだ、という話も、まあわかる。ミクロの基礎はなんとあの西部邁の講義で教わったし。

でも、それをちゃんと現実に対応させて理解できるようになったのは、この本のおかげ。初版のゾッキ本をまったくの気まぐれで買ったんだけど、われながらいい嗅覚をしてたな、と思う。経済がこんなにわかりやすくておもしろいとは！　そして現実に対してこれだけの説明力を持てるとは！　経済学なんて科学ワナビーのインチキ学問だと思ってたぼくにとって、これは衝撃だった。しかも経済に関しては、ほぼこの一冊だけでＭＩＴの口だけ達者なくされＭＢＡ予備軍どもと互角以上にわたりあえた。ということは、まあたいがいの相手には通用するってことだ。

だからこれは役にたつのはもちろんなんだけど、でもそれにもまして、読んでいて楽しいじゃないか。これだけ「なるほど！」という解放感が味わえる本ってないじゃないか。ある雑誌がそのむかし「楽しい知識」を標榜していたけど、ぼくにとってはこの本みたいなのこそが楽しい知識だ。みんなもそのくらい楽しくこの本を読んでくれると、ホントにうれしいな、と思う。さらに、いずれ（いや今まさに）本書で取り上げられたいろんな事象が日本でも起こる。そのときに、ここでの議論をもう一回考え直して、本当に問題なのは何か、本当に取り組むべきなのは何なのかを理解して、自分なりの貢献をしてくれれば、これはもうホントに望外のシヤワセ。

ついでながら、こいつを読んで本気でマクロっぽい経済学を勉強しようって気になったら、このクルーグマンの『マクロ経済学』（東洋経済新報社）かロバート・ゴードン『現代マクロエコノミックス』（多賀書房）を読んでね。あとはファイナンスっぽい話も少し勉強すると、本書の第4部は抜群によくわかるようになるよ。これはブリーリー&マイヤーズ『コーポレート・ファイナンス』（日経BP社）あたりが定番かしら。

さらにこれはもう誇大妄想に近い、極端にでかい話になるけど、市井の人々はこの本を通じて、学問ってものの役割をちょっと考え直してみてほしいな、と思う。きいたふうな口をたたいてかっこつけるためのものでもなく、単なる痴的なおしゃべりのネタとしてでもなく、今ここにある現実を理解して、変えていくためのツールとしての学問ってものを、少し見直してもらえれば、と思う。

一方のアカデミズム（特に文系！）の人も、ちょっとわが身をふりかえってみてほしいのよ。学問の世界の中での完成を目指すのもいいんだけれど、たまには一歩そこから引いて、考えてみてほしいんだ。自分の分野は、世界に対してどういう意味を持ってるのか。その中での自分の仕事ってのは、どういう位置にあるのか。そしてそれを世の民草に、これくらいわかりやすく説明できるだろうか。外に対して伝わらないメッセージは、内部でも伝わっていない公算が高いのよ。伝わらないのは読者が悪いと考える学者と、その裏返しでわかんないものをわかんないと言うことが恥だと思ってる弟子どもが、ジャーゴンとじゃれるだけでお互いにわかった気になってる——そういう場面はうんざりするほど多い。まあ、たかが翻訳にそこまで期待するのは太い考えだけど、でもそんなことも少しくらいはあっていいかな、という期待は（この期待しない時代にあってすら）なくもない。それではみなさん、お楽しみあれ！

98年5月
バンコク／香港／品川にて
山形浩生（hiyori13@alum.mit.edu）

文庫版への付記

邦訳から5年。その間のクルーグマンの活躍について、ちょっと書いておこう。
その後、かれは本書に収録した「日本のはまった罠」の考察をさらに深め、次々に関連論文やエッセイを発表。最初は暴論だと思われていたこの議論も、何をやっても回復しない日本の惨状と、そしてクルーグマンのモデルの強みのおかげで、次々に賛同者を獲得。現在では、世界のまともなマクロ経済学者でクルーグマンの説に反対している人は（日本を除けば）ほとんどいない状況となっている。なお、こうした日本関連の論文は、ほとんどすべてぼくのウェブページに翻訳が載っているし、また『クルーグマン教授の〈ニッポン〉経済入門』（春秋社）にもまとめてある。

そしてその過程でクルーグマンはMITを離れて、プリンストン大学経済学部に移った。当初は、なぜあの天下のMITを捨てて、一段落ちる（と思われていた）プリンストンなんかに、と不思議がる人も多かったけれど、実はプリンストンは、アラン・メルツァーやラルス・スヴェンソン、マイケル・ウッドフォードなど世界で流動性の罠やインフレ目標に関するトップ学者の集うところ（当のクルーグマンの表現では「流動性の罠＆インタゲ陰謀団の本拠地」）になっていた。クルーグマンがきたことで、そのポジションはさらに上がった（なんか大学の競争戦略の成功例を目の当たりにした感じでございますな）。

その一方で、クルーグマンのキャリアは意外な転換をとげている。2000年から、かれはニューヨーク・タイムズ紙のコラムニストを引き受けた。週2回連載だ。はじめは、ちょっとした経済コラムでしかなく、どうもネタがないようで同じ話題の使い回しも見られ、いまいち感があったのだけれど……そこでブッシュ・ジュニアが大統領になって、とんでもない大減税。そして同時多発テロ。そしてイラク戦争。クルーグマンのコラムは、こうしたブッシュ政権の無責任さ、特に経済や財政面での失敗やウソに関する批判を次々に繰り出し、同時多発テロ以降の「大統領批判をするヤツは非愛国者」ムードのなかでマスコミがブッシュ批判をためらう中、いつの間にやらかれはアメリカ最大のブッシュ批判コラムニストとして勇名をはせるようになった。

……と、ここまでが日経ビジネス人文庫に本訳書が収録された2003年時点の状況だった。その後もNYT紙連載は続いて、口さがない人は、もはや学者としての旬はすぎたからあとは毒舌コラムニストとして生きていくつもりだろう、なんてことを言っていたっけ。2004年には、奥さんのロビン・ウェルズと共著で待望の経済学教科書を発表。読み物に徹したその書きぶりは、本書でのわかりやすさと楽しさを踏襲した見事なものだった（経済学をこれから学ぼうという人は、邦訳が東洋経済新報社から出ているので是非！）。でも、もう新しい論文を書くアイデアがないから、教科書書きなんかで金儲けに走ってるだけ、という下衆の勘ぐりもチラホラ。そしてこの時期、確かにメディア露出にかまけて、理論面での活躍が少し低調だったのは事実かな。

でもそれから時が流れて2008年。この年は経済学者としてのクルーグマンにとって実に記念すべき年となった。

まず、言わずとしれたノーベル記念経済学賞の受賞ですな。あとがきでも説明した、収穫逓減に基づく新貿易理論の業績が主な受賞理由だ。いずれは受賞は確実視されてはいたけれど、こんなに早く、しかも単独受賞というのはみんな少しびっくりした。とはいえ、かれの受賞そのものについては、まともな人は誰一人ケチをつけていない。むろん、それでも「ノーベル賞なんざ一線を退いた隠居の勲章だから、学者としてのクルーグマンがすでに打ち止めとみられている証拠」というようなことを言う人はいたけれどね。

ところが受賞とほぼ同時期から、アメリカのサブプライム危機とリーマンブラザース倒産に伴って、２００８年から世界大不況が本格化した。これはクルーグマンにとって大きな意味を持つできごととなった。いまや世界全体が「日本のはまった罠」で分析されている日本と同じ、低金利下のデフレ状況に陥ったんだから。

日本銀行は10年以上にわたり、クルーグマンの提言を無視するばかりか、なんと不景気時に金利引き上げを示唆し続けるという信じがたい行動を繰り返していた。が、ベン・バーナンキ率いるアメリカのＦＲＢ、イギリス中央銀行、程度は落ちるが欧州中央銀行、そして中国の中央銀行までが、景気後退を食い止めるべくこぞって大規模な金利カットを実施。ゼロ金利をさらに超えて一部は明示的ではないものの実質的なインフレ目標を導入するに至った。本書収録の論文で初めて発表されたクルーグマンの処方箋は（日本以外の）世界中で真剣に検討されつつある。時代はまさにクルーグマンのものになりつつある。２００９年現在、いまクルーグマン理論（の一つ）の真価が試されようとしているんだ。

ところが当のクルーグマンは、我が世の春を謳歌するかと思いきや、意外な動きを見せ始めた。世界不況とほぼ同時期にかれは、金利ゼロの流動性の罠の下だと公共投資の乗数効果が大幅に上がる、という分析を出して、かつては軽視気味だった財政政策の役割を大きく強調した議論を展開しはじめている。その一方で本書収録の論文で強調した金融政策の役割については以前より熱のない発言を繰り返し、一部のインフレ目標支持者（不肖この訳者含む）をいささか困惑させている。もちろん金融政策の役割を否定しているわけじゃないし、日本では日銀がこれまでも（そして今からでも）もっとしっかりしないのが諸悪の根源だという事実も変わってない。全体的な処方箋は同じだ。でも、力点のシフトの背景には何か新しい着想があるんじゃないかな。まだまだ理論面でも大いに活躍が期待できそうで楽しみ。

さて再刊の過程で本書を数年ぶりに見直してみると、遠いところにきたなあ、という感慨がちょっとある。一つには、日本でのクルーグマン受容の大変化だ。思えば本訳書が初めてメディアワークスより刊行された1998年当初、「日本のはまった罠」で提唱されたインフレ目標は、語るもアホくさいふざけた邪説扱いされたもんだ。査読誌にものらないネット初出の論文なんかまともなもんじゃない、こんないかがわしい非常識な説にのせられるなんて、これだから山形みたいな経済学のシロウトは、とバカにされた時代もありましたっけ。本書のゲラを見つつ、そのつらい日々が思い出されて涙が出ましたわよ。いまやインフレ目標を強く主張している日本の一流経済学者の多くも、当初はずいぶんつれなかった。それが一人、また一人と我が軍門（比喩的に）に下り、特に金融危機以降は雪崩を打つような転向ブーム。きちんとした理論的分析も次々と登場しつつあり、こんどこそ良い意味で本当にぼくみたいなシロウトの出る幕ではなくなりつつある。思えば長い道のりでした。あとは日銀がこの理論を本当に実施してくれるのを待つばかりなんだけれど……。

その一方でクルーグマンも大きく変わったな。いま本書を読んで驚くのは、ほとんど党派性がないことだ。各種の経済的なトラブルは、おおむね民主党も共和党もどっちもどっちという書き方が貫徹されている。これを書いた頃のクルーグマンは、いささか民主党寄りだけど基本は中道ノンポリくらいの立場だったんだ。

それがNYT紙コラム執筆でブッシュ政権批判の筆頭にたつうちに、かれの文章は政治的な色を濃く帯びるようになった。「電球を換えるのに何人のポール・クルーグマンがいるか」という冗談がある。答えは「一人。でも換える前になぜ電球が切れたのがブッシュ政権のまちがった政策と共和党の金持ち優遇策のせいなのかについて、6週にわたってコラムで罵倒を続ける」というもの。これはちょっと意地悪な見方だな。ブッシュ政権の失策ぶりは十分批判に値するものだった。クルーグマンの主張は文句なしに正しかったし、四面楚歌の中で孤軍奮闘していたかれが少し目立つのも当然ではあったけれど、でもこれは一般人の印象をよく伝えてもいる。

いまのかれが本書を書いたら、かなりちがったものができるだろう。まず中央銀行とインフレの章は、政治と無関係に大改訂されるはずだ。本書ではまったく考慮されていなかったデフレ危機についての記述が大幅に足されるのは確実。そして政治的な色合いという点では、財政赤字や貿易赤字の章はかなりちがったものになる。何より変わるはずなのが、所得分配に関する章だ。おそらく共和党の各種政策批判が随所にちりばめられる。所得格差は、本書では基本的にはあまり打つ手がないと書かれている。でもいまなら、対策はいくらでもあった（がブッシュ政権がそれをぶちこわしにした）といった論調になりそうだ。実際、最近のコラムや著書はまさにそういう書き方になっている。現実をみて政治的立場を変えたのか、政治的立場のせいで現実の見方も変わったのか——それは読者のみなさんが判断するしかない。

ただ、不肖訳者の私見では、経済の見方としては本書での書きぶりのほうがフェアだし、現実的な理解のためにも有用だと思う。共和党、特にブッシュ政権の政策はかなりダメダメで、それに比べりゃネコでもましに見えるというのはある。でもかれらがほどほどの政策を実施していれば万事オッケーだったろうか？　同じくちくま学芸文庫に収録された『経済政策を売り歩く人々』で、かれは民主党クリントン政権の経済政策についてもかなり批判的だ。もちろん、完璧はあり得ないから、いつだって何かしら批判の種はあるのは事実。でもそれをぬきにしても政治にできること（そして政治に現実的に期待できること）には限界があるんだ、というのはきちんと認識しておくべきじゃないかな。そして、どんなイデオロギー的立場からでもだめな経済政策は出てくるんだ、というのも本書から学ぶべき重要な教訓だ。共和党の経済政策がだめだったのは、共和党だったからじゃない。だめなものはだれがやってもダメ、というだけだ。最近のかれの著作では読み取りにくくなっているそのメッセージが、本書ではずっとはっきり出ている。

そうした点も含め、本書をどう評価しようか？　もちろん重要な経済テーマの簡潔で明快な解説という点で、本書の価値は原著刊行から20年たった今も未だに古びていない。特に最初の章で、生産性がなぜ向上するのか実ははっきりわかっていない、というクルーグマンの（正しい）断言は、多くの人を無駄な悩みから救ってきたし、今後も多くの経済学徒を救い続けるだろう。

そしてもう一つ、本書の将来見通しがどのくらい的中したかを見れば、ある程度の示唆が得られるんじゃないかな。本書の最後には、1990年代前半時点から見たアメリカ経済の3種類の予測シナリオが載っている。生産性の向上ですべて解決という楽観シナリオ、アメリカが（債務不履行で）一大経済危機という悲観シナリオ、そして可もなく不可もなく漂う中位シナリオ。そしていずれの場合にも、2011年あたりには年金負担増大で何らかの破綻は不可避だ、となっている。本稿執筆時点は2009年。そろそろそのタイムリミットが迫っている。クルーグマンの言っていることはどのくらい実現したのかな？　信じがたいことだが――2009年現在では、これらの（相容れないはずの）シナリオすべてが、ある程度実現してしまったといっていい。

まずはよい予測。生産性向上があれば問題はほぼ消え去る、という話だ。実際問題として生産性は上がったようだ。議論はあったものの、パソコンとインターネットなどITによって生産性が少し上がったらしき証拠はある。それは一部の人がニューエコノミー論で論じていたようなすさまじい増え方ではなかったし、今回の経済危機で相殺された分もあるけれど、決してバカにしたものでもなかった。つまりよい予測はある程度（7割くらい）当たった。おかげでいろんな問題は確かに解決、はしないまでも先送りにはできた。

その結果として生じた実際の様子は、中位シナリオに近かった。世紀の変わり目時点では、貿易赤字もそのまま、ヘルスケアも変わらず。格差は拡大。でも日本は勝手に停滞して立ち消えてくれたし、ほかに大きな問題も見あたらずに景気はそこそこ。本書に書かれた中位シナリオは、あきらめ半分のジリ貧シナリオだけれど、実際の中位シナリオは予想外によかった。これまた7割くらいの当たり方か。だから2000年頃にクルーグマンは『フォーチュン』誌に「経済人の終わり」という文を書いて、おおむね経済は安定して大きな問題も起きなさそうだし、今後はもう経済問題なんてのも背景にひっこんで経済学もあまり重要でなくなってくるかも、というかなり呑気なことを言っていたほど。

が、まさにその時に悪いシナリオが牙をむいた。ブッシュ政権が同時多発テロによる景気後退を口実に行ない、減税の嵐、そして厖大な戦争出費によるものすごい財政赤字。その末期には万人を悲観せしめた2008年の景気後退。

だがこの景気後退は、クルーグマンのシナリオとはまったくちがっていた。もはや連邦準備銀行が対応を心得ていて十分に対処できるはずの普通の景気後退が起こってしまっている。それは本書ではある程度片がついたことになっているセービングス&ローン問題の再演であり、ファイナンスの暴走であり、そして「日本のはまった罠」から考察が始まったデフレ不況だった。だがその状況ですらかれの心配したアメリカのデフォルトは（まだ）起きていない。いまでも投資家たちはアメリカ国債を買い続けている。その意味で、悪いシナリオは6割はずれってとこかな。

これらを総合的に考えると、本書の的中率は6割。なかなかあっぱれじゃないだろうか。そしてさらに、原著ではなくこの訳書について言うなら、いちはやくデフレ不況に警鐘をならした論文まで収録したのを考慮して悲観シナリオの評価に下駄をはかせていただきまして、75点くらいで妥結したいと愚考する次第でございますが、いかが？

そして、最後の年金負担による国の破綻危機なんだが……実はこれは、２００８年金融危機で救われてしまった面もあるとぼくは考える。別に年金の財源が確保できたってことじゃない。まず、それどころじゃない雰囲気ががっちり根をおろした。景気刺激ですさまじい財政赤字が正当化されたし、さらには人々の期待も大きく下がった。本書執筆当時なら考えられなかった荒療治でも、いまならアメリカ国民（そして世界）は平気で受け入れる基盤ができつつある。本書で提案されている中で、大増税だけはつらいけれど、紙幣刷りまくりのインフレ？　年金削減？　いまならどっちもできる。というか紙幣刷りまくりはもうある程度始まっていて、インフレがちょっと起きてくれたらうれしいくらいのもんだ。さて、アメリカがこれからどういう手に出るか、とても注目されるところではある。うまくすれば、20年前のクルーグマンが予想もしなかったような形で、経済危機脱出と年金負担問題を合わせ技で処理できるかもしれない。いや、それこそまさに、本書の原題「期待しない時代」ならではの、期待を下げる形での経済対応なのかもしれない。そして、いろんな意味で似たような問題に直面している日本が何をするのか（あるいはしないのか）も、ぼくたちに直接関わる問題として生暖かく見守りたいところではある。

本書は日経ビジネス人文庫に収録されていたが、著者のノーベル賞受賞時点では折悪しく絶版、見事に商機を逃した訳者としては残念至極。人生なかなか思い通りにはいかないようで。こうしてあまり間をおかずに再刊されることになったのがせめてもの救い。拾ってくれたちくま学芸文庫の天野裕子氏には感謝する。ありがとう。こちらに収録するにあたり、一部の表現を改めたものの、時代とともに内容が少し古びた部分も含めて基本的には手を入れていない。事例は古くても、そこから得られる経済学的な発想の本質は、20年前とまったく変わっていないのだから。

そして1998年以来これまで本訳書を読んでくれて、いろいろな形で独自に思考を展開させてきた多くの読者諸賢（のほとんど）にも感謝。これからもこの訳書が、あなた方のような人々の活躍に少しでも貢献しますように。

また、これまで各種の誤りを指摘してくれた方々にも感謝。そのおかげもあるし、版元を移るたびにチェックが入ったこともあって、もはやまちがいなどはほとんど残っていないとは思うけれど、お気づきの点などあればご一報いただけると幸甚。見つかったものについては http://cruel.org/books/diminish.html で随時お知らせする。

2009年3月
東京/ビエンチャンにて
山形浩生

本書は一九九八年一一月五日にメディアワークスから単行本として翻訳刊行され、二〇〇三年一一月一日に日経ビジネス人文庫に収録されたものである。ちくま学芸文庫に収録するにあたっては、日経ビジネス人文庫を底本とした。

ドーキンス vs. グールド　キム・ステルレルニー　狩野秀之訳
「利己的な遺伝子」か「断続平衡説」か？　両者の視点を公正かつ徹底的に検証して、生物進化における大論争に決着をつける。（新妻昭夫）

自己組織化と進化の論理　スチュアート・カウフマン　米沢富美子監訳　森弘之ほか訳
すべての秩序は自然発生的に生まれる、この「自己組織化」に則り、進化や生命のネットワーク、さらに経済や民主主義にいたるまで解明。

不思議の国の論理学　ルイス・キャロル　柳瀬尚紀編訳
アナグラム、暗号、初等幾何や論理ゲームなど、キャロルの諸作品から精選したパズル集。華麗な〝本や苦〟離れ技をご堪能あれ。（佐倉統）

私の植物散歩　木村陽二郎
日本の四季を彩る樹木や草木。本書は、植物学者がそれら一つ一つを、故事を織り交ぜつつ書き綴った随筆集である。美麗な植物画を多数収録。（坂崎重盛）

デカルトの誤り　アントニオ・R・ダマシオ　田中三彦訳
脳と身体は強く関わり合っている。脳の障害がもたらす情動の変化を検証し「我思う、ゆえに我あり」というデカルトの心身二元論に挑戦する。

動物と人間の世界認識　日高敏隆
人間含め動物の世界認識は、固有の主体をもって客観的世界から抽出・抽象した主観的なものである。動物行動学からの認識論。（村上陽一郎）

人間はどういう動物か　日高敏隆
動物行動学の見地から見た人間の「生き方」と「論理」とは。身近な問題から、人を紛争へ駆りたてる「美学」まで、やさしく深く読み解く。（絲山秋子）

心の仕組み（上）　スティーブン・ピンカー　椋田直子訳
心とは自然淘汰を経て設計されたニューラル・コンピュータだ！　鬼才ピンカーが言語、認識、情動、恋愛や芸術など、心と脳の謎に鋭く切り込む！

心の仕組み（下）　スティーブン・ピンカー　山下篤子訳
人はなぜ、どうやって世界を認識し、言語を使い、愛を育み、宗教や芸術など精神活動をするのか？　進化心理学の立場から、心の謎の極地に迫る！

ちくま学芸文庫

クルーグマン教授《きょうじゅ》の経済入門《けいざいにゅうもん》

二〇〇九年 四月 十日 第一刷発行
二〇一五年十一月十五日 第八刷発行

著者 ポール・クルーグマン
訳者 山形浩生（やまがた・ひろお）
発行者 山野浩一
発行所 株式会社 筑摩書房
東京都台東区蔵前二―五―三 〒一一一―八七五五
振替〇〇一六〇―八―四一二三
装幀者 安野光雅
印刷所 三松堂印刷株式会社
製本所 三松堂印刷株式会社

乱丁・落丁本の場合は、左記宛にご送付下さい。
送料小社負担でお取り替えいたします。
ご注文・お問い合わせも左記へお願いします。
筑摩書房サービスセンター
埼玉県さいたま市北区櫛引町二―六〇四 〒三三一―八五〇七
電話番号 〇四八―六五一―〇〇五三

ISBN978-4-480-09215-1 C0133